"十四五" 职业教育国家规划教材

21世纪高等职业教育精品教材 · 人力资源管理专业

U0656772

YUANGONG PEIXUN YU KAIFA

员工培训与开发

（第六版）

郗亚坤　主　编

吴晓姝　郭远红　蒋建华　副主编

东北财经大学出版社　大连
Dongbei University of Finance & Economics Press

图书在版编目（CIP）数据

员工培训与开发 / 郗亚坤主编．—6版．—大连：东北财经大学
出版社，2025.6．—（21世纪高等职业教育精品教材·人力资源
管理专业）．—ISBN 978-7-5654-5635-0

Ⅰ．F272.92

中国国家版本馆CIP数据核字第202583QX36号

员工培训与开发
YUANGONG PEIXUN YU KAIFA

东北财经大学出版社出版
（大连市黑石礁尖山街217号　邮政编码　116025）
网　　址：http://www.dufep.cn
读者信箱：dufep@dufe.edu.cn
大连天骄彩色印刷有限公司印刷　　东北财经大学出版社发行
幅面尺寸：185mm×260mm　　　字数：366千字　　印张：16.25
2025年6月第6版　　　　　　　　2025年6月第1次印刷
责任编辑：郭海雷　张爱华　　　　　责任校对：那　欣
封面设计：原　皓　　　　　　　　　版式设计：原　皓
书号：ISBN 978-7-5654-5635-0　　　定价：45.00元

第六版前言

"95后"已经成为很多企业的骨干和中坚力量，而"00后"也已经进入职场。新时代年轻人有着鲜明的时代特点，他们有强烈的求知欲、开放的思维方式、开阔的视野，更新知识更加迅速，获取知识的渠道更加广泛，更注重个人定位和自我认同，也更重视工作的获得感、幸福感等。随着互联网的普及和深入，他们的生活方式和学习方式有很大的变化，这给企业的人力资源培训与开发工作提出了更大的挑战。

"员工培训与开发"作为人力资源管理专业的核心课程，旨在培养既懂理论又会操作的高技能培训与开发专业人才。学生通过学习可以系统地了解和掌握员工培训与开发的基础理论以及专业技能，以适应未来就业岗位的需要。

《员工培训与开发》自2009年2月首次出版以来，经过多次修订，内容和结构越来越完善。由于本教材具有结构合理、理论系统、案例生动、实操性强、内容贴近企业实际、符合高职学生要求等特点，得到越来越多的高职院校师生的喜爱和关注。2015年8月，本教材第二版获评"十二五"职业教育国家规划教材；2023年6月，本教材第五版获评"十四五"职业教育国家规划教材。与此同时，本教材得到了出版社的高度认可，连续多年被东北财经大学出版社评为畅销教材。据统计，本教材自首次出版发行以来，各个版本多次重印，累计发行量超过6万册。为了更好地为专业教学服务，编写团队依据2025年新修订的职业教育专业教学标准，结合时代发展对员工培训与开发工作的具体要求展开了教材修订工作。本次修订主要在以下几个方面做了调整：

1. 全面梳理教材内容。继续梳理教材各章节内容，本着"实用、够用、易懂"的原则，对理论知识部分进行了适当的增减，增加必要的知识点，删除不必要的或陈旧的知识点，全面更新案例、小思考、知识链接等栏目。

2. 补充微课资源。为了使教材形式更加灵活和生动，同时便于学生线上学习，本次修订针对具体知识点新增了部分微课，学生通过扫描二维码即可观看学习，进一步激发学生学习的主动性和积极性。

3. 优化思政元素融入形式。大力推进习近平新时代中国特色社会主义思想和党的二十大精神进教材、进课堂、进头脑，结合各章知识点设置"价值引领"栏目，凸显"专业导向"特点，将思政元素"滴灌式"融入专业课程教学中，有效提高人才培养效果。

4. 重新设计各章配套习题。增加了单项选择题，可以随堂巩固所学知识点，重新梳理实操题目，使题目更加有针对性和可操作性，调动学生的学习兴趣，促进学生主动思考，提高学生解决问题的能力。

本次修订仍然由郗亚坤（苏州工业园区职业技术学院）担任主编，吴晓姝（辽宁经济职业技术学院）、郭远红（辽宁经济职业技术学院）、蒋建华（苏州工业园区职业技术学院）担任副主编。郗亚坤负责全书统稿，并负责修订第1章，郭远红负责修订第5章、第6章和第10章，并负责完成全书各章节的微课视频制作，吴晓姝负责修订第3章、第4章和第7章，蒋建华负责修订第2章、第8章和第9章。

　　在修订过程中，编者参考和引用了国内外许多专家和学者的专著与论文以及相关专业网站的文章和观点，还有许多企业界朋友给予了大力支持，提供了大量丰富的材料，在此谨向他们表示深深的谢意。由于编者水平有限，书中难免有错误和疏漏之处，敬请专家、学者和读者不吝指正。

编　者

2025年3月

微课：课程介绍

目录

第1章　员工培训与开发概述

▮▮▮▶ **学习目标** ◀▮▮▮

知识目标

学习完本章之后，你应该能够：掌握员工培训与开发的含义；明确员工培训与开发的形式和分类。

能力目标

学习完本章之后，你应该能够：充分理解员工培训与开发在新时代的重要意义；熟知员工培训与开发的基本原则；了解企业培训与开发工作可能存在的认识误区。

素养目标

学习完本章之后，你应该能够：不断提升自身的政治认同感，强化使命担当，大力弘扬"工匠精神"，树立以人民的福祉为己任，为祖国建设事业的发展奋斗终身的崇高理想。

微课 1-1

员工培训与
开发概述

▮▮▮▶ **内容架构** ◀▮▮▮

第 1 章　员工培训与开发概述

1.1　员工培训与开发的含义和分类
- 1.1.1　员工培训与开发的含义
- 1.1.2　员工培训的分类

1.2　员工培训的意义
- 1.2.1　从企业角度认识员工培训的意义
- 1.2.2　从员工个人角度认识员工培训的意义

1.3　员工培训的原则

1.4　员工培训工作存在的认识误区及未来发展趋势
- 1.4.1　员工培训工作存在的误区
- 1.4.2　员工培训工作未来的发展趋势

▰▰▰▰➤ **引例** ▰▰▰▰

华为走向生态发展培训

华为创立于1987年，是全球领先的ICT（信息与通信）基础设施和智能终端提供商。华为的20.7万名员工遍及170多个国家和地区，为全球30多亿人口提供服务。2023年，公司实现销售收入7 042亿元人民币，其中，ICT基础设施业务保持稳健，终端业务表现符合预期，云计算和数字能源业务实现了良好增长，智能汽车解决方案业务开始进入规模交付阶段。华为经历了重重考验，在挑战中不断成长，与华为的培训体系密不可分，华为秉持开放、协作、利他，携手生态伙伴和开发者创造价值的理念，注重生态发展。

1）持续加大生态投入，助力伙伴价值创造

全方位赋能生态伙伴，与伙伴协作共赢，为客户创造价值。持续加大对生态伙伴的支持，投入百亿级人民币，激发基于华为开放能力的应用创新；与生态伙伴共享机会点、共享流量，助力伙伴商业成功。截至2023年年底，累计发展超过46 000家生态伙伴，开发创新应用超过36 600个，加速金融、能源、交通、制造、医疗、教育等行业创新。

2）共享经验，开放能力，丰富开发工具，持续赋能，助力开发者创新与成长

为硬件开发、应用开发、AI开发、数据开发、数字内容开发等场景提供全方位工具支持，提升开发者开发效率。通过多种多样的活动与大赛，持续发展与赋能开发者，2023年举办了7场旗舰大赛、30多场主题峰会、超过1 000场线上活动，触达数百万个开发者，并通过耀星计划、众智计划、科研创新扶持计划等助力开发者发展与创新。截至2023年年底，已开放超过10万个API，累计发展超过950万个开发者。

3）面向数字化、绿色化、智能化，为高校培养人才

发布百校种子计划、鸿蒙繁星计划，刷新产学育人基地计划、人才发展加速计划等，累计发布67本教材，升级"智能基座2.0"项目并扩大教学合作技术范围，2023年在信息领域开展77场培训，并通过中国国际大学生创新大赛、华为ICT大赛等赛事和各种创新实践活动，覆盖4 600多位老师、超过50万名学生，为产业培养生力军。

资料来源　华为. 华为投资控股有限公司2023年年度报告［EB/OL］.［2024-11-23］. https：//www.huawei.com/cn/annual-report/2023.

◀▰▰▰

这一引例表明：华为的培训体系不仅注重本企业的培训，而且注重生态发展，全方位赋能生态伙伴，与伙伴协作共赢，为客户创造价值，为硬件开发、应用开发、AI开发、数据开发、数字内容开发等场景提供全方位工具支持，为高校培养人才，为产业培养生力军。

1.1　员工培训与开发的含义和分类

1.1.1　员工培训与开发的含义

员工培训与开发指组织为实现经营目标和员工个人发展目标而有计划地组织员工进行学习与训练以改善员工工作态度、增加员工知识、提高员工技能、激发员工创造潜能，进而保证员工能够按照预期标准或水平完成所承担或将要承担的工作和任务的人力资源管理活动。

为了更好地理解员工培训与开发的定义，我们可以从以下几个方面把握其内涵：

（1）员工培训与开发的最终目的是实现企业发展和员工个人发展的和谐统一。开展员工培训与开发活动不仅要考虑企业绩效的提升，还需结合员工自身职业发展的需要。

（2）员工培训与开发是企业实施的有计划的、连续的、系统的学习行为或训练过程，通过这种学习和训练改善员工工作态度、增加员工知识、提高员工技能、激发员工创造潜能。

（3）培训是员工开发的基础和中心环节。对企业而言，培训不仅是对现有技能的补缺，更应注重对企业最核心资源——人力资源的长远开发。

（4）培训和开发的侧重点有所不同。培训侧重企业通过外在需求提供给员工某些知识、技能，以适应企业发展的需要；开发则侧重挖掘员工本身所固有的知识和技能，使这些知识和技能能够在企业发展中得到良性显现，并能融入企业发展之中。

培训（training）就是企业实施的有计划的、连续的、系统的学习行为或训练过程，以改变或调整受训员工的知识、技能、态度、思维、观念、心理，从而提高其思想水平及行为能力，使其有适当的能力处理其所担任的工作，甚至准备迎接将来工作上的挑战。

开发（development）指为员工今后发展而开展的正规教育、在职体验、人际互助以及个性和能力的测评等活动。因为员工开发以未来为导向，所以还要学习与员工当前所从事的工作不直接相关的内容。例如：产品市场日益全球化，会迫使企业要求员工更多地了解影响商业活动的文化与习俗。对工作团队而言，企业要求员工具有高超的人际交往能力，尤其是多元化工作团队，企业要帮助员工克服不利于发展的一些陈旧观念和态度等。这些使越来越多的企业已从对员工的培训走上开发，把开发作为企业的重点研究对象，员工开发已逐渐成为专家们新的研究热点。过去的人才管理把人视作"蜡烛"，不停地"燃烧"直至告别"舞台"，而现在，把人才看作资源，人好比蓄电池，可以不断地充电、放电。现在的管理强调人和岗位适配，强调人才的二次开发。对人才的管理不仅是让其为企业创造财富，也要让其寻找到最适合的岗位，最大限度地发挥自身潜能，体现个人价值，有利于自我成长。

员工培训与开发都是由组织规划的一种学习和训练的过程，对企业来说是同样重要的，且两者都注重个人与企业当前及未来发展的需要。随着知识和技术的不断更新，培训日益重要，伴随着培训战略地位的上升，虽然员工培训与开发的界限日益模糊（基本侧重培训），但两者仍存在一些细微区别（见表1-1）。

表1-1   员工培训与开发的区别

	员工培训	员工开发
目的	当前工作的绩效改进	使员工在未来承担更大的责任
持续时间	相对较短而且集中	相对较长而且分散
对员工要求	强制参与	自愿参与
方法	外在的学习训练	内在的潜能开发

　　员工培训与开发的本质是一个有计划的、有组织的学习过程。这意味着，一方面，企业中的员工为了适应工作，需要不断地参加学习，使自身素质和能力与在企业中承担的角色要求日趋一致。另一方面，员工经过企业实施的有效的培训与开发后，能运用自身的知识、技能更好地促进企业的进一步发展。

　　员工培训与开发的目标是实现员工个人发展与企业发展的双向互动。企业培训与开发员工的主要目的在于将员工现有的知识、技能和能力提升到完成工作所需的水平上来。当员工在岗位上工作一段时间后，培训与开发为他们提供了获得新知识、技能和经验的机会。作为培训的结果，员工在现有的岗位上表现得将比培训前更为出色，也更能胜任更多的工种，甚至可以承担更大的管理责任和满足更高组织层次的需求。这样一种共生共荣的良性互动关系使员工与企业都能得到很好的发展。较之其他投入，这种投入更能给企业带来丰厚的回报，其效益是巨大的，并且具有综合性、长远性。通过对员工潜在能力的开发，促进员工全面的、充分的发展，从而给企业带来无穷无尽的活力。

　　基于以上，开发的本质也是培训，本教材部分相关章节内容"培训和开发"简称"培训"。

　　▶ 知识链接1-1

人力资本管理理论

　　人力资本管理（human capital management，HCM）理论起源于经济学研究。20世纪60年代，美国经济学家舒尔茨和贝克尔创立人力资本管理理论，开辟了关于人类生产能力的崭新思路。该理论认为物质资本指物质产品上的资本，包括厂房、机器、设备、原材料、土地、货币和其他有价证券等；而人力资本则是体现在人身上的资本，即对生产者进行教育、职业培训等支出及其在接受教育时的机会成本等的总和，表现为蕴含于人身上的各种生产知识、劳动与管理技能以及健康素质的存量总和。

　　人力资本管理建立在人力资源管理的基础之上，综合了"人"的管理与经济学的"资本投资回报"两大分析维度，将企业中的人作为资本来进行投资与管理，并根据不断变化的人力资本市场情况和投资收益率等信息，及时调整管理措施，从而获得长期的价值回报。

　　传统人力资源管理不仅没有过时，而且是人力资本管理的技术基础。人力资本管理正是通过整合人力资源管理的各种手段，而获得更高水平的价值实现。人力资本管理注重投资与回报之间的互动关系，并结合市场分析制订投资计划，因而相对来说更为理性，对市场变化更为敏感，侧重点和衡量尺度更为明确，还可结合经济学分析模型进行更长远的预测，前瞻性地采取行动。

根据定义，可以从两个方面来理解人力资本管理：

（1）对人力资本外在要素——量的管理。对人力资本进行量的管理，就是根据人力和物力及其变化，对人力进行恰当的培训、组织和协调，使二者经常保持最佳比例和有机结合，使人和物都充分发挥出最佳效应。

（2）对人力资本内在要素——质的管理。对人力资本进行质的管理，主要是指采用现代化的科学方法，对人的思想、心理和行为进行有效的管理（包括对个体与群体的思想、心理和行为的协调、控制与管理等），充分发挥人的主观能动性，以达到组织目标。

资料来源　编者根据百度文库相关资料整理。

1.1.2　员工培训的分类

员工培训可以按照不同的标准进行分类，具体有以下几种：

1）按培训和工作的关系分类

按培训和工作的关系，员工培训主要分为在职培训、岗前培训和脱产培训。

在职培训指不离开自己的工作岗位，在工作进行的同时实施的培训；岗前培训主要是针对新员工在上岗前进行的培训或企业内员工轮换到新工作岗位前进行的培训；脱产培训指企业为了企业发展和员工个人发展的需要，让在职员工离开现任的工作岗位去接受的培训。

2）按培训目的分类

按培训目的，员工培训主要分为过渡性教育培训、知识更新培训或转岗培训、提高业务能力培训和专业人才培训。

过渡性教育培训主要指企业在录用大中专院校毕业的应届生后，帮助其完成由学习生活向职业生活过渡的教育培训；知识更新培训或转岗培训是使员工掌握新产品的生产制造、使用维护等方面知识或符合新岗位要求的培训；提高业务能力培训主要是为了不断提高本企业员工的业务素质能力，最终提高企业生产率的培训；专业人才培训是为了使优秀员工在企业中发挥特殊才能而对其进行的培训，包括专业技术人才培训和管理人才培训等。

3）按培训层次分类

按培训层次，员工培训主要分为操作人员培训、基层管理人员培训、中层管理人员培训、高层管理人员培训。

操作人员培训又称一线人员培训、工人培训、工作或服务在第一线员工的培训。培训的目的是培养员工有一个积极的工作心态、掌握工作原则和方法、提高劳动生产率。培训的主要内容包括追求卓越工作心态的途径、工作安全事故的预防、企业文化与团队建设、新设备操作、人际关系技能等。操作人员培训应注重其实用性。

基层管理人员培训的对象是操作人员的直接主管，包括班组长、工长等，他们是企业最基层的管理干部，是在工作现场对操作人员进行指导监督的关键人物，是上下左右联系的纽带。基层管理人员培训的目的是培训、开发他们的领导能力、管理能力、组织协调能力和工作技能，提高他们工作的观察力和想象力，培养他们诚实、正直的人品等。培训的主要内容包括各职能部门的专业知识和技能、基本的监督技能、激励员工工作的方法、与员工的合作精神、员工职业生涯规划、职业道德、管理艺术等。

中层管理人员的培训的对象指企业中第二层次的正副职管理人员及相当职务人员，也就是所谓的管理层。中层管理人员培训的目的包括：把握企业的经营目标、方针；培训、开发相应的领导能力和管理才能；培养良好的协调、沟通能力，形成和谐的人际关系；使未受过正规管理学习的管理人员掌握必要的管理技能；使管理人员学习新的管理知识和先进的管理技能等。中层管理人员培训的主要内容包括各职能部门专业知识的变化、规定和监视群体水平上的绩效指标、部门工作计划的制订和实施、设计和实施支持合作行为的奖励系统、部门间的协调与沟通、设计和实施有效的群体与群际关系工作、信息技术的应用等。

高层管理人员培训的对象是企业的高级管理人员，即企业中第一层次的正副职管理人员及其相当职务人员，也就是所谓的经营层或最高领导层，包括董事长、总经理、副总经理等。高层管理人员培训的主要内容包括全球经济和政治、国内经济和政治、竞争与企业发展战略、资本市场发展和运作、财务报表和财务控制、国内外市场营销、组织行为和领导艺术、创业管理、投资项目和效益评价、企业社会责任和商法等。高层管理人员培训的重点是培养他们的领导素质，包括形象意识、实际能力、沟通能力、社交能力、谈话技巧、领导能力、人格完善等。

4）按培训内容分类

按培训内容，员工培训可分为知识培训、技能培训、态度培训、思维培训、心理培训。

知识培训的主要任务是对受训者所拥有的知识进行不断更新。企业运行中，不仅要让员工具备完成本职工作所需的知识，还要让员工了解企业运营基本情况，如企业的发展目标、战略及规章制度等。知识培训是企业培训中最基本的也是最常用的培训，其主要目标是解决"知"的问题。

技能培训的主要任务是对受训者所具有的能力加以补充，开发员工的技能潜力，提高员工的实际操作水平，其主要目的是解决"会"的问题。

员工工作态度如何，对团队的士气及企业的绩效影响很大，必须通过态度培训建立起企业和员工之间的相互信任，培养员工对企业的忠诚及其适应企业文化和发展需要的应该具备的意识与态度，其主要目的是解决"勤"的问题。

思维培训的主要任务是改变受训者固有的思维定式。所谓思维定式，指人们在过去经验的影响下，解决问题的倾向性。思维培训就是让受训者超越原来的思维定式，以一种更具现代意识的崭新视野来观察问题、思考问题、解决问题，其主要目的是解决"创"的问题。

心理培训的主要任务是开发受训者的潜能，主要通过对受训者的心理进行调整，引导他们利用自己的潜在的各种因素，开发出自己工作中的能力，其主要目的是解决"能"的问题。

5）按培训对象划分

按培训对象，员工培训分为新员工培训、转岗员工培训、后备管理人员培训、退休前员工的培训等。

新员工培训又称职前培训、导向培训，指给新员工指引方向，使之尽快了解新企业的要求与文化，建立起和新同事、新的工作团队的关系，建立起符合实际的期望和积极的态度，尽快融入新企业的培训。

转岗员工培训由于转岗的原因不同，培训的方式也多种多样，包括与新员工一起参加拟转换岗位的岗前培训、接受现场的一对一指导、外出参加培训、接受企业的定向培训等。

后备管理人员培训包括专业技术知识培训、管理知识培训、思想道德素质的培训等。

退休前员工的培训指对即将退休的员工进行职业生涯结束前的专门培训，对于企业顺利完成新老员工交接工作、增强凝聚力有其他途径不可取代的作用。退休前员工的培训，一般包括工作交接培训、退休政策和制度培训、健康保健知识介绍和休闲活动介绍等。其目的在于使老员工愉快地度过职业生涯的后期，带好新员工，完成工作交接，并使老员工在离开企业后能尽快适应新生活，避免产生失落感。

如日本企业对员工职业生涯的培训大致可以分为5个阶段。第一阶段的培训对象是新进员工，培训内容主要包括企业价值观、行为规范、岗位技能等。第二阶段针对30岁左右的员工，培训内容主要包括新技术、新工艺等。第三阶段针对35～40岁的员工，培训内容主要包括管理知识技能等。第四阶段针对41～50岁的员工，培训内容主要包括知识技术的更新和管理、技能方面的提高等。第五阶段针对55岁以上的员工，他们即将面临退休，为此企业一般会提供有关退休后生活安排方面的课程。

此外，按照工作职能，员工培训可以分为专业技术人员培训、销售人员培训、财务人员培训、生产人员培训、管理人员培训等。

◆◆◆➡ 案例分析1-1

美的清洁技术员工培训

江苏美的清洁电器股份有限公司（以下简称美的清洁）于1994年6月30日在苏州市工商行政管理局登记成立，经营吸尘器、擦窗机、打蜡机、冰箱净水器、家用清洁卫生器具等。

近年来，公司经历了高速发展阶段，产量和员工人数翻数倍增长，其中技术员工在企业发展壮大过程中起到了不可或缺的作用，公司对这些技术员工开展了卓有成效的培训。

1）组织技能提升类培训

为了提高培训的针对性和效果，人力资源部门专门组织培训需求调查，找出了存在的问题，也发现了很多技术员工都有强烈的学习愿望，甚至感觉他们因缺少培训机会而存在一些不满。

在培训需求调查的基础上，根据公司技术员工培养计划组织专项技能提升培训。一是获取外部培训资源推出"班组长提升"系列培训，提高技术员工的组织管理能力和解决问题的能力；二是与周边职业院校合作，开展机械基础、电气基础、PLC编程等专业知识技能类培训。2019年技术员工培训率全年达到100%。

2）推行"师傅打包制"

因为技术员工分散于多个部门，所以各自岗位的技能要求大相径庭。为此，公司推行"师傅打包制"。师傅均是来自公司设备、工艺、品质部门的专家，每人承包1～3名技术员工，负责其日常培养、技能的全面提升和跟踪等工作。这种"手把手"式的打包制培训，在提高技术员工知识技能的同时，挖掘和传承了内部知识智力资源，促进了学习型团队的形成。

3）建立内部讲师制度

要求各级技术员工担任公司内部讲师，在完成本岗位工作的同时，必须负责对本线、本班组新员工的培训指导，高级技师和首席技师还要负责培训教材的编制和修订工作。

资料来源　编者根据美的清洁相关资料整理。

问题：美的清洁成功之处在哪里？

分析提示：美的清洁非常重视技术员工的培训，全方位提升了技术员工的技术水平，为公司在市场竞争中获取竞争优势奠定了坚实的基础。

1.2　员工培训的意义

伴随着人工智能及智能制造的高速发展，竞争日益激烈，需要企业不断地进行转型升级，以适应未来变化的需要。越来越多的企业意识到员工培训工作的重要性，更加关注培训给企业带来的价值。党的二十大报告强调：必须坚持科技是第一生产力、人才是第一资源、创新是第一动力，深入实施科教兴国战略、人才强国战略、创新驱动发展战略，开辟发展新领域新赛道，不断塑造发展新动能新优势。

1.2.1　从企业角度认识员工培训的意义

美国《管理新闻简报》曾经的一项调查指出：68%的管理者认为因培训不够而导致的低水平技能正在破坏企业的竞争力，而53%的管理者认为通过培训明显降低了企业的成本支出。员工培训作为促使人力资本增值的有力手段，对企业的生存和发展有着长远的意义。

1）提高员工思想政治素养

在当前复杂的国际形势下，员工的政治思想方向尤为重要。企业需要将员工思想政治教育培训放在首位，确保企业的经营方向、经营策略与国家的政策保持一致。通过培训把中国特色社会主义理想教育、爱国主义情感教育，与员工的职业理想结合起来，同时，引导员工学习国家的大政方针政策，把握正确的政治方向。

2）提升企业竞争力

新员工通过培训可以迅速适应企业新环境，尽快掌握岗位所需的操作技能等；老员工通过培训可以及时补充新知识、掌握新技能，以适应工作变化的需要。培训可以有效地改善员工工作质量、降低工作损耗以及减少企业事故发生率；能够发掘员工潜力，激发员工创新的欲望，不断提高企业开发与研制新产品的能力。所以，有效的员工培训会极大地增加企业的人力资源价值，提高企业的经济效益和市场竞争力。

3）塑造企业文化

当新员工进入企业后，企业首要任务并不一定是急于教导其工作技能，而通常是注重对其工作价值观的培养。因此，企业对新员工的培训要注重灌输经营理念、工作伦理与群体规范等，以便建立共识、提高员工士气、形成鲜明企业文化、调动员工积极性、培养员工献身精神，从而激励员工为企业做出更多的贡献。

培训是塑造、传播企业文化的重要方式。培训可以让员工迅速获得与企业要求一致的价值观和行为标准，有助于企业树立良好的企业文化。IBM长期以来坚持对员工进行终身教育，每年的员工培训费用达7亿美元，受训者不仅有在职员工，还包括即将退休或已经离开公司的员工。终身教育活动渗透到每个员工的一言一行中，从而真正把企业文化灌输到员工心底，一方面提高了员工的素质，另一方面扩大了公司的影响。在很多情况下，人们观察一个企业如何，往往从其员工的行为举止、待人接物、工作态度和办事能力等许多外显的指标来进行判断。

4）稳定员工队伍

在企业运行中，员工因为各种原因可能对组织的运行有程度不同的不满情绪。培训可以使员工提高胜任工作的能力，也可以帮助企业改变不良的管理实践，从而使员工对企业有了新的认识，在一定程度上改变员工的工作态度，消除员工的不满情绪，稳定员工队伍。

培训可以增强员工的归属感和认同感。员工只有对企业产生强烈的归属感和认同感后，其能力和潜能才能得到真正充分的发挥，进而表现为工作绩效的提高。培训可以使企业中具有不同价值观、信念、工作作风的员工和谐地统一起来，为企业共同的目标而各尽其力。

通过为员工提供更多培训的机会，也可以使员工获得进步的满足感，获得受到企业青睐的自豪感，进而起到了留住人才的作用。同时员工对企业的眷恋可以起到吸引外部优秀人才加盟企业的作用。很多大学毕业生也越来越关注他们就职的公司是否能给他们提供更多的学习和成长的机会。

美国训练与发展协会指出，企业对员工的训练与发展之目标，其重要性并不比维持原有的竞争目标来得低。处于目前的信息社会，未来企业的成长原动力仍是适当的人才。要获得及留住适当人才，唯有为员工提供良好的环境与训练计划，让员工了解公司的目标与管理，才能使员工有参与的使命感。企业应对其员工拟订一套系统化的专业训练计划，这是稳定员工之源。那种认为培训投入越大，受到损失越大的观点是没有依据的，而那些依靠抢夺获取的人才之所以难以稳定住他们，关键仍在于对他们没有拟订系统化的专业训练计划。

5）提高企业经营绩效

经过培训的员工，往往掌握了新的知识结构，获得了更新的工作方法，工作技能明显提高，劳动熟练程度逐渐加强，这些直接促进了员工工作质量和劳动生产率的提高，也降低了各种损耗，并且减少了事故的发生。同时，培训后的员工与周围员工的人际关系得到有效改善，在工作中合作意识增强，工作热情高涨，对组织的凝聚力和向心力也有了重新认识，从而员工个人工作绩效和企业整体绩效都得到改善。

6）适应企业战略目标的调整与转变

随着科学技术的发展，企业面对激烈的竞争态势，为了适应市场不断变化的需要，企业要不断地进行战略目标的调整与转变。企业员工培训工作可以有效地解决企业对人力资源的需要问题，即帮助员工掌握新知识、新技能、新观念以适应战略目标的需要。

●●●➡ **小思考 1-1**

培训为施乐公司带来了什么

施乐公司的总裁戴维·凯恩斯上任之初，面临着非常严峻的形势。昔日有着"复印机之王"的施乐公司市场份额正急速下滑，从18.5%降到了10%。经过调查，戴维发现问题在于施乐公司的顾客服务意识和产品质量需要改进。于是，戴维实施了一项旨在改进顾客服务意识和产品质量的培训计划。从总经理到普通员工都参与到了培训之中，而且戴维是整个培训开发项目的模范人物。这次培训虽然耗资1.25亿美元，并花掉了400万个工时，然而培训的效果远远超出了支出，因为员工的工作方式和行为风格都改变了。经过系统培训的员工已习惯于团队合作，习惯于对质量反复检验。结果，消费者的满意度增加了40%，而对质量有关的投诉降低了60%。更为重要的是，施乐公司在美国复印机市场上重新夺回了市场份额第一的宝座。请问从施乐公司的这次培训中可以获得哪些启发？

答：施乐公司的这次培训虽然付出了比较大的代价，但是取得了巨大的培训成果，所以对一个公司来说，只要是根据实际情况设计合理的培训内容，那么对于培训所做的投资会是值得的，也会给公司的经营带来意想不到的结果。

1.2.2　从员工个人角度认识员工培训的意义

面对日益激烈的竞争，每个员工都需要不断地学习和训练，提高自身的能力和素质以适应不断变化的市场需要，保持持久的职场竞争力。从员工个人角度，员工培训的意义主要表现在以下几个方面：

1）使新员工尽快进入角色

培训可以使新员工及时了解工作环境，引导他们尽快进入工作状态。企业的新员工大致有两种类型：一种是刚刚走出校门的大中专等应届毕业生；另一种是来自其他企业的有一定工作经验的员工。对于应届毕业生而言，他们刚刚接触社会，社会经验不丰富，但是可塑性很强，所以企业关键是如何通过培训使他们尽快了解企业的文化和工作环境以及工作岗位的要求，使他们尽快适应岗位；对于从其他企业进入本企业的新员工而言，他们可能面临的是两种企业文化的激烈碰撞，企业需要使他们了解本企业的经营理念和管理制度以及工作岗位所需要的知识和技能，尽快使他们转换角色，以胜任新岗位。新员工在刚到企业的过渡时期（通常是3个月到半年）内，会以自己对企业的直观感受和评价来决定自己如何表现。因此，企业应当通过系统的培训尽快消除新员工的各种担心和疑虑，让他们全面客观地了解工作环境、工作氛围及新工作所需要的知识、技能等。

2）使员工获得较高的收入

员工的收入与其在工作中表现出来的劳动效率和工作质量直接相关。为了追求更高收入，员工就要提高自己的工作技能，这也使得员工主动要求企业提供培训机会。现代社会职业竞争性和流动性的增强使员工认识到充电的重要性。培训是企业员工增长自身知识、技能和就业能力的一个重要途径。目前，很多员工将企业能否提供足够的培训机会作为择业中重要考虑的一个方面。

3）使员工获得更大的职业竞争力

随着技术的不断更新、组织的不断发展，要求员工不断地通过培训和学习增强自身的综合素质与职业技能。这样一方面可以使员工更胜任自己的岗位要求，另一方面可以大大增强员工的职业信心，从而不断增强自己的职业竞争力。

美国麻省理工学院彼得·圣吉博士称："未来唯一持久的优势是有能力比你的竞争对手学习得更快。"目前，人才市场已从对单一专业型人才的需求转向了对复合型人才的需求。从业者只有具备了较强的学习能力，才能在巩固原有知识和技能的基础上，向新的领域冲刺，成为市场所需要的多面手。

4）使员工制定合适的职业发展规划

员工职业发展规划是企业协助员工面对专业性挑战及企业向员工提供实现个人专长的契机。培训是一个连续不断的过程，与员工职业发展规划结合起来，能够使员工意识到培训是和自己未来发展息息相关的。这样既可以提高培训的效果，又可以实现企业和员工的共同发展，使员工在培训的基础上，发现自身的潜能，制定合适的职业发展规划。而持续不断的员工职业发展规划将帮助每个员工适应许多部门的工作，使员工萌生成就感和自我满足感，进而对员工起到激励作用。

◆◆◆➡ 案例分析1-2

美国通用电气的培训体系

世界500强公司中排名前列的美国通用电气公司之所以持久而强大，很重要的原因在于人才培训，尤其是在培训管理人员上的一贯投入。美国通用电气公司每年花在培训方面的费用超过6亿美元，约为它研究与开发费用的一半。美国通用电气公司的培训体系可概括为"六级人才、五大法则"。

美国通用电气公司管理发展学院是公司最重要的"领导者培养基地"，公司每年向该学院拨款10亿美元，每年在此接受培训的人数超过1万人，包括新任经理和高级管理人员。韦尔奇曾说："美国通用电气公司是由人才经营的。我的最大成就就在于发现一大批这样的人才。他们远比大多数公司的总裁更优秀、更精明。这些第一流领导人才在美国通用电气公司中如鱼得水。"

第一级：是"领导基础"课程。参加培训的是在美国通用电气公司工作了6个月至3年、有培养前途的20来岁的年轻职员。该课程每年举办16次，具体内容有答辩技巧、与不同国籍的学员组成小组顺利开展教学活动的方法、财务分析方法等。

第二级：是以未来经理为培养对象的"新经理成长"课程。参加者都是具有较高潜力、专项评估达到"A"级的30岁左右的职员。这一阶段主要学习经营决策的方法、成功案例分析、评价下属的方法、财务知识等。

第三级：则是进入了美国通用电气公司前首席执行官韦尔奇曾亲自参与执教的"现任经理"课程。该课程每年举办7届，由六七十人组成一个班，各届历时3个星期。参加培训的是在美国通用电气公司工作8~10年、持有本公司股份购股权资格的职员，其中大约有30%是来自美国以外的员工。这一阶段主要学习：经营战略的制定方法、如何管理国际性集团、为解决目前美国通用电气公司面临的问题提供思路等。

第四级：是以来自世界各地的美国通用电气公司下属企业负责人为对象的"全球性经营管理"课程。该课程每年举办3届，每届历时3个星期，一个班级40人，学员要求至少在美国通用电气公司工作8年。美国通用电气公司在全世界拥有30余万名员工，每个人平时都随身携带一张卡，名为"美国通用电气价值观"卡。卡中对管理人员的警戒是：（1）痛恨官僚主义；（2）开明；（3）讲究速度；（4）自信；（5）高瞻远瞩；（6）精力充沛；（7）果敢地设定目标；（8）视变化为机遇；（9）适应全球化。这些价值观都是美国通用电气公司进行培训的主题，也是决定公司职员能否晋升的最重要的评价标准。

第五级：是在领导者培训中最重视的"在实践中学习"课程。这种学习差不多就是一种共同探究美国通用电气公司面临的问题及解决方法的智囊团活动。学员们同奋战在海外第一线市场的经理们对话，具体的学习课程有企业领导方法、美国通用电气公司所处的竞争环境、组织变革、企业伦理学、财务分析以及战略运作方式等。

第六级：是以高级企业负责人为对象的"经营发展"课程。该课程一年举办一届，一个班级40人，历时3个星期。学员都是在美国通用电气公司有10年以上工龄的高级经营管理者。该课程由美国通用电气公司所属集团CEO提供赞助资金，将自己行业发展的某个设想提交给这个班级进行研讨，提出实施方案。

资料来源　编者根据原创力平台相关资料整理。

问题：美国通用电气公司的培训体系给我们带来哪些启示？

分析提示：美国通用电气公司在员工尤其是管理者培训与开发方面的巨大投入是其获得持久竞争优势的有力源泉。

1.3　员工培训的原则

微课1-2

员工培训与开发的原则

员工培训的原则指企业为了有效地进行员工培训，对员工培训工作所进行的定向的规范和指导，使培训工作达到既定目标。员工培训作为人力资源开发的一种重要手段，可以为企业创造价值，但这种价值的实现，要求企业在实施培训的过程中，还要遵循以下几个基本的原则：

1）先培训后使用原则

现代社会科学技术突飞猛进，生产设备更新周期越来越短，国内外市场竞争日益激烈。在这种情况下，只有依靠高素质的员工生产高质量的产品才能取胜。因此，要求企业在员工走上新的职位之前，必须先进行培训，然后才能上岗。必须纠正员工随着时间的推延会逐渐适应环境从而自然而然地胜任工作的错误观念。如果企业对员工走上新的职位之前不进行培训或敷衍了事，将会使员工在长时间内不能提高绩效，也会使员工的离职率居高不下。

2）战略性原则

员工培训是企业管理的重要一环，必须纳入企业的发展战略之中。企业战略指企业为了长远的生存和发展，根据外部环境和内部环境状况，选择目标市场和产品，统筹分配经营资源，革新经营结构决策和行动方案。人力资源管理的任务就在于为企业提供和培训执行企业战略所需要的合适人选。因此，企业在组织员工培训时，一定要从企业战略的角度去思考培训问题。为了达到企业人力资源的合理配置和使用，企业的培训部门必须首先调查企业现有人员的构成、素质状况和能力结构等，充分认识和了解企业战略，然后由此编制和开发与企业发展相匹配的人力资源培训和开发程序，提高组织的市场竞争能力。

3）效益性原则

员工培训的投入产出衡量具有特殊性，培训投资成本不仅包括可以明确计算出来的会计成本，还应将机会成本纳入进去；培训产出不能纯粹以传统的经济核算方式来评价，还包括潜在的或发展的因素；培训项目应该是与工作相关的，能提高生产率、降低成本、增加利润；培训的内容要以企业的发展为目标，员工通过学习，最终要达到能够解决企业实际问题和提高服务质量的目的；企业员工培训对象应包括企业所有的员工，但是要强调重点（主要是对企业技术、管理骨干，特别是中高层管理人员）培训，因为这些人对企业的发展起着关键作用，所以培训力度应稍大一点。因此，在培训项目实施前必须事先进行项目分析，以确保最终培训有效。

4）针对性原则

由于企业员工个体之间的差异，不同的员工通过培训需要获取的知识也就有所不同，所以培训要根据企业员工的不同状况，选择不同的培训内容，采取不同的培训方式。同时，即使是对同一员工，在不同的发展阶段，对其的培训也应有所差异。

培训的内容必须是员工个人需要和工作岗位需要的知识、技能以及态度等。为此，在培训项目实施中，要把培训内容和培训后的使用衔接起来，这样培训的效果才能体现到实际工作中去，才能达到培训目标。如果不能按需培训或者培训与使用脱节，不仅会造成企业人力、财力和物力的浪费，而且会使培训失去意义。

5）共赢性原则

员工通过培训，学习与掌握新知识和技能，提高个人的管理水平和工作效率，有利于个人职业的发展。作为企业运营的重要组成部分，员工培训也是企业调动员工工作积极性、改变员工观念、提高员工凝聚力的一条重要途径。因而有效的员工培训，会使员工和企业共同受益，促进员工和企业共同发展。要使员工清楚地感受到：参与培训是企业对自己的信任与重视；培训对自己未来的待遇、职位等都可能产生影响；获得培训的机会，能使自己的职业愿望与需求得到更好的实现等。这样才能在企业发展和员工个人发展有机结合的基础上，增强培训效果。

6）反馈与强化原则

培训要注意对效果的反馈和结果的强化。反馈的作用在于巩固学习技能、及时纠正错误和偏差。反馈的信息越及时、准确，培训的效果就越好。强化是结合反馈对接受培训的人员做出的奖励或惩罚。这种强化不仅应在培训结束后马上进行，还应该在培训之后的上岗工作中对培训的效果给予强化。培训的结果通常表现为各种学习成果，学习成果有很多类型，具体可见表1-2。

表1-2 学习成果类型

学习成果类型	能力描述	举例
言语信息	陈述、复述或描述以前储存在大脑中的信息	陈述遵守公司安全程序的3条理由
智力技能	应用可被推广的概念和规则来解决问题并发明新产品	设计并编制一个满足顾客要求的计算机程序
运动技能	精确并按时执行一种体力活动	射击并持续射中小的移动靶
态度	选择个人活动方式	在24小时内回复来函
认知策略	管理自己的思考和学习过程	选择使用3种不同的策略来判断发动机故障

资料来源 黄翠银. 人力资源开发概论——学习理论与培训迁移 [EB/OL].（2011-05-05）[2023-12-03]. http://wenku.baidu.com/view/379bf68b680203d8ce2f247b.html?from=search.节选.

◆◆◆◆➡ **案例分析1-3**

阿里巴巴人才培养理念与运营原则

阿里巴巴人才培养理念：

成长与发展是员工自己的事，但公司会为他们提供平台；

成长与发展的机会是平等的，但需要员工自己去争取；

上课不等于成长，成长是员工不断超越期望，要把今天的最好表现当作明天的最低要求。

阿里巴巴培训运营原则：

用"阿里味儿"养人；

按"市场规律"办事。

问题：阿里巴巴的人才培养理念对企业培训工作有什么指导意义？

分析提示：强调企业培训工作必须充分考虑员工和企业的发展需要，并将培训成果有效地转化到实际工作中，才能使培训工作达到预期的效果。

1.4 员工培训工作存在的认识误区及未来发展趋势

微课1-3

1.4.1 员工培训工作存在的误区

员工培训对企业发展有十分重要的意义，但在实际工作中，许多企业的管理者并不十分重视培训，主要是他们陷入了一些认识上的误区。其主要误区有以下6种。

1）员工培训是万能的

一些企业的管理者在逐渐重视培训的同时，会走入另一个误区，那就

企业员工培训与开发工作存在的误区

是过分重视培训，把培训当成万能的。只要有危机或问题出现，就想到培训，培训好像成为解决危机或问题的"万能钥匙"。其实，培训的作用更多地体现在解决"不会做"，而不是解决"不去做"的问题。当企业运营出了问题，很多时候是企业机制或企业管理的问题，企业培训不能改变企业机制，更不能代替企业管理，只能是对机制和管理起润滑剂的作用，即通过培训改变人内心思想、素质和能力，从而推动机制变革和管理创新，要对培训的功能有明确的定位。

员工的行动能力是其观念、知识和技能等的集中体现。企业的管理者在设计培训计划时，思路应是全面提高员工的观念、知识和技能水平等以改善员工的行动能力。但是，培训的直接效果更多地体现在提高知识和技能方面，而观念不是一天两天形成的，不能只依靠一朝一夕的培训来改变，所以还应该在平时的工作中培养和训练，并通过绩效考核等其他手段来达到目标，特别是各级主管，有责任和义务指导自己的下属，共同完成所设定的目标。

2）新员工自然而然会胜任工作

一些管理者错误地认为，新员工随着时间的推延，会逐渐适应环境而胜任工作。因此，一些企业忽视对新员工进行有效的培训，新员工一到企业就立即被分配到正式的工作岗位上去，以后新员工的工作胜任与否，基本上取决于员工本身的适应能力以及其处所的小环境。企业对新员工不进行培训，或只进行敷衍了事的培训，往往会使新员工在较长时间内不能提高绩效，同时往往会使员工缺勤率、离职率居高不下。

3）流行什么就培训什么

随着网络技术和信息技术的飞速发展，人工智能、网络营销、数字经济、智能制造、物联网等已经深入到社会生活的各个领域。一些管理者为了能跟上时代的步伐，不惜花时间和经费组织员工参加各类与人工智能、网络营销、数字经济、智能制造、物联网等相关的培训班。从表面上看，企业培训工作开展得轰轰烈烈，其实是无的放矢，效果并不一定理想。

因此，要改变员工内心的愿望、目标、抱负和标准等，进而使员工的素质得到提高，这需要企业有目的、有步骤、系统地进行培训，而流行什么就培训什么，结果只能是浪费人力、物力和财力。

4）高层管理人员不需要培训

一些企业的最高领导人错误地认为，培训只是针对基层的管理人员和员工的，而高层管理人员是不需要培训的，理由是：他们都很忙；他们经验丰富；他们本来就是人才。高层管理人员素质的高低对企业的发展影响巨大，为了适应市场快速的变化，只有通过培训才可以更好地提高他们的管理能力和管理素质，开阔他们的管理视野。许多成功的企业都规定：越是高层管理者，参加的培训越多。

5）培训是一项花钱的工作

一些企业的管理者错误地认为，培训是一种成本，作为成本，当然应该尽量降低，因此能省则省，甚至在培训方面的投资几乎接近零。还有一些中小企业，更担心培训后员工离职所带来的损失，所以不敢投资员工培训。

与发达国家的知名企业形成鲜明的对比，我国部分企业存在人力资源投资严重不足的问题。发达国家的知名企业每年都会拿出相当大的资金作为员工培训费用。资料显示：20世纪90年代美国摩托罗拉公司每年在员工培训上的花费达12亿美元，这一数额占公司工资总额的3.6%；联邦快递公司每年花费2.25亿美元用于员工培训，这一费用占公司总开支的3%。而我国某些企业尤其是某些民营企业目前存在着只使用不培训的现象。另外，即使有的企业有培训，也没有形成与企业发展战略相匹配的系统性培训，随意性大，经常是现使用现培训的短期行为。这与企业对人力资源投资认识不足有关。这些企业盲目追求短期效益的增长，认为人才培养的成本高于直接招聘成本，认为人才培养的技术越高，人才流失得越快，所以不愿意也不敢更不重视人才的培养，这样很容易形成怪圈：从人才市场招聘员工后，由于培训投资不足，导致员工素质越来越低，企业效率受到影响，结果员工薪酬低，离职率上升，然后企业从市场重新招聘新员工，长此以往形成恶性循环。从企业长远发展、员工忠诚度以及成本方面考虑，这样的做法是不足取的。

现代人力资源开发与管理的理论和实践反复向人们指出，培训是一种回报率极高的投资。可以这样说，任何设备的功能都是有限的，而人的潜力是无限的。在同样条件下，通过培训，改善人力资源使企业效益成倍增长是可以实现的。

6）培训时重知识、轻技能、忽视态度

一些管理者在培训时往往片面地强调立竿见影，而知识的获得相对比较容易，因此出现了重知识的误区。同时，知识的遗忘相对较快，而技能的获得较慢，可是一旦掌握了技能就不易失去。其实最重要的是树立正确的态度，一旦态度正确，员工会自觉地去学习知识、掌握技能，并在工作中运用。

正确的观点应该是：在培训中以建立正确的态度为主，重点放在提高技能方面。

实际上，企业中的管理者在认识上还存在许多误区，例如：培训没有什么用；有什么就培训什么；效益好时无须培训，效益差时无钱培训；忙人无暇培训，闲人正好去培训；表现好的才能送出去培训；人才用不着培训，庸才培训也无用；人多的是，不行就换人，不用培训；培训后员工流失不合算等。

企业中的管理者如果不消除对培训的各种认识误区，就不可能对培训引起足够的重视，结果将会导致员工素质下降，进而使企业在市场竞争中失利。

小思考 1-2

培训到底还要不要做？

湖北武汉有一家几百人的制造企业，年销售额达亿元以上，企业发展势头不错。公司老板程总是一个非常喜欢学习的人，只要听说或者从网上发现哪里有好的培训课程、有知名的培训大师授课，不仅自己积极参加，还要求各部门经理、主管都去学习。一年下来，光培训的交通、食宿费用就花了近200万元。

如今的企业，老总爱学习，确实是件非常难得的事情。专家大师们都说了，企业之间的竞争非常激烈，在每个方面和能力上都要进行竞争，这个"学习力"也是竞争项目中的重要一环。但是，这么高额的培训费用投入后，程总发现没有得到应有的培训效果。每次去听课，部门经理、主管们在课堂上都表现得非常激动，而且感觉他们确实学到了不少东西，可回公司后缺乏实际行动。公司的问题还是成堆，学完后回来的部门经理找借口和找理由的水平却提升了，还有些主管听完课后跳槽的动机更加强烈，程总感到非常迷茫。一方面成功企业都提倡学习型组织，另一方面自己花巨资培训却得不到培训效果，产生不了培训效益，培训到底还要不要做？

资料来源　HRsee.如何确定培训需求［EB/OL］．（2018-11-27）［2023-12-11］．http：//www.hr-see.com/?id=452.

答：低效的培训确实成为企业的一个大难题，不仅没有效果，反而浪费了企业的资金，造成了成本负担，企业必须懂得如何做培训。

1.4.2　员工培训工作未来的发展趋势

未来，企业将面对更加激烈的市场竞争和不断变化的客户需求，员工的知识和技能需要不断更新与提升，培训仍然是企业人力资源开发的重要手段和投资。随着社会、经济和技术的不断进步，员工培训的目标、内容和方法等都会出现比较大的变化，并呈现出以下几个大趋势：

1）新技术的应用使学习方式将更加灵活多样

随着数字化和在线学习的普及，传统的面对面、坐在教室里的培训逐渐被在线的、虚拟的课堂培训所取代。这不仅可以大大地降低培训成本，还符合年轻人的学习兴趣和学习特点，可以有效调动员工的学习热情，实现自主学习。在线培训是非常好的培训方式，员工可以通过手机、电脑等使用在线平台、移动应用程序、云端、虚拟课堂等，随时随地灵活地进行学习，获取知识和技能，提高了培训效率。可以预见，在线培训将成为企业培训的主流模式和渠道。

2）大数据技术广泛应用到培训中

未来，将有越来越多的企业将大数据技术应用到企业员工培训中。企业可以利用大数据分析技术广泛地收集员工的学历、技能、培训经历、职位变化以及兴趣、爱好、职业偏好、职业发展等信息，及时了解员工培训的进展情况以及培训效果等，据此制定精准的、能满足个性化需求的培训目标和培训项目，并根据员工实际学习情况调整培训计划以便更好地满足目标。例如，腾讯使用AI分析员工代码提交记录，自动推送技术漏洞修复课程，使问题复现率降低52%。字节跳动"学习数据中台"可关联培训记录与晋升数据，发现完成"跨部门协作"课程的员工晋升速度比没有完成的要快1.8倍。可以预见，数据技术将成为企业培训的重要工具和手段。

3）社交学习和协作成为培训的重要组成部分

随着QQ、微信、企业微信以及公众号、微博、抖音、小红书等社交媒体的普及和广泛应用，员工可以利用这些工具选择在线讨论、团队项目等方式，分享知识、互相学习，促进协同工作和团队合作能力的提升，有效地增加知识、提高技能。

4）更加关注员工的情感和心理健康

未来，员工更注重个人定位和自我认同，也更重视工作的获得感、幸福感等。所以，在未来的企业员工培训中，会越来越关注员工的情感和心理健康。企业培训不仅要关注员工技能的提升，还要关注员工的情感管理、沟通技巧以及应对压力的能力等。通过关注员工的整体健康，企业能够培养更加稳定和高效的团队。

5）跨文化和全球化培训成为重要趋势

随着企业跨国经营和全球化的发展，跨文化和全球化培训成为重要趋势。领英调研显示，78%企业因文化冲突导致海外项目受阻。麦肯锡研究显示，因文化误解导致的海外项目成本超支平均达27%。所以，员工需要具备跨文化沟通的能力，了解不同文化背景下的商业习惯和价值观。跨文化培训有助于提高员工的全球化意识和适应性。小米集团开发"文化认知模拟舱"，通过20个国家2 000多个本土化场景训练海外经理人。宁德时代在德国工厂实施"双轨认证"，同步中欧技术标准与安全规范。

6）实战模拟和沉浸式学习

实战模拟和沉浸式学习通过模拟真实工作场景，使员工能够在安全的环境中进行实际操作和应对挑战。这种培训方式有助于加深员工的理解和记忆，提高其在实际工作中的应对能力。例如，AR远程指导，VR事故模拟，3D交互课件，智能沙盘推演引擎，全息投影导师等。南方电网应用AR眼镜开展带电作业培训，实操失误率下降67%。西门子医疗打造"手术室元宇宙"，医生可在虚拟患者身上进行300+并发症演练。

▶ 知识链接 1-2

人工智能在员工培训与开发中的应用

人工智能（AI）是一门模拟人类智能的技术，通过机器学习、深度学习、自然语言处理等技术手段，赋予计算机类似人类的感知、思考、决策和学习能力。与传统的规则引擎和编程逻辑相比，AI展现出更强的适应性、灵活性和创造性，能够在海量的数据中发掘潜在的规律和关联，为企业员工培训与开发提供智能化支持。

AI凭借其先进的算法和超强的数据分析能力，能够依据员工的能力和职业目标，为其量身定制个性化的培训计划，从而实现员工职业能力的精细化提升。AI系统能够深入分析员工日常工作中的相关数据，精确识别员工当前的技能水平以及技能短板，并以此为基础，制订有针对性的培训计划和学习路径规划，为员工推荐适合的培训课程、学习资源和实践项目，助力员工有针对性地提升职业能力。如AI培训平台会根据员工的岗位需求和技能差距，为其精准推送相关的在线课程和线下实操训练，显著提升员工的学习效果和培训效率。

资料来源　刘丹丹. 人工智能在人力资源数据分析中的应用［J］. 中国市场，2025（6）.

▶ 小思考 1-3

W先生组织的培训出什么问题了

W先生是某国有机械公司新上任的人力资源部部长。在一次研讨会上，他了解到一些企业的培训搞得有声有色。他回来后，兴致勃勃地向公司提交了一份全员培训计划书，以提升人力资源部的新面貌。公司老总很开明，不久就批准了W先生的全员培训计划。W先生深受鼓舞，踌躇满志地对公司全体人员——上至总经理，下至一线生产员工，进行为期一个星期的脱产计算机培训。为此，公司还专门下拨十几万元培训费。培训的效果怎样呢？据说，除了办公室的几名人员和45岁以上的几名中层干部有所收获，其他人员要么收效甚微，要么学而无用，十几万元的培训费只买来了一时的"轰动效应"。一些员工认为，新官上任所点的"这把火"和以前的培训没有什么差别，甚至有小道消息称此次培训是 W 先生做给领导看的"政绩工程"，是在花单位的钱往自己脸上贴金！而 W 先生对于此番议论感到非常委屈：在一个有着传统意识的老国企，给员工灌输一些新知识效果怎么就不理想呢？W 先生百思不得其解："当今竞争环境下，每人学点儿计算机知识应该是很有用的呀！"请问 W 先生组织的培训为什么没有收到预期效果。

答：W 先生应该按照科学的工作流程组织培训工作，在做好培训需求分析的基础上，确定培训目标和培训层次，然后开展有针对性的、富有成效的培训项目。

▶ 价值引领

健全产业工人培训体系 为高质量发展提供人才支撑

随着科技快速发展和产业结构不断升级，新质生产力已成为推动经济社会发展的重要引擎。发展新质生产力是推动高质量发展的内在要求和重要着力点。优化产业工人培训体系，提升产业工人的综合素质和技能水平，建设一支数量充足、技能精湛、素质优良的高素质劳动者队伍，对发展新质生产力、促进高质量发展具有重要意义。

资料来源 史强. 健全产业工人培训体系 为高质量发展提供人才支撑［N］. 工人日报，2024-08-13.

▶ 基础训练

1.1 单项选择题

1）关于培训与开发的含义，以下说法错误的是（ ）。

A.员工培训与开发的本质是一个有计划的、有组织的学习过程

B.培训与开发的侧重点有所不同

C.培训与开发没有任何区别

D.培训与开发是企业人力资管理中一项非常重要的活动

2）培训与开发的最终目的是（ ）。

A.实现企业利益最大化

B.实现企业发展和员工个人发展的和谐统一

C.使员工个人发展得更好

D.使股东利益最大化

3）培训与开发的区别和联系，下列说法错误的是（ ）。

A.都是由组织规划的一种学习和训练的过程

B.都注重个人与企业当前及未来发展的需要

C.培训侧重企业通过外在需求提供给员工某些知识、技能，以使其适应企业发展的需要；开发则侧重挖掘员工本身所固有的知识和技能

D.培训侧重挖掘员工本身所固有的知识和技能，开发则侧重企业通过外在需求提供给员工某些知识、技能，以使其适应企业发展的需要

4）对受训者所具有的能力加以补充，开发员工的技能潜力，提高员工的实际操作

水平，其主要目的是解决"会"的问题，这种培训称为（　　　）。

A.知识培训　　　　B.技能培训　　　　C.态度培训　　　　D.思维培训

5）下面不属于基层管理人员培训的主要内容是（　　　）。

A.各职能部门的专业知识和技能　　　　B.基本的监督技能

C.投资项目和效益评价　　　　D.激励员工工作的方法

6）员工培训主要分为在职培训、岗前培训和脱产培训，分类的依据是（　　　）。

A.按培训和工作的关系　　　　B.按培训目的

C.按培训内容　　　　D.按培训对象

7）由于企业员工个体之间的差异，不同的员工通过培训需要获取的知识也就有所不同，所以培训要根据企业员工的不同状况，选择不同的培训内容，采取不同的培训方式。这是员工培训的（　　　）。

A.战略性原则　　　B.效益性原则　　　C.针对性原则　　　D.共赢性原则

8）下列关于培训的认识，正确的是（　　　）。

A.培训是一项花钱的工作，不值得去做

B.企业应该根据实际情况有计划地组织培训工作

C.当前流行什么就培训什么

D.新员工不需要培训

9）员工通过培训，学习与掌握新知识和技能，提高个人的管理水平和工作效率，有利于个人职业的发展。作为企业运营的重要组成部分，员工培训也是企业调动员工工作积极性、改变员工观念、提高员工凝聚力的一条重要途径。这是员工培训的（　　　）原则。

A.战略性　　　　B.效益性　　　　C.共赢性　　　　D.针对性

10）员工培训对企业的意义，下列描述不确切的是（　　　）。

A.培训可以提升企业竞争力　　　　B.培训可以稳定员工队伍

C.培训可以提高企业工作绩效　　　　D.培训可以提高员工收入

1.2　简答题

1）如何正确理解员工培训与开发的含义？

2）员工培训的原则是什么？

3）简述员工培训的分类。

4）试述员工培训的意义。

▶ 综合应用

1.1　案例分析

腾讯公司的员工培训方案

腾讯公司作为中国乃至全球互联网行业的领导者，制订了全面的培训方案，旨在确保员工能够不断学习、成长，从而推动公司的持续发展。

1）培训目标

腾讯公司的培训方案旨在实现以下目标：

（1）提升员工的专业技能，确保员工能够应对不断变化的技术和市场挑战。

（2）增强员工的软技能，如沟通、团队合作和领导力等，以提高工作效率和质量。

（3）培养员工的企业文化认同感，确保公司的价值观和使命被员工理解与执行。

（4）激发员工的创新思维，鼓励员工提出新的想法和解决方案。

2）培训内容

腾讯公司的培训内容覆盖了多个方面，包括但不限于：

（1）技术培训：包括最新的编程语言和技术框架、软件开发的最佳实践和工程效率、数据科学和人工智能应用、网络安全和隐私保护等。

（2）产品培训：包括产品设计思维和用户体验、市场分析与产品策略、敏捷开发和持续集成/持续部署（CI/CD）等。

（3）管理培训：包括项目管理技巧和工具、领导力和团队建设、战略规划和决策制定等。

（4）软技能培训：包括沟通和演讲技巧、情绪智力与压力管理、跨文化沟通与合作等。

（5）企业文化培训：包括腾讯公司的价值观和使命、社会责任和可持续发展、团队精神和企业文化活动等。

3）培训形式

腾讯公司采用了多种培训形式，以满足不同的学习风格和需求，具体如下：

（1）在线学习平台：提供丰富的在线课程和资源，方便员工随时随地学习。

（2）现场培训：通过工作坊、研讨会和讲座等形式，进行面对面的互动式学习。

（3）导师制：为新员工和有发展潜力的员工提供一对一的指导。

（4）实践项目：将理论知识应用到实际工作中，通过项目实战提升技能。

（5）内部交流会：鼓励员工分享知识和经验，促进跨部门学习。

4）评估与反馈

为了确保培训的有效性，腾讯公司建立了完善的评估和反馈机制，具体如下：

（1）培训前评估：了解员工的起点和培训需求。

（2）培训中评估：通过测验、小组讨论和项目展示等方式，监控学习进度。

（3）培训后评估：跟踪员工的技能提升和行为改变，评估培训效果。

（4）持续反馈：鼓励员工提供培训过程中的反馈，以不断改进培训方案。

资料来源　佚名．腾讯公司的员工培训方案［EB/OL］．（2022-06-21）［2025-02-12］．https：//wenku.baidu.com/view/848a681d925f804d2b160b4e767f5acfa1c7832c.html？_wkts_=1742532836473&needWelcomeRecommand=1.

问题：请评价一下腾讯公司的培训方案。

分析提示：腾讯公司的培训方案全面、系统，根据员工的需求确定明确的培训目标和实施方案，同时有系统的培训评估和反馈措施，确保达成预期的培训效果。

1.2　实践训练

训练1：5～6个学生组成一个小组，以小组为单位，就近调查一家企业，了解一下该企业员工培训和开发工作的现状、存在的问题，提出解决问题的方法，要求每个小组提交一份不少于1 000字的调查报告。

训练2：张华为什么会感到茫然？

张华是一位年轻的大学毕业生，所学专业是管理信息系统。就业时，他顺利地进入一家有名的大公司，这使他十分得意。上班的第一天，他的领导王经理先带他参观了厂容厂貌，看了公司的工厂设施、部分办公室、餐厅及张华的办公室，最后王经理说："张华，很高兴你进入我们公司，下午到我办公室来，有一项任务交给你。这是一个简单的系统，包括两个利用纤维镜的电子学工作组。5天可以吧，星期五送给我检查一下。"王经理走了，张华愣住了。接受任务是一件令人高兴的事，但他不知道这是否就意味着他的职业生涯从此开始了，因为他对许多事情比如人事关系、工作程序或者公司发展等都还茫然无知。该公司的培训工作有什么问题？如何改进？

第2章 员工培训与开发系统的构建

▶ 学习目标

知识目标

学习完本章之后，你应该能够：掌握员工培训与开发系统的构成；了解现代企业员工培训与开发工作面临的挑战；明确企业文化与培训管理的关系；熟悉企业员工培训与开发的信息与管理系统；掌握员工培训与开发项目的程序设计。

能力目标

学习完本章之后，你应该能够：运用科学的方法组织开展员工培训与开发系统的设计工作；运用科学的方法搭建员工培训与开发的环境。

素养目标

学习完本章之后，你应该能够：在员工培训与开发系统构建中强化对员工思想政治、职业道德、敬业精神、团队协作精神培训的环节与内容，同时应加强实践环节，增强培训效果。

▶ 内容架构

```
第2章 员工培训与开发系统的构建
    │
    ├─ 2.1 员工培训与开发系统 ─┬─ 2.1.1 企业培训工作的系统性
    │                          ├─ 2.1.2 员工培训与开发项目的程序设计
    │                          ├─ 2.1.3 员工培训与开发信息系统
    │                          └─ 2.1.4 员工培训与开发管理系统
    │
    └─ 2.2 员工培训与开发的环境 ─┬─ 2.2.1 培训文化的建立
                               ├─ 2.2.2 企业员工培训系统建设存在的问题
                               └─ 2.2.3 企业员工培训与开发工作面临的挑战
```

▶ 引例

小米的员工培训

小米虽然还很年轻，从成立距今不过 10 多年而已，但是它已经成长为国内的头部企业之一。小米的快速发展，与其构建的独特的培训系统是分不开的。小米拥有小米特色的企业大学，随着员工人数的增加，培训投入逐年增大，2021年小米员工受训百分比已达97.42%，人均受训时长为25.76小时。2021年起，面对日益庞大的员工队伍以及更为多样化的培训需求，小米在培训计划上更有针对性。

1）针对应届毕业生的培训项目

在小米集团提出的新10年战略背景下，集团学习发展部更加关注人才储备和梯队建设。针对不同的新入职员工，小米设计了繁星计划、TOP高潜、小米实习生和社招4种培训项目。其中繁星计划是针对应届毕业生，从集团、部门和岗位3个级别开展大规模和系统性的培训；TOP高潜培训项目是在新入职应届生员工中，通过对绩效与个人能力测评成绩，选出5%~20%的员工进入top高潜培训项目进行初阶管理者能力培养。小米为这一人群量身定制的人才培养方案，将助力集团攀登更高的山峰。

2）针对初、中、高不同级别的管理干部的培训项目

小米针对初、中、高不同级别的管理干部，也设置了不同的培训计划，并扩大了课程所覆盖的员工比例，以增强管理层的管理与业务能力，具体包括星火计划、火炬计划、燃计划、焰计划等。其中星火计划是从角色定位、目标达成、团队管理、打造团队4个方向帮助新任经理提高岗位胜任力；火炬计划是以组织的能力要求为切入点，根据能力调研的分析结果，设计以行动学习为核心的课程，旨在帮助中层管理者提升分析与解决问题的能力；燃计划是针对公司战略需要和干部能力现状进行定向突破提升，让出色管理者脱颖而出，培养和选拔业务领军人；焰计划是小米2021年起新增的针对高级管理层的培训计划，通过与国内顶级商学院合作组织工商管理课程，培养高级管理层在企业战略、市场营销、经营模式等方面的能力。

3）针对不同业务/部门人员的培训项目

小米针对不同业务/部门人员也开发了不同的培训项目。例如，针对销售人员服务意识的培训；针对新店长按业务需要到门店接受2周至3个月的现场培训；针对员工信息安全与隐私意识和技能的培训；培训员工如何预防腐败行为和反洗钱培训等。

资料来源　HRsee.小米公司的员工培训案例［EB/OL］.（2023-03-19）［2025-01-12］. https：//www.hrsee.com/?id=4381.有改动.

这一引例表明：构建完善的培训体系，是高科技公司的竞争法宝。小米对培训投入了大量的人力、物力等，并将培训工作上升到战略的层面。小米根据企业的发展战略以及员工个人成长的需要，有针对性地设计培训项目，使其快速成长为行业的佼佼者。

2.1　员工培训与开发系统

员工培训与开发是一项系统工程，精心设计有效的员工培训与开发系统十分重要。

微课 2-1

员工培训与开发系统

2.1.1　企业培训工作的系统性

企业培训是企业人力资源开发的手段，是从组织目标出发，基于岗位分析和企业人力资源现状分析，根据人力资源规划的部署，辅之以绩效管理、薪酬奖励、个人职业发展等手段而设计的一个旨在综合提升公司竞争力的体系。很多企业花了钱却见不到效益，培训效果不尽如人意，其中一个很重要的原因是企业尽管重视培训，但对培训工作缺乏总体的战略规划，对培训管理的各个环节缺乏规范性，没有把培训与企业发展结合起来。也就是说，企业培训必须融入企业的整个经营管理活动中，保持与企业经营管理活动的一致性，又自成体系，具有一定的规范性和系统性。

企业培训的系统性主要体现在三个方面：

1）企业培训必须以企业战略为导向

企业战略决定了企业核心竞争力的基本框架，从而明确了各个岗位职能及其对任职者的能力素质要求，可以依此对企业人才素质现状进行诊断，预测企业对人力资源的需求，有针对性地进行人力资源的储备和开发。同时必须了解企业当期工作的重点，对培训需求进行认真分析，对员工培训的内容、方法、师资、课程、经费、时间等有一个系统、科学的规划和安排，从而使培训方案既符合企业整体发展的需要，又满足企业目前的工作需要。

成功的企业培训不能只看到眼前的成本支出，还要重视远期的收益，企业培训必须与企业总体战略、经济目标、企业文化保持一致，要有计划、有步骤地进行，既要有长期战略，又要有近期目标，并制定切实可行的方针、制度和制订切实可行的培训计划，着力把人才培训当作长期的系统工作来抓，做到用培训去促进企业发展，用培训去引导企业发展。

2）培训工作需要企业各方面的配合和支持

培训工作是企业整个经营管理活动的一部分，需要上至高层领导、下到普通员工以及各部门的配合和支持。

企业各部门都有自己的工作计划和工作任务，经常需要彼此配合和支持，培训部门的工作更是如此。培训计划的设计来自企业各部门对培训的需求，如果各部门无法提供准确的培训需求信息，培训计划就缺乏针对性。在培训实施过程中，往往需要参加培训的员工特别是脱产培训的员工暂时停止正在从事的工作，如果完全按照培训部门的计划进行，可能会影响到某部门工作的进度，而按照某部门的意见参加培训，可能又与其他部门的工作相冲突，因此培训的实施事先要与各部门做好沟通和协调，既不影响各部门的重点工作，又能保证整个企业培训计划有序进行。在培训结束后，受训学员回到各自的工作岗位，培训成果的转化更需要各部门主管为受训学员提供适当的机会，并进行督促和提供帮助，才能使培训的成果转化为实际的绩效。

因此，企业培训工作必须与企业经营管理的工作重点相一致，与企业各部门做好沟通和协调，做到系统规划、统筹安排、集中管理。当然，良好的员工培训体系能否得到很好贯彻落实，还依赖于企业健全的培训政策和完备的制度，特别是需要企业高层领导者的倡导和支持，需要培训师的艰苦努力，还需要员工积极的配合和长期系统的训练。

3）培训管理活动本身自成体系

企业培训管理除了要与整个企业的经营管理相结合，要充分考虑培训工作本身的特点和要求，以构建完整的培训管理体系。一般来讲，企业培训体系的构成包括：

（1）企业培训组织机构和人员的设置。多数企业的培训管理职责是由人力资源部门负责的，但随着企业的不断发展和壮大，企业的组织架构变得越来越复杂，这就需要对培训组织机构和人员进行重新设计与调整。大型的企业可以考虑设立由公司高层管理人员和相关部门负责人组成的培训管理委员会，主要负责制定与公司发展相适应的人力资源开发战略和相关的培训政策与制度；由独立的培训部或培训中心负责具体的培训职能工作，制订具体的培训计划，开展培训运营和管理。

（2）培训管理制度建设。企业的培训战略和培训政策为企业培训指明了方向，还需要通过具体的培训管理制度与措施使培训战略和培训政策具体化。培训管理制度就是把培训政策分解并细化成制度化的条款，使培训管理工作内容和工作流程更加稳定与规范，从而保证培训的质量。企业培训制度一般包括岗前培训制度、培训考评制度、培训服务制度、培训奖惩制度等基本内容。

（3）培训流程体系建设。一项完整的培训是由一系列工作组成的，包括培训需求的分析、培训计划的制订、培训计划的实施和培训效果的评估，4个部分互相制约和影响，构成培训工作的流程体系。

（4）培训课程体系建设。培训内容是根据公司长期发展战略和当期的工作重点设计与开发的，可以按照不同的业务内容、不同的管理层次、不同的培训对象等标准分成许多类别，形成培训课程体系。只有完善的培训课程体系才能满足企业和员工个人多层次、全方位的培训需求。

（5）培训师资体系建设。培训师资的水平直接关系到培训质量，培训师可以从企业外部聘用，也可以从内部培养。目前，企业内部培训师的培养越来越受到重视。培训师资体系建设包括培训师的选拔、聘用、培养、考核和评估等内容。

（6）培训设施与设备的管理。企业培训的开展需要借助一定的物资完成，对有关培训设施与设备进行管理和维护也是培训工作的一项内容。

建立和完善有效的培训体系，是当前许多企业培训工作的核心任务，也是培训系统性的必然要求。

2.1.2　员工培训与开发项目的程序设计

员工培训与开发项目是根据企业的人才培养规划，针对某一特定的目标，在培训需求调查的基础上，制订的员工培训与开发活动方案。

一些培训与开发项目可能只是一次培训课程的实施，而还有些培训与开发项目则是由一系列培训课程和相关活动组成的，有时还需要跨年度甚至持续几年时间才能完成。有效的员工培训与开发项目的设计和实施需要以企业整个人力资源的战略规划为基础，是企业长期人才培养战略的具体化。因此，员工培训与开发项目的设计必须以企业培训需求调查为依据，既要结合企业中长期的人才培养规划，与企业其他人力资源管理政策相配套，又要关注企业当前的工作重心，同时要考虑企业自身现有的资源的支持程度，员工培训与开发项目的实施需要企业各部门的支持和配合。可以说，员工培训与开发项目的设计和实施过程是一个沟通与协调的过程。

不同的培训项目由于目标和内容不同，在程序设计方面可能会有所差异，但总体上来讲，大致需要经过四个主要阶段：确认培训需求、确定培训目标、制订培训计划并组织实施、培训效果评估，如图2-1所示。

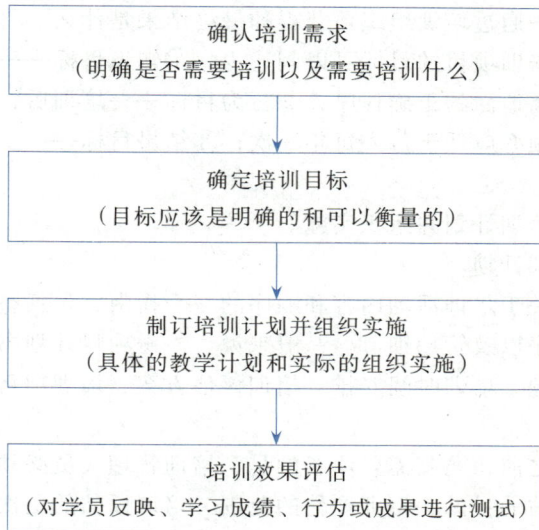

图2-1　培训的四个基本阶段

第一阶段：确认培训需求。

开展培训的第一个步骤就是要明确是否需要培训以及需要培训什么。培训需求分析是整个培训与开发工作流程的出发点，其准确与否直接决定了整个培训工作有效性的大小。培训需求分析包括组织分析、任务分析和工作绩效分析三方面。

组织分析是分析确定培训在整个企业范围内的需求情况以及企业对培训活动的支持程度，为培训提供可利用的资源及管理的可能。任务分析是分析与绩效问题相关的工作的详细内容、标准和达成工作所应具备的知识与技能。对任务进行分析的最终结果是有关工作活动的详细描述，包括对员工执行任务和完成任务所需要的知识、技术与能力的描述。工作绩效分析是分析员工个体现有绩效水平与应有绩效水平之间的差距，确定谁需要接受培训以及培训的内容。

任务分析和工作绩效分析是确定培训需求的两个主要技术。任务分析是对工作做详细的研究以确定必要的技能，以便实施适当的培训计划，通常对新员工培训采用这种方法。而对于在职员工来说，用工作绩效分析确定培训需求比较合适。工作绩效分析是核验当前工作绩效与要求的工作绩效之间的差距，并确定是应当通过培训来纠正这种差距，还是通过其他途径来解决。

第二阶段：确定培训目标。

一旦确认了培训需求，就应据此确定具体的培训目标。培训目标应清楚地说明受训者通过培训所需掌握的知识、技能以及所需改变的态度和行为。良好的培训目标应能向受训者清楚地说明他们在培训结束后应完成的任务或达到的标准。培训目标为培训计划的制订提供了明确的方向和依据。有了培训目标，才能确定培训对象、培训内容、培训时间和培训方法等具体内容以及对培训效果进行评价。

培训目标应具有确切性、可检验性和均衡性。对培训目标的陈述方式主要有三种：①知识目标——培训后受训者将知道什么；②行为目标——培训后受训者将在工作中做什么；③结果目标——通过培训组织要获得的最终结果是什么。

例如，一个安全培训项目的目标可以阐述为：①知识目标——培训后使受训者能够精确地描述把重物吊离地面的正确程序；②行为目标——培训后，观察到的受训者违反安全程序情况的发生频率应低于每人每年一次；③结果目标——工厂中造成时间浪费的事故减少百分之三十。

第三阶段：制订培训计划并组织实施。

第一步：编制培训计划。

培训项目计划是关于培训活动内容和顺序的一个指南，包括整个项目周期内将要进行的各项活动先后次序以及管理细节。一般来说，一份项目计划书由项目背景、培训对象、培训将解决的问题、培训时间安排、培训评估方案、培训项目预算、培训将达到目标和预期的收益构成。

在培训项目实施之前，尤其需要注意的是，培训管理人员必须把培训评估的方案确定下来，包括培训评估的目的、培训评估的范围、培训评估的层次、培训评估的方法和评估的标准，以便保证培训结束后能及时对培训效果做出评价。

第二步：估算项目成本。

一般来说，培训的成本包括直接成本和间接成本，其中直接成本包括课程开发费、讲师费、资料费、场地和设备租赁费、用餐住宿费和交通费、其他杂费等；间接成本包括学员工资福利、培训管理人员工资福利、内部设施使用费用分摊等。

第三步：项目沟通与审批。

培训计划的编制完成以后，要进行培训项目的申请与审批，即报请培训主管机构或上级主管人员进行审核，决定培训项目是否执行。培训项目的设计和实施过程也是一个沟通协调的过程。

第四步：培训师的选择与确认。

（1）制定培训师的选择标准。

（2）培训师面谈和考察。

（3）确定培训师。

（4）安排培训师做课前调研。

第五步：培训内容和方法的开发与确认。

（1）对培训内容进行二次开发。

（2）对培训内容和方法进行审核。

（3）与培训师沟通评估要求。

第六步：编制教学计划。

对整个培训教学的内容和时间安排具体化，确定培训内容和培训方法等。

第七步：培训行政准备。

培训行政准备主要是对培训前的各项事务性工作的准备和安排，例如培训场地和设备的安排、教学资料的准备、培训学员的食宿安排及其他行政准备工作。

第八步：实施培训项目。

根据培训计划落实培训项目，主要是做好培训过程中的沟通、协调与监控工作，及时处理突发事件，做好培训师与学员之间的桥梁工作，保证培训项目的顺利完成。

第四阶段：培训效果评估。

第一步：收集各阶段主要评估数据，起草总结报告。

在培训整个过程中，要注意收集相关的信息，并根据培训评估方案，对培训过程和培训结果进行评估，起草培训总结，提出改善建议。

第二步：归档各类资料。

培训后要对培训资料进行及时收集和归档，包括培训前的各种调研资料、培训课程的开发资料、培训实施过程的管理资料和评估的资料等。

第三步：培训效果沟通与反馈。

在培训评估过程中，人们往往忽视了对培训效果评估的沟通与反馈。其实，这是培训项目操作中重要的一环。一般来说，企业中有四种人必须得到培训效果评估的结果。其中，最重要的一种就是人力资源管理人员，他们需要这些信息来调整或改进培训项目。第二种是管理层，因为他们当中的决策人物需要了解培训是否有价值、价值的大小，从而直接决定着培训项目的未来。第三种是受训人员，他们应该知道自己的培训效果怎么样，并将自己的业绩表现与其他人的相比较，了解培训对自己工作的影响，这样有助于他们继续努力，也有助于将来参加培训项目学习的人不断努力。第四种是受训人员的直接经理，他们有必要了解下属的培训情况，以便在日后的工作中帮助受训人员实现培训效果的转化和能力的提升。

第四步：调整培训项目。

对收集到的培训相关信息进行认真分析，培训管理人员可以有针对性地调整培训项目。如果培训项目没有什么效果或是存在问题，培训管理人员就要对该项目进行调整或考虑取消该项目。如果评估结果表明，培训项目的某些部分有问题，如内容不适当、授课方式不适当、时间安排欠妥或受训人员本身缺乏积极性等，培训管理人员可有针对性地考虑对这些部分进行重新设计或调整。相反，如果培训评估结果证明，该项目各环节均受到好评，则应把成熟项目和工作方法标准化，以便为后期的工作提供指导。

2.1.3　员工培训与开发信息系统

员工培训与开发信息系统指通过现代信息技术手段，对企业员工培训与开发信息进行收集、传递、保存、加工、维护和使用的系统。它是企业人力资源信息系统的组成部分，其目的是为制订员工培训与开发计划提供依据，加强对培训与开发的过程控制和培训效果的反馈，并且实现培训资源的共享，从而增强培训效果，提升人力资源管理效率。

1）员工培训与开发信息系统的建设

传统的培训与开发信息管理多数是以手工操作为主，主要是建立人工的档案管理和索引卡片系统。这些做法对于一些规模较小的企业非常有效，但随着企业规模的扩大，信息量急剧增加，大量的手工操作使管理人员陷入日常的琐事中，也无法有效实现信息的广泛应用。

随着计算机技术和网络技术的发展，越来越多的企业开始实现管理的信息化，建立企业管理的数据库，特别是一些企业利用ERP进行管理，人力资源管理信息系统也随之建立。近年来，针对中小型企业开发的人力资源管理信息系统也比较多，企业可以根据自己的实际情况选择并改造适合自己的管理软件，在人力资源管理信息系统的基础上构建子模块——员工培训与开发信息系统。一般来说，一套完整的员工培训与开发信息系统可以涵盖组织结构管理、人员管理、培训资源管理、培训流程管理、培训需求管理、培训计划管理、培训预算与费用管理、培训评估管理、岗位技能培训管理等功能与模块，可以彻底摆脱手工汇总来处理信息的局面，确保信息的及时性、准确性、真实性，为各层管理者的决策分析提供有力的依据。同时，网络技术实现了将面授培训、在线培训以及企业培训与开发管理所涉及的工作、流程和数据全部集成于统一的管理平台中，实现了企业培训与开发管理从松散到集中、从人工到自动、从单一到完整的目标，做到知识和信息的共享。

培训信息的电子化需要具有相关的软硬件条件支持，需要投入一定的资金，对于没有能力购买现成管理软件的企业，培训管理人员也可以利用办公软件自行设计一些应用程序，收集和整理相关的培训信息，同样可以大大提高管理的效率。

当然，除了现代的信息管理，传统的文档资料是同样重要的，培训过程中涉及的报告、文件等许多文本，在培训结束后，要作为凭证、文件来立卷、归档保存起来，以便需要的时候进行备查。

员工培训与开发信息系统的建立依赖于一定的物质基础，同时要建立相关的管理制度，包括内部培训信息的交流和沟通制度、培训档案的管理制度等，使培训信息的收集、整理和使用规范化与制度化，保证员工培训与开发信息系统的有效运转。

▶ 知识链接 2-1

运用 Excel 进行培训课程的统计

在一些小型企业，如果没有条件购买专业的管理软件，可以利用通用的办公软件自行设计一些管理程序。表2-1就是利用Excel设计的最简单的全年培训课程记录统计表，统计汇总整个年度培训课程实施的情况，具体项目依次包括序号、培训类别（内训、外训，或者根据培训形式需要划分细类，如公开课、内部训练、视频学习、读书会等）、课程名称、培训时间、培训地点、课程时数、主办单位（内训为发起组织部门，外训为某培训机构单位）、讲师、学员对象、参加人数、实到人数、出勤率（公式设定自动计算）、培训费用（含课程费、教材费等直接与培训相关的费用，与财务科目保持一致，便于对应年度培训预算）、人均培训费用（培训费用÷实到人数）、评估方式（考试、问卷调查等形式）、培训满意度（根据评估表统计出满意度）、总时数（课程时数×实到人数）、备注等，可以根据管理的需要进行增减。

表2-1 全年培训课程记录统计表

序号	培训类别	课程名称	培训时间	培训地点	课程时数	主办单位	讲师	学员对象	参加人数	实到人数	出勤率	培训费用	人均培训费用	评估方式	培训满意度	总时数	备注

这个表建立之后，每次培训课程结束之后把课程相应信息录入此表中，并及时进行更新，可以以季度、年度进行统计和计数，得到课程时数、实到人数、人均培训费用、出勤率、培训满意度等关键指标，这些数据对于培训工作的总结意义重大。

2）员工培训与开发信息管理的内容

（1）员工培训档案。一般来说，员工培训档案包括员工技能情况和培训情况的记录。其目的就是建立每个员工的培训记录，通过这个记录可以很快得到员工参加了哪些培训课程、参加培训的总时数有多少、花费的培训费用有多少、每次培训后的评估结果如何等，这些信息在需要了解员工学习和技能等情况时会有用处，尤其是在晋升评审、转岗、调动的时候会有较好的参考价值，也有利于对后备人才的培养和跟踪。

（2）培训资源信息。培训资源信息主要包括企业为培训提供的资源信息，除了设施和设备情况外，更主要的培训资源信息应该包括：根据公司的培训规划开发相应的培训课程体系，有关课程信息包括课程的名称、课程简介、授课的对象以及课程的评价等；培训师资料库，主要是内部培训师的基本信息，包括个人基本情况、授课的时间、级别、可授课程、授课次数与时数等；培训供应商资料库，包括培训公司名称、性质、关键/优势业务领域、地址、联系人、联系方式、供应商说明（是否合作过，评价如何，有何特别要说明的地方）、供应商资质（根据需要把供应商分级别管理，在有需要时可优先与资质级别高的供应商联络、洽谈）等。

（3）培训管理信息。培训管理信息包括两个方面：一是外部信息，包括同行业竞争对手的培训信息、专业培训机构的培训信息、现代高科技培训发展信息、与培训工作关系密切的有关国家培训发展方面的政策变化等。外部信息有助于企业了解竞争对手和外部培训市场的变化对企业培训可能带来的影响，从而对外部环境给培训目标带来的影响做出正确判断。二是内部信息，内部信息又分为两部分。一部分是与培训有关的企业经营管理信息，包括企业发展目标、企业战略和计划、各部门工作目标和计划、各部门培训计划、个人培训需求、个人职业发展规划等，这些信息是企业分配培训资源、确定培训目标和培训战略、制订培训计划、评估培训效果等所必备的。另外一部分内部信息为培训管理信息，包括培训申请表、培训课程计划、培训讲师的介绍、培训课程效果评估方法、培训费用、培训开课通知单、培训签到表、培训课程教材、培训评估表或心得体会等，这些信息的收集整理有利于培训效果的监控和总结。

（4）培训共享信息。现在越来越多的企业开展知识共享，特别是利用现代技术开展在线培训和学习等。这些利用新技术进行的培训，不受时间和地点的限制，重复使用率高，节省费用，形式灵活，越来越受到企业的重视，是现代培训发展的一个重要趋势。目前通过在线培训实现培训信息共享的内容包括企业文化、基本职业技能、工作基本常识、业务管理培训、技术研发培训、市场营销培训、生产作业培训、技术支持培训、专业技术培训等，培训部门应加强对共享信息的开发，创造更多的信息交流平台和渠道，为员工学习创造条件。

2.1.4 员工培训与开发管理系统

员工培训与开发管理系统主要是培训管理部门根据培训工作的目标，开展培训活动所必须做的一系列工作，主要包括培训的资源建设与管理、培训的日常运营管理和培训的基础行政管理工作。

1）培训的资源建设与管理

培训的资源建设与管理是培训取得良好效果的保障，主要包括：

（1）技能体系的管理。员工必须接受特定的工作技能的培养和训练，才能完成独特的工作。因此，先要了解哪些技能是员工所必需的，并把这些特定的工作技能进行系统化，然后围绕着这些技能进行快速的、持续的培训。建立技能体系，首先要确定员工技能的类别，即一般技能、专业技能、管理技能，还要把这些技能划分为不同的层次，即知识信息技能、基础应用技能、高级应用技能；其次技能体系规划后，要对员工现有的水平进行评价，找出差距，确认培训需求；最后开展培训。

（2）培训课程体系的管理。培训课程体系是根据员工技能体系的要求，并结合企业不同职位类别人员而制定的不同系列的培训课程。课程体系与技能体系相一致，也包括一般技能系列、专业技能系列、管理技能系列，每一系列包括很多具体的培训课程。

（3）培训师的培养与管理。企业培训师的来源有外部的也有内部的。内部培训师由于比较了解企业的特点及企业文化，能把企业的需要和培训较密切地联系在一起，因而越来越受到企业的重视。但是，内部培训师很多是来自一线的工作人员，没有受过专门的培训技巧等方面的训练，缺乏授课技巧可能会影响培训效果。因此，加强内部培训师的甄选、培养、管理与激励，是培训资源管理的重要内容。

（4）培训经费的管理。培训工作需要有一定的经费做保证，要对培训成本进行深入细致的分析和控制。事先进行合理的培训经费预算，事中有效地分配和使用培训费用，并保证专款专用，是实现培训目标的必要保证。

2）培训的日常运营管理

培训的日常运营管理工作是培训管理工作中的核心环节，需要培训管理部门与企业其他部门沟通，共同合作完成，具体包括以下五项内容：

（1）培训需求调查与分析。培训需求调查与分析是制订培训计划的起点，每年最后一个季度，培训管理部门要在企业内部进行全面调查，对企业的经营管理、技术、服务等进行分析，并结合员工的实际需要，进行整理、筛选、调整，最后确定企业的培训需求。

（2）培训计划的制订。根据培训需求调查与分析的结果，制订培训计划，一般包括培训目标、培训对象及类型、培训内容及方法、培训步骤及具体的安排等。

（3）培训实施。制订培训计划后，采用内部培训和外部培训相结合的方法，组织开展培训。在培训过程中，要注意培训的多样性和灵活性，一切要从实际出发，从本企业的需求出发，合理安排时间，区别不同对象，采用不同形式，要尽可能通过多种手段和渠道对员工进行实用、高效和迅速的培训。

（4）培训效果评估。一个培训项目结束后，公司要对培训的效果进行总结或检查，以便进行公正和客观的人事决策，如为人力资源规划提供依据，并指导晋升、岗位轮换及解聘决策。不仅让员工了解培训效果，还可以确定下一步培训计划的执行，比如培训内容的调整、培训方法的改进、培训计划的完成。

（5）培训管理制度的监督与执行。培训管理制度是否建立和健全是考核培训体系完善与否的重要标志，在培训日常管理的各个环节，要严格执行相关的管理制度，才能保证培训的稳定和规范。

培训的日常运营管理工作的每个环节，都决定着培训的效果，因此在实际操作过程中，对它的要求就是规范化、细节化和专业化。

3）培训的基础行政管理工作

培训的基础行政管理工作主要指培训管理部门大量的日常事务性工作，包括培训会务组织管理、培训档案管理、培训设备设施管理及其他日常行政工作，它们是培训顺利进行的基本保障。

培训工作重点应是在战略管理的平台上，更好地完善培训的资源建设与管理工作，细化培训的日常运营管理工作，而非简单地做好培训的基础行政管理工作。

2.2　员工培训与开发的环境

2.2.1　培训文化的建立

培训文化是企业文化的重要组成部分，有什么样的公司就有什么样的培训，有什么样的培训就能造就什么样的员工，企业培训文化的存在直接影响着培训工作。良好的培训文化将对培训工作起到积极的促进作用；反之，将极大制约培训工作的开展。因此，营造良好的学习氛围，创建适宜的培训文化，也是开展培训工作的一项重要内容。创造适宜的培训文化需要做到：

1）取得各级管理者对培训工作的重视和支持

企业文化的形成是自上而下的，营造培训文化首先要取得高层决策者的重视。掌握着企业资源分配权力的高层决策者对培训的支持程度决定着培训能否有效地开展。几乎所有公司的高层决策者都会表示支持培训工作，但口头上的重视远远不够，高层决策者在长期倡导学习的同时，要在资源上保证培训工作的正常进行，不断加大培训的力度、频率，使员工培训工作经常化、制度化，而且要身体力行，带头参加培训，从而激励员工参与培训的积极性。为此，培训经理除了定期向高层决策者报告培训的举办次数、人数、费用、心得体会、满意度情况等，更要让高层决策者知晓员工受训后行为和态度等方面的改变所带来的工作业绩的提高，并用翔实的数据阐明培训的重要性，让其看到培训的价值，给予更好的政策支持，促使其加大培训的力度。

除了高层决策者外，有研究表明，各级部门主管的支持程度越高，培训效果越好。部门主管的支持，首先能保证其下属参加培训得到允许，更主要的是有了主管的支持，可以实现最大限度的培训成果转化。要将培训成果的考核纳入到部门考核中去，可以使培训下属成为各级主管的岗位职责，让各级主管成为本部门的培训者，在自己部门中建立相应的辅导关系，保证受训者将所学的知识和技能应用到工作中，还可以请主管作为培训讲师，与受训者共同探讨工作进展情况，受训者将他们在工作中遇到的难题带到培训中去，与主管一道去发现和解决这些问题，这将极大调动员工参加培训的热情和积极性。

2）营造积极向上的学习气氛

企业要在发展战略和管理制度中明确规定学习的要求、目标、鼓励和奖惩等措施，在日常的宣传中，要倡导尊重知识、尊重人才，要使员工明白，在知识经济时代，唯有不断学习、终身学习，才能跟上社会发展的步伐，营造一个积极向上的学习环境和氛围，促使员工自觉自愿地学习。

在企业内部管理上，营造一个竞争的环境，通过建立科学的评价标准，公正、合理地对员工德、能、勤、绩等进行综合评价，根据评价结果奖优罚劣、优胜劣汰，形成一个既有动力又有压力的竞争机制，有利于员工奋发向上、积极进取，不断提高素质。同时，经常开展促进学习的各项活动，如举办讲座、发明竞赛及技术比武等，使员工从实际对比中增强学习的紧迫感，调动学习的积极性、经常性。通过评选、表彰、奖励各种学习创新的先进典型，在企业形成"学先进、做先进、超先进"的良好氛围，经常组织典型经验交流会、培训心得交流会等，帮助员工相互促进、相互提高，形成一个良好的学习氛围，也为优秀的员工脱颖而出创造条件。

3）搭建学习平台

能够参加培训的员工毕竟是少数，很多员工没有机会参加培训，而且由于工作时间比较紧张，工作压力较大，即使员工想学习，如果企业没有提供相应的学习机会，也会由于在学习过程中遭受的挫折比较多而不能坚持。所以企业必须建立广泛的交流、研讨平台，提供一个分享知识的途径，从而推动员工的学习。比如，电子邮件、公司内部局域网等可以存储与分享员工所获得的信息，公司可以利用这些媒介：定期公布知识目录，引导员工的兴趣向有利于公司的方向发展，有条件的还可以建立在线图书馆，建立各种在线学习系统，员工可以结合自己的条件，灵活地选择学习内容和方式；定期向员工发布技术手册以及培训机会、研讨会信息，鼓励员工参加学习和培训；定期召开跨部门的经验交流会、专题研讨会、培训心得交流会等，加强企业内部员工之间沟通、交流，从而启发思维、开阔视野。同时，开辟员工意见与建议上达的途径，适当激励，使他们精于钻研，勇于表达自己的意见和看法。总之，在企业内部为员工搭建起学习的平台，提供更多的学习机会和条件。

4）推动学习型组织的建立

从20世纪80年代开始，在企业界和管理思想界，出现了推广和研究学习型组织的热潮，并逐渐风靡全球。美国的杜邦、英特尔、苹果、联邦快递等世界一流企业，纷纷建立学习型组织。初步统计，美国排名前 25 名的企业，普遍按照学习型组织的模式改造自己。已经成为时代标志的微软公司，其成功的秘诀之一就是倾心建立学习型组织。推动学习型组织的建立先要从重视培训开始，倡导良好的培训文化，把个人学习扩展到组织的学习中，最终建立起学习型的组织。

所谓学习型组织，是通过培养弥漫于整个组织的学习气氛，充分发挥员工的创造性思维能力而建立起来的一种有机的、高度柔性的、扁平化的、符合人性的、能持续发展的组织。

学习型组织有以下 6 个要素：

（1）拥有终身学习的理念和机制，从而形成终身学习的习惯。

（2）建有多元回馈和开放的学习系统，从而开创多种学习途径，运用各种方法引进知识。

（3）形成学习、共享与互动的组织氛围，创建学习型的组织文化。

（4）具有实现共同愿景的不断增长的学习力，在共同愿景下时学时新。

（5）工作学习化使成员活化生命的意义，重在激发人的潜能，提升人的价值。

（6）学习工作化使组织不断创新发展，重在提升应变能力。

◆◆◆■■▶ 案例分析 2-1

腾讯的 e-learning

腾讯一直致力于做最受尊敬的互联网企业，因此腾讯把员工视为企业的第一财富。腾讯创始人马化腾就曾表示："对于腾讯来说，业务和资金都不是最重要的。业务可以拓展、可以更换，资金可以吸收、可以调整，而人才是最不可轻易替代的。"多年来腾讯致力于建设学习型组织。除了单纯的培训之外，腾讯推出了一系列的活动和措施。

首先，公司上马了 e-learning 系统，另外推出了一个知识管理的科研平台。在 e-learning 系统的建设中，腾讯最看重的是内容的建设。e-learning 系统课程的一小部分是购买的标准课程；除此之外，腾讯跟供应商合作，公司提供一些素材，由供应商帮助公司编成课程，然后公司派自己的内部讲师去讲；最后，腾讯的创始人马化腾也会跟员工通过 e-learning 系统做一些专业上的分享。

另外，腾讯学院跟公司研发管理部做了一个"腾讯大讲堂"的项目。腾讯大讲堂于每个星期二的下午进行，定期邀请公司内部的员工上去讲公司某一项产品的成功经验、产品中的一些体会以及公司产品研发的历史。腾讯学院会把宣讲过程录制下来，做成课件放到 e-learning 系统上。腾讯每年会做 40 多次这样的活动，成为公司学习和分享的重要渠道。

为了鼓励大家参加 e-learning，2008 年 8 月份，腾讯学院还推出了名为"我分享，我骄傲"的活动，鼓励全公司的员工上传手中的资料、文件、课件、推荐的网站和文章等。公司有几百名员工参加，推出了上千份文件，排名第一的课件被下载和点击的量达到 1 000 多人次。此外，针对腾讯新入职的大学毕业生，公司也推出活动，选了十几名在公司成长很快的优秀毕业生，让他们写一些小文章，每篇都不超过 1 张 A4 纸，组成了一组文章，叫"腾讯人生"。公司的高管看了以后很有感触，还写了感想，放在 e-learning 系统上，向全公司推荐，后来这项活动在公司，尤其是新员工当中取得了良好的效果。

　　资料来源　编者根据腾讯相关资料整理。

　　问题：腾讯是如何创建学习型组织的？

　　分析提示：从案例中可以看出，腾讯作为一家互联网公司，充分利用公司的特点采用 e-learning 的方式，搭建学习和资源共享的平台，创造学习和分享的氛围，努力创建学习型组织，从而推动了企业内部培训文化的建设。

◇◇◇▶ **知识链接 2-2**

何为 e-learning

　　e-learning 英文全称为 electronic learning，中文译作"数字（化）学习""电子（化）学习""网络（化）学习"等。不同的译法代表了不同的观点：一是强调基于互联网的学习；二是强调电子化；三是强调在 e-learning 中要把数字化内容与网络资源结合起来。三者强调的都是数字技术，强调用技术来改造和引导教育。在网络学习环境中，汇集了大量数据、档案资料、教学软件、兴趣讨论组、新闻组等学习资源，形成了一个高度综合集成的资源库。

　　教练肖刚将 e-learning 定义为：通过应用信息科技和互联网技术进行内容传播与快速学习的方法。e-learning 的"e"代表电子化的学习、有效率的学习、探索的学习、经验的学习、拓展的学习、延伸的学习、易使用的学习、增强的学习。

　　美国教育部 2000 年度"教育技术白皮书"里对"e-learning"进行了阐述，具体有如下几个方面：

　　e-learning 指的是通过互联网进行的教育及相关服务；

　　e-learning 提供给学习者一种全新的方式进行学习，提供了学习的随时随地性，从而为终身学习提供了可能；

　　e-learning 改变教学者的作用和教与学之间的关系，从而改变教育的本质；

　　e-learning 能很好地实现某些教育目标，但不能代替传统的课堂教学，不会取代学校教育。

2.2.2　企业员工培训系统建设存在的问题

　　1）培训缺少前瞻性和规划性

微课 2-2

员工培训与开发工作存在的问题

　　培训的首要目的应该是满足企业长期发展的需要，然而有很多管理者对培训的定位认识不清，没有将培训作为企业长期发展的动力，往往是企业遇到问题时才想用培训来解决。这种仅仅着眼于企业短期需求的结果就使培训缺乏总体战略思路，无法将培训与企业的长期发展规划相结合，培训变成了可有可无，在经费紧张时首先被削减，而在有条件开展培训时又不知道培训什么，只好流行什么就培训什么，盲目跟风，或者根据企业领导者的个人喜好、兴趣，或者根据培训管理者的经验设置培训内容，为培训而培训，缺少前瞻性和规划性。只有将培训与本企业发展目标、岗位技能要求和员工的职业生涯发展相结合，培训前进行细致深入的培训需求分析，对培训课程进行合理的设计才能保证培训效果。那种盲目的救火式、应急式、偶然的、随意性的培训工作只能是资源的浪费。

2）培训体系不健全

培训是一个系统工程，比如为了增强企业内训能力，建立学习型组织，必须建立一支企业内部培训师队伍，并要制定相应的培训师培养和管理制度。为了确保培训体系运作，要制定相应的培训管理制度，在制度上保障培训体系的正常运行，可以这样说，没有制度作为培训的基础，培训工作的开展将举步维艰。培训体系的不健全除了表现在制度的缺乏方面，还表现在其他方面，比如一些企业在课程设置上缺乏系统的规划和安排，有些管理者往往想当然地为员工设置一些培训课程，而且强制性地要求员工参加，如果不参加，要罚款，还要记入考核记录档案等。还有一些企业只重视对员工技能方面的培训，如只强调合作精神和操作技术等，而忽视了对员工思想、人品、道德及为人处世能力的培训。其实员工的个人修养、谈吐举止等实际上是企业的名片和形象，是企业文化中最本质的东西，从根本上决定着员工的处事态度、工作质量和水平等。欧洲、美国和日本企业很重视员工的做人培训，把它称为"态度培训"，通过这种培训去提升员工士气，培养员工对组织的忠诚度。同时，很多企业对培训的效果缺乏有效的评估机制。员工参加完培训后，没有对培训的效果进行有效的评估及反馈，造成很多培训流于形式，无法达成既定的目标。因此，培训工作的开展要从培训管理制度、工作流程、具体措施、日常管理等全方位地构建培训体系。

3）课程开发能力较差

当前企业培训面临的一个重要的问题就是培训课程的开发能力相对较弱，直接影响培训效果，主要表现在两个方面：一是缺乏课程体系的建设。目前很多企业的培训课程体系还停留在表面"菜单化"的水平，所谓的课程体系只是根据课程名称做些简单混合拼凑，课程与课程之间、课程与培训对象之间、课程与培训计划（规划）之间均缺乏符合人们认知规律的层次性、递进性，体现不出符合企业自身特点的内在联系，无法与企业人力资源开发和员工职业生涯规划真正有机结合，由此导致的后果是：要么重复，要么遗漏，课程堆砌越多，员工头绪越乱，学了前头忘后头，根本无法提升整个企业的员工的竞争力。二是内容缺乏针对性。有些企业培训开展的层次较低，仅仅停留在简单知识、技能的传授上，有的甚至只是去书店里买一本书或者把别人的授课资料拿来进行一下改编，找个教室，由培训师来讲，学员听，就是培训。还有些企业采取放录像的方式，虽然方式灵活，降低了企业成本，但很容易使员工对培训产生枯燥、乏味的感觉，使培训效果大打折扣。即使购买外部培训课程或聘请了外部培训师，但由于前期的调查不够细致，缺乏对企业的深入了解，造成培训内容、培训方式上大都千篇一律，实用性的东西很少。一些培训课程为了吸引听课人员，过于强调形式上的花哨，游戏、故事不断，现场气氛很热烈，但是学员根本不知道主题是什么。这些表象背后的一个重要原因是企业目前培训课程的开发能力较差，不能根据企业的实际情况、人员素质和企业目标而设计与开发相应的培训课程。

课程开发能力差的原因：一方面是我国企业培训的开发起步较晚，早期的培训大部分是由公共管理培训机构（包括管理院校和培训中心）进行的，培训理念、思路方面还停留在传统的填鸭式院校教育模式上，以成人为对象的企业培训课程开发较慢；另一方面是企业过多关注的是授课环节，往往忽视了课程的调研和开发，在这方面的投入较少，而在国外一些发达国家则相反，往往在培训课程的开发阶段投入较大，由专业的课程开发团队对企业进行深入的调研，并根据成人学习特点对培训内容、培训形式等环节进行设计，然后才是培训师的讲解和辅导，并根据培训效果的反馈对培训课程进行不断调整。

4）不重视培训成果的转化

培训的根本目的是学以致用，切实提高员工的工作技能。多数企业较为重视授课过程的投入，而对员工学习后技能的转化重视不够。有关培训的研究表明，一般的培训仅产生 10%~20% 的转化率，即 80%~90% 的培训资源/成果被浪费了。造成这种情况的部分原因是培训设计不合理，培训内容与实际工作关联程度低，或者是无培训考核，培训过后没有复习和巩固使培训知识失效等，更深层次原因在于企业缺乏促成培训成果转化的环境。

员工受训后返回岗位，如果学到的内容不被及时应用，时间久了就忘了。因此，企业要激励员工学以致用，为员工创造一个促进培训成果转化的环境。但在现实的工作环境中，存在着诸多阻碍员工进行培训成果转化的因素，如管理者的不支持、同事的不支持以及时间紧迫、资金短缺等，甚至有些管理者自身不参加培训，根本就不知道应提倡员工做什么。要改变企业培训成果转化率低的状况，就必须取得高层领导的支持，把培训内容与企业战略紧密联系起来；培训部门与其他各部门共同参与培训规划；通过管理支持培训过程的关联环节；用反馈/激励机制促进培训的发展；加强培训成果在实际工作中的运用和转化；将学习和工作融为一体，创建学习型的文化氛围等。经验证明，这种把视野扩展到学习活动以外而系统地思考培训，反而能提高培训的效果和转化率。

2.2.3 企业员工培训与开发工作面临的挑战

近年来，随着竞争的国际化，加强人才培训和开发、建设学习型组织、提升企业的核心竞争力，已经成为企业发展的共识；而"90后"已经成为企业的中坚力量，"00后"也已进入职场，新时代员工的知识结构、文化水平和心理需求等都有了新的变化，员工培训与开发工作面临前所未有的挑战。《美国新闻与世界报道》周刊预测，在今后50年里，企业将会在更大程度上介入教育和职业训练，企业员工培训正在以极快的速度发展着，并呈现出一些新的变化。

1）培训与开发的战略作用越来越突出

随着市场竞争越来越激烈，企业要想持续地获得竞争优势，必须构建战略性培训与开发体系。略战性培训与开发体系是指与组织经营战略目标相关联，对保持市场竞争力和长期发展具有决定性影响的一种培训与开发体系。这种培训与开发体系更注重把培训目标与公司的长远目标、战略规划紧密地联系在一起加以系统思考，而不是对于单个个人的独立的培训。每个员工都明确组织的战略目标，通过培训与开发的实践活动，持续地获得新知识、新技能等，并能够不断地运用新知识、新技能等，积极主动地进行创造性的工作，与组织其他成员分享知识、共通信息，互相合作，实现个人绩效和组织绩效的提升，并最终实现组织战略及发展目标。

2）更加注重激发员工内在的学习动机和思想政治培训

在知识经济体系中，全球都在倡导创建学习型组织。企业希望员工通过持续学习获得源源不断的知识和技能等，不断地提高工作效率和经济效益。所以，组织会倡导员工做知识和技能等的分享与持续不断的学习，将培训从个体的学习提升为整个组织层面上的学习，终身学习、动态学习成为企业管理的一个重要理念。

员工培训与开发需要受训人员耗费一定的时间、精力甚至体力，新一代企业员工更有独立意识，更追求个性化的生活方式。培训不能简单地理解为为员工提供的福利，更重要的是通过培训引导员工终身学习来实现员工自身的价值。所以，未来的员工培训更需要关注人的生理与心理特点，强调以人为本，设计更有趣、更能激发员工学习动机的培训项目。

同时，更加关注员工的思想政治方面的培训，指导员工坚持正确的政治方向、社会主义方向和党的四项基本原则，引导员工在实际工作和学习中坚持社会主义核心价值观，确保员工端正思想和工作态度，坚持诚实守信、公平公正、保守企业商业秘密等职业道德，履行社会责任等。

3）培训与开发的组织更加多样化

随着企业对培训与开发需求的多样化，培训组织也呈多样化格局，除了政府、企业及其他组织自设的培训机构外，社会其他类培训机构也应运而生，通过平等竞争提供优质培训服务，培训正朝着市场化、产业化方向发展。

在企业内部培训机构的设置上，除传统的培训部（培训中心）外，企业大学（或学院）数量迅速增加。所谓企业大学或学院，就是企业常设的员工培训基地，被誉为是企业自培人才的"黄埔军校"。在第二次世界大战以前，美国可以授予学位的企业学院只有3所，到20世纪末，发展到了24所，其中可以授予博士学位的有4所。这些企业学院的学位标准和传统学院或大学的标准一样，也通过了教育机构的鉴定。像惠普、爱立信、西门子、海尔、联想、太平洋保险公司等一批国内外知名企业都建有企业大学或学院。企业办大学或学院，可以大范围培训企业员工，提高员工素质，使员工具有良好的团队工作能力和娴熟的技术、技能，从而使企业更及时适应现代高科技发展的需要，同时可以通过企业大学（或学院）资源，支持和帮助其上下游及其他业务合作伙伴。不过，这一模式只适用于实力雄厚的大型企业，中小型受条件限制的企业可以采用联合办学方式或委托培养的方式。

在企业通过自设企业大学（或学院）来加强对员工的培训的同时，各种专业化的培训机构在蓬勃发展，依据其专业化的能力为企业开展培训。一些企业在自身条件有限的情况下，为使员工所需学习的知识不断更新，就通过与外部培训机构合作，把一些技能培训外包给专业的培训机构，与培训机构共同开发其所需的专门培训课程，特别是把培训与咨询相结合，针对企业和员工的实际情况做出诊断与咨询，明确需要改进的方面，并通过培训提供相应的帮助，使培训与咨询互为融合、互为促进，这也是未来许多企业培训发展的道路之一。

4）新技术手段将被更广泛地使用

在传统的培训中，以课堂讲授和实地观摩为主。课堂讲授多是"填鸭式"，培训师讲学员听，培训工具十分简单，主要为一间教室、一块黑板、一本教材。在实地观摩中，多是培训师带领学员到生产一线观看工人的实际操作。这些培训方法相对比较单调、枯燥，员工被动参与，积极性不高。

现代的培训工具最大限度地把高科技产品应用于培训工作中，利用高科技来丰富培训手段和提高培训质量，特别是电脑多媒体技术被广泛地运用于企业培训工作中，如运用软件进行人机对话、自我辅导培训，利用互联网终端技术进行规模巨大的远距离培训等，使培训和教育方式产生质的变化。其中，最突出的应用应该说是e-learning（在线学习）。在线学习是指由网络电子技术支撑或主导实施的教学内容或学习体验。这种培训手段必须基于某个网络，运用标准的网络技术，通过电脑把知识传输给最终用户，其学习方式、内容及结果早已超越了传统学习或培训所涵盖的外延，是学习理念的革命。网络课程及其他教学资源的设计和开发是在线学习的关键。例如，华为大学的网上教育有很多模块和案例，有些案例是由员工自发做出来的，做出来后经过教师修改变成标准的模块贴到网上去，华为大学把培训资料在网上全开放，每个员工都可以写案例，并推进案例从粗到细的串联与穿透，促进业务的发展和继承。

另外，现代培训吸收了近代学习理论研究的最新成果，针对成人学习的特点，在培训形式和方法上都做了很多的尝试与改变，鼓励员工带着工作中的问题参加培训学习，使员工由被动参与变为主动参与。在学习过程中培训师穿插使用各种培训方法，既有讲授，又有游戏、角色扮演、小组讨论等。游戏法可使学员在"玩耍"中领悟培训内容的含义；角色扮演法则使学员设身处地地从他人角度体会他人的感受和需求；小组讨论法可使学员之间相互交流、沟通。这些培训方法使教学效果更加生动，极大地调动了学员的积极性，有助于增强培训效果。

5）从单一的职业技能培训发展为胜任力培训

在传统的培训工作中，主要是针对某项具体的工作中所需的技能和知识而进行的培训，如更多地强调生产线上的工人的技术培训。

未来是协作性社会，以合作求竞争才能达到利益的最大化，这不仅要求员工掌握其工作中所需的知识和技能，还要求员工掌握沟通技巧、团队工作技巧等诸多方面的技巧。

例如，美国戴尔公司的培训内容包括企业文化定位、技术技能、领导艺术及挖掘员工潜能等方面的课程。IBM公司基层经理在走上新岗位的第一年要接受80小时的课堂培训，内容包括公司的历史、信念、政策、习惯做法以及如何对员工进行激励、赞扬、劝告等基本管理技能；部门经理还要接受有效沟通、人员管理、经营思想、战略计划等方面的培训。

6）培训对象重点向管理人员和技术人员转移并不断延伸到合作伙伴

随着技术进步、科技创新在企业中的位置越来越重要，管理人员和技术人员在企业中的位置越来越重要，越来越多企业把培训的重点转移到对管理人员和技术人员的培训上来。美国的一次调查结果显示，管理人员占总调查对象的12.8%，但其参加企业提供的正式培训的人数占总培训人数的19%。美国是世界上较早开展企业管理人员在职培训的国家。企业、高校和政府三位一体不断扩大在职管理人员培训的数量和范围，全美

600多所工商管理学校中，有2/3举办各种形式的在职管理人员培训进修班。美国通用电气公司的前总裁杰克·韦尔奇就十分重视对管理人员的培训，他在职时每年都定期到总部的培训中心给经理人员授课，在他任总裁的18年中，累计授课250次，共向15 000名经理人员授课。企业在提倡全员培训的同时，把培训对象的重点向管理人员和技术人员转移。

现代培训从内涵的深度和外延的广度都不同于传统的培训，因此一些企业已意识到培训对象不仅在公司内部，还延伸到公司外部，受训者包括供应商、消费者、协作人员等庞大的群体。思科培训、海尔大学、联想管理学院等都把培训延伸到相关子公司或关联客户、上下游企业，整个培训对象在不断地扩大和延伸。

回报社会是海尔大学培训工作的延伸，培训对象已由海尔内部员工不断延伸到海尔的分供方、专卖店并扩展到国内金融、保险、电力、电信、制造等领域的人士，每个月到海尔大学接受培训的国内外各类企业、机关单位的中高级管理人员曾达700余人，参观交流及调研编写案例的人员每月也曾超过400余人。

◆◇◆▣➡ 案例分析 2-2

一年入职4万人：字节跳动的人才培养曝光，值得每位HR学习

字节跳动2020年仍然在大规模招人，2020年员工总数达到11万人。针对2021年的校招，字节跳动为应届毕业生开放超过6 000个工作岗位，全年校招人数共计超过12 000人。

字节跳动的人才培养可以概括为：训战结合、以赛代练；多种人才培养模式，同步进行。

在字节跳动的人力资源部，有一句话经常出现："人才培养，不是单纯多付薪酬，更需要营造一个人才成长的环境。"

1. 内部分享，在字节跳动内部又叫ByteTalk。每周有一次员工自己主讲的90分钟。讲者来自各个部门，涉及主题有人力资源、产品开发、财经、商业动态、管理研究、国际化……分享自己参与的事情、小创新、行业前沿进展等，同时可以内部直播参与互动，员工回家也能获得有用的信息。

2. 周末大讲堂，在字节跳动内部叫Dance舞计划。与同期校招生一起聆听师兄师姐的分享，了解如何快速融入公司，提升沟通与协作能力。同时在周末，会邀请业界的精英来公司做分享。例如，邀请图灵奖获得者、高校教授和科研机构科学家、工程师、设计师等来公司交流。

3. 导师制度，在字节跳动内部又叫Mentor制。就是让经验丰富的员工担任新员工的Mentor，由Mentor帮助新员工完成角色转换、融入新环境、规划个性化的成长路径，融入团队＋提升专业能力＋通过试用期，Mentor制的工作内容，将会直接写进工作任务。

4. E-learning，在字节跳动内部又叫Study平台。这个平台类似于网络公开课程平台，公司内部有许多优秀的讲师会举办线下＋线上课程，可以选择现场听讲或者在内部学习平台上在线同步听讲，没有时间同步听讲的同学可以从Study平台上找到对应的

录播课程，类似于把HRGO学堂，移植到公司内部。

5. Boot camp项目。这是针对新人的全面培养计划，像在大学一样，针对新人提供一些必修课程，还有一些推荐的选修课程（主要是针对技术岗的一些提高课程），新人可以选择观看并且参加考试，整个过程非常刺激且有用。

资料来源　佚名.一年入职4万人：字节跳动的人才培养曝光，值得每位HR学习［EB/OL］.（2020-09-10）［2023-12-16］. https://www.sohu.com/a/417552545_488692.

问题：字节跳动的人才培养方式对你有何启示？

分析提示：该公司培训形式新颖，非常受年轻人喜欢，真正营造一个适合年轻人成长的环境。

▶ 价值引领

把德育放在更加重要的位置

培养什么人，是教育的首要问题。习近平总书记强调"要努力构建德智体美劳全面培养的教育体系，形成更高水平的人才培养体系"，并要求"把立德树人融入思想道德教育、文化知识教育、社会实践教育各环节，贯穿基础教育、职业教育、高等教育各领域"。无论是"德智体美劳"还是"立德树人"，德育都排在第一位，足以说明德育在学校教育和青年成长中的重要地位和作用。

资料来源　储朝晖.把德育放在更加重要的位置（新论）［EB/OL］.（2021-12-08）［2023-01-10］. http://cpc.people.com.cn/n1/2021/1208/c64387-32302131.html.有改动.

▶ 基础训练

2.1　单项选择题

1）企业培训必须以（　　　）为导向。

A.投入产出　　　　　B.企业战略　　　　　C.国家政策　　　　　D.企业文化

2）培训与开发的第一阶段是（　　　）。

A.确认培训需求　　　　　　　　　B.确定培训目标

C.培训效果评估　　　　　　　　　D.制订培训计划并组织实施

3）以下选项中不是培训目标的是（　　　）。

A.知识目标　　　　　B.行为目标　　　　　C.结果目标　　　　　D.盈利目标

4）培训的间接成本包括学员工资福利、培训管理人员工资福利及（　　　）。

A.内部设施使用费用分摊　　　　　B.资料费

C.场地和设备租赁费　　　　　　　D.用餐住宿费和交通费

5）关于学习型组织，以下错误的是（　　　）。

A.拥有终身学习的理念和机制，从而形成终身学习的习惯

B.建有多元回馈和开放的学习系统，从而开创多种学习途径，运用各种方法引进知识

C.从20世纪90年代开始，在企业界和管理思想界，出现了推广和研究学习型组织的热潮，并逐渐风靡全球

D.推动学习型组织的建立先要从重视培训开始，倡导良好的培训文化，把个人学习扩展到组织的学习中，最终建立起学习型的组织

6）培训的首要目的应该是（　　）。

A.满足员工需求　　　　　　　　　　　B.有较好的产出

C.满足企业长期发展的需要　　　　　　D.满足管理层的要求

7）当前企业培训面临的一个重要的问题就是培训课程的开发能力相对较弱，直接影响培训效果，主要表现在两个方面：一是缺乏课程体系的建设；二是（　　）。

A.课程开发能力差　　　　　　　　　　B.过多关注授课环节

C.培训方式单一　　　　　　　　　　　D.内容缺乏针对性

8）造成培训转化率低的深层次原因是（　　）。

A.培训设计不合理，培训内容与实际工作关联程度低

B.无培训考核

C.培训过后没有复习和巩固，使培训知识失效等

D.企业缺乏促成培训成果转化的环境

9）现代的培训工具最大限度地把高科技产品应用于培训工作中，其中，最突出的应用是（　　）。

A.e-learning（在线学习）　　　　　　B.人机对话

C.自我辅导　　　　　　　　　　　　　D.远程教育

10）未来是协作性社会，以合作求竞争才能达到利益的最大化，这不仅要求员工掌握其工作中所需的知识和技能，还要求员工掌握沟通技巧、团队工作技巧等诸多方面的技巧。因此，未来的培训发展为（　　）培训。

A.职业素养　　　　　B.沟通技巧　　　　　C.团队协作　　　　　D.胜任力

2.2　简答题

1）员工培训与开发项目的设计程序有哪些？

2）员工培训与开发系统的内容有哪些？

3）如何建立适宜的企业培训文化？

4）现代企业员工培训发展有哪些新趋势？

▶ 综合应用

2.1　案例分析

阿里巴巴学习体系探秘

在阿里巴巴，人被视为最宝贵的财富。如何将每一位阿里人的个人能力成长融为持续的组织创新实践和集体文化传承，是对阿里巴巴建立学习型组织的最基础要求。因此，与阿里巴巴成长历程伴生的，是一个坚持"知行合一"的学习体系。

阿里巴巴学习体系分为四个部分：新人系、专业系、管理系以及在线学习平台。

1）新人培训

该培训面向全集团所有新进员工，通过看、信、行动（探寻求证）、思考、分享五步骤，动、静结合地去体验五天之旅；以"客户第一"为线索，还原阿里巴巴的核心价

值理念，有机连接新员工与客户的关系；通过与八年以上员工经验的分享、高管面对面等，来传递阿里人的精神与秉持，建立新员工与组织历史、文化的连接。

2）专业培训

在专业培训方面，集团有运营大学、产品大学、技术大学及罗汉堂等基地。其中，运营大学是基于运营专业岗位的胜任力模型和公司战略方向，为全集团的运营人员提供学习内容和环境；产品大学是基于互联网产品经理的能力图谱，以业务方向为导向，采用多元化形式，提供综合培养手段；技术大学是面向阿里巴巴技术专业领域人才的成长培养；罗汉堂是面向阿里巴巴一线且入职在三年以内员工的通用能力培养。

3）管理者学习

在管理者学习方面，有"侠客行"、"湖畔学院"及"管理三板斧"等培训。其中，"侠客行"面向阿里巴巴一线管理者，分别以业务线和层级进阶推进管理学习的覆盖面，培养了近百名内部管理者讲师；湖畔学院面向阿里巴巴高阶管理人员的成长培养；"管理三板斧"是突破管理层级的集体行动学习。"管理三板斧"包含对管理人员的三项基础能力要求，即"get result"（拿结果）、"team building"（建团队）和"hire&fire"（招聘/解聘）。它以全景实战的方式，在真实的业务背景中，通过推动集体思考的方式，去提升团队的整体业务能力，以及团队管理能力，也是组织能力、组织文化传递强化落地的实战场。

4）阿里学习平台

阿里学习平台是为全体阿里人提供内部学习和交流的在线平台。在这个平台里，所有阿里人可以自由报名参加培训；查阅过往学习沉淀的视频、文档；可以创建学习计划，监测管理学习的进度；通过即时问答系统得到答疑解惑。之所以能支撑全集团每位阿里人随时随地个性化学习，是因为阿里学习平台能积累并提供海量丰富的知识库、完备的员工成长工具以及人才数据库。

资料来源　晓溪. 阿里巴巴集团学习体系探秘——坚持"知行合一"的培训体系［EB/OL］.（2021-01-02）［2025-01-15］. https:// maimai.cn / article /detail? fid =1576345072 &efid=PNqeBHrIO-kwL74cne6l37A.有改动.

问题：阿里巴巴的员工培训体系构建具有什么特色？

分析提示：（1）学习内容无论是技术专业或是管理，无论是技巧、工具或是理念、文化，都浸透了阿里巴巴的业务场景和组织历史。（2）课程只是学习的形式之一，绝不等于学习。每个员工的发展图谱比任何一种或多种课程都要重要得多。（3）知行合一，不仅是指用行动来强化、内化所学得的内容，也同样意味知识的最佳来源是实践本身。

2.2　实践训练

训练1：每个学生可以就近找一家企业，了解目前该企业在员工培训与开发方面信息化的程度如何，然后写出调查报告。

训练2：到底怎样做培训？

胡哲是国内某知名家电企业人力资源部的培训专员。最近两年来，他觉得自己工作压力太大，总是有搞不完的培训，成天忙于联系教师、安排教室、组织培训现场，一刻也不得停歇。最让他想不通的是前几天领导还狠狠地批评了他一通，说他不知道是怎么搞的，明明花了那么高的代价，但参加培训的人员纷纷反映培训的效果差。他百思不得其解，领导可不知道，自己为了这系列培训花了非常多的心思，难道大家真的不满意吗？这到底是怎么回事，培训项目到底该如何搞？

第3章 培训需求分析和培训计划的制订

学习目标

知识目标
学习完本章之后，你应该能够：了解培训需求分析的层次；明确企业培训存在的风险；熟知培训计划的内容和程序；掌握培训预算的工作流程。

能力目标
学习完本章之后，你应该能够：确定培训需求分析的内容；设计培训需求调查问卷；根据培训内容、培训对象设计培训计划。

素养目标
学习完本章之后，你应该能够：结合企业员工思想政治教育的目标进行全面的培训需求分析，把企业文化建设与员工思想政治教育相结合。

内容架构

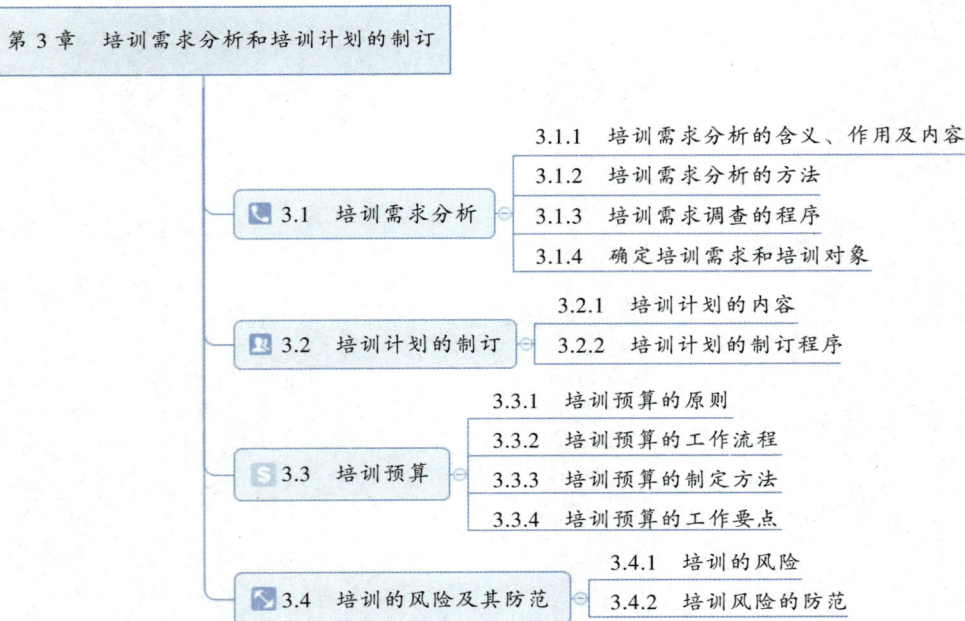

第3章　培训需求分析和培训计划的制订

3.1　培训需求分析
- 3.1.1　培训需求分析的含义、作用及内容
- 3.1.2　培训需求分析的方法
- 3.1.3　培训需求调查的程序
- 3.1.4　确定培训需求和培训对象

3.2　培训计划的制订
- 3.2.1　培训计划的内容
- 3.2.2　培训计划的制订程序

3.3　培训预算
- 3.3.1　培训预算的原则
- 3.3.2　培训预算的工作流程
- 3.3.3　培训预算的制定方法
- 3.3.4　培训预算的工作要点

3.4　培训的风险及其防范
- 3.4.1　培训的风险
- 3.4.2　培训风险的防范

▶▶▶ 引例 ◀◀◀

西门子通过人力资源规划来确定培训需求和目标

德国西门子作为一家老牌的跨国企业，一直将创新视为发展的核心。因此，西门子会投入大量的资源用于员工的培训与开发，以满足企业对创新的需求。对于企业培训来讲，第一步要做的事情就是确定培训需求。西门子是如何通过人力资源规划来确定培训需求和目标的呢？

西门子的业务主要集中在能源、医疗、工业、基础建设等领域，要求员工具备一流的个人素质，特别是在工程、IT、医学等专业方面拥有出色的知识和能力。随着业务环境的变化，公司对于员工能力上的要求也会发生变化。

西门子对于人力资源规划非常重视，将其纳入整体的战略规划之中。通过人力资源规划，公司能够从系统的角度去确定实现既定目标所需的人力资源数量，也能通过对现有技能的盘点，来确定与实现目标所需技能的差距。因此，西门子员工培训需求的来源正是基于人力资源规划。

（1）环境分析：每当由于生产计划需要搬迁到新的城市和地区的时候，就要对环境展开分析。新环境意味着新机会的同时，对企业提出了新的要求，比如说需要额外的工作人员，需要现有员工去学习掌握新技能等。

（2）当前劳动力盘点：通过对员工以往档案的分析，西门子分析与掌握现有员工拥有什么样的工作技能。

（3）未来劳动力分析：西门子通过确定未来的需求，从而确定员工需要学习什么样的技能或者是需要哪种类型的培训。

（4）分析和确定目标：确定了培训需求，就可以拟定未来的预期或者是培训目标。

（5）缩小差距：有了目标，就可以通过一系列的有效方式来缩小乃至弥补技能上的差距。

针对培训需求的分析可以分为两类：基于任务的分析和基于员工绩效的分析。无论是新员工，还是现有员工，西门子都将评估他们的培训需求。由于西门子非常重视创新，如何快速地去应对业务环境的不断变化就显得格外重要。例如，随着当前地球气候的变化，减少碳足迹的环保理念愈来愈流行，西门子开始专注于风力涡轮机和可再生能源的研究开发。这样一来，西门子就有两种办法来解决员工的技能缺口问题：一是雇用更多能够进行风力涡轮机和可再生能源研究开发的新员工；二是对现有员工进行培训，让他们掌握风力涡轮机和可再生能源研究开发的相关技能。

通过人力资源规划，西门子可以保持竞争优势，并且建立一个人才发展的模式：通过让新老员工替换来缩小技能差距，通过让现有员工提升技能来填补空白。人力资源规划可以帮助西门子确定其培训需求和目标。

资料来源　HRsee. 西门子通过人力资源规划来确定培训需求和目标［EB/OL］.（2018-09-26）［2023-11-16］. http://www.hrsee.com/?id=799.

这一引例表明：通过人力资源规划确定培训需求并制订符合实际的培训计划，可以使员工的技能始终能符合环境变化的需要，确保培训工作与企业的战略目标一致。

3.1 培训需求分析

3.1.1 培训需求分析的含义、作用及内容

微课 3-1

培训需求分析

1）培训需求分析的含义和作用

培训需求反映了企业要求任职者具备的理想状态与现实状态的差距，这个差距就是培训需求。培训需求分析就是判断是否需要培训及培训内容的一种活动过程。

培训需求分析对企业的培训工作至关重要，是真正有效地实施培训的前提条件，是培训工作实现准确、及时和有效的重要保证。培训需求分析具有很强的指导性，既是确定培训目标、设计培训计划的前提，也是进行培训评估的基础。培训需求分析作为现代培训活动的首要环节，具有重大作用，具体表现为：

（1）确认差距。培训需求分析的基本目标是确认差距，即确认任职者的应有状况同现实状况的差距。差距确认一般包括3个环节：一是必须对所需要的知识、技能、能力进行分析，即理想的知识、技能、能力的标准或模型是什么；二是必须对现实实践中所缺少的知识、技能、能力进行分析；三是必须对所需要的知识、技能、能力与现有的知识、技能、能力的差距进行比较分析。这3个环节需要独立有序进行，以保证需求分析的有效性。

（2）前瞻性分析。由于市场的需要，企业的发展过程是一个动态的、不断变化的过程，当组织发生变革时，不管这种变革涉及技术、程序、人员，还是涉及产品或服务的提供问题等，培训计划均要满足这种变化。因此，在培训需求分析阶段就应该迅速地把握住这种变革。

（3）保证人力资源开发系统的有效性。人力资源开发的过程与人力资源培训的过程紧密相连。在做培训需求分析时，就要充分考虑人力资源开发的需要，为人才储备做好基础性的工作。

（4）提供多种解决问题的方法。解决问题的方法很多，有些可能与培训无关，通过培训需求分析可以针对不同情况选择不同培训方法。

（5）分析培训的价值成本。当进行了培训需求分析并确定了培训的方法后，还要对培训项目进行价值成本分析，即需要回答："不进行培训的损失与进行培训的成本之差是多少。"如果不进行培训的损失小于培训的成本，则说明当前不需要或不具备条件进行培训。由于很多培训的价值成本难以用数字量化，因而做这项工作是较困难的，因此需要综合考虑。

（6）获取内部与外部的多方支持。培训需求分析收集到的大量信息为制订培训计划、选择培训方法提供了有力的依据，因为相关人员参与了培训需求分析过程，所以在实施计划过程中会得到组织内部以及外部的支持和配合。

2）培训需求分析的内容

企业的培训需求是由各方面的原因引起的，确定需要进行培训需求分析并收集到相关资料后，就要从不同层次、不同对象、不同阶段对培训需求进行分析。

（1）培训需求的层次分析。培训需求分析可以在 3 个层面上展开：组织分析、工作岗位分析和员工个人分析。

组织分析是确定培训在整个企业范围内的需求，为培训提供可利用的资源和管理的可能以及了解企业对培训活动的支持程度。这里需要着重分析 3 个问题：从企业发展战略的高度预测企业未来在技术、销售市场及组织结构上可能发生的变化，以及对人力资源的数量和质量的需求状况，确定适应企业发展需要的员工能力和素质；分析管理者和员工对培训活动的支持态度，确定受训者将培训中学到的知识、技能、行为等运用到实际工作之中的概率等；通过对企业的培训费用、培训时间及与培训相关的专业知识等培训资源的分析，确定是利用企业内部人员对相关员工进行培训，还是从企业外部购买培训服务。

工作岗位分析主要是确定各工作岗位的员工达到理想的工作业绩所必须掌握的知识技术和能力。对工作岗位进行分析的最终结果是对有关工作活动的详细描述，包括对员工执行任务的描述和完成任务所需要的知识、技术和能力等的描述。这里对工作岗位的分析，主要是研究怎样具体完成各自所承担的职责和任务，即研究具体任职人的工作行为与期望的行为标准，找出差距，从而确定其需要接受的培训。工作岗位分析的结果是设计和编写相关课程的重要资料来源。

员工个人分析主要确定员工目前的实际工作绩效与企业的员工绩效标准对员工的要求是否存在差距，确定谁需要和应该接受培训。信息来源包括员工业绩考核的记录、员工技能测试成绩以及员工个人填写的培训需求问卷等资料。员工个人分析着重分析以下几个问题：员工是否具有完成工作所具备的知识、技术、能力和态度等；员工是否得到必要的指导，如应该干什么、怎样干和什么时候干等；员工是否了解工作的目标；员工的工作结果及激励措施；员工的工作反馈，即有没有人定期向员工反馈其工作表现，让员工知道自己做得怎样。只有在以上分析的基础上才能制订具有针对性的培训计划。

通过组织分析、工作岗位分析、员工个人分析，就可系统地对企业的培训需求层次做出预测。在实际工作中，它们之间并不一定需要按特定的顺序进行。一般首先进行组织分析，而工作岗位分析和员工个人分析常常是同时进行的，很难分开。

（2）培训需求的对象分析。培训通常包括新员工和在职员工的培训，所以培训需求的对象分析包括新员工培训需求分析和在职员工培训需求分析。

新员工培训需求分析。新员工的培训需求主要产生于新员工对企业文化、企业制度等不了解而不能融入企业，或是对企业工作岗位等的不熟悉而不能很好地胜任新工作。对于新员工的培训需求分析，特别是对于从事基础性工作的新员工的培训需求，通常使用任务分析法来决定其在工作中需要的各种技能。

在职员工培训需求分析。在职员工的培训需求主要是由于新技术在生产过程中的应用等，使得在职员工的技能不能满足工作需要等而产生的，通常采用绩效分析法决定在职员工的培训需求。绩效分析法的核心在于区分不能做和不愿意做的问题。首先，确定是否是不能做，如果是不能做，就要了解具体原因：员工不知道要做什么或不知道标准是什么；系统中的障碍，如缺工具或原料；工作的辅助设备问题；人员选拔失误导致员工不具备工作所需技能；培训不够等。其次，确定是否是不愿做，如果是不愿意做，就要改变员工工作态度或公司激励制度等。

（3）培训需求的阶段分析。根据培训针对的是目前存在的问题还是为满足将来的需要，可以将培训需求分为目前培训需求分析和未来培训需求分析。

目前培训需求分析是针对企业目前存在的问题和不足而提出的培训要求，主要是分析企业现阶段的生产经营目标、生产经营目标实现状况、未能实现的生产任务、企业运行中存在的问题等方面，找出问题产生的原因，并确认培训是解决问题的有效途径。

未来培训需求分析主要是为满足企业未来发展过程中的需要而提出的培训要求，主要采用前瞻性培训需求分析方法，预测企业未来工作变化、员工调动情况、新工作职位对员工的要求以及员工已具备的知识水平和尚欠缺的部分等。

●●●●●●➤ 小思考 3-1

中小企业的培训需求从哪里来

说起培训需求分析，大家都知道应该从组织、工作岗位和员工个体等层面的需要来分析。但对于广大的中小企业来说，其企业战略可能不是很清晰，业务模式和流程也不是很健全或成熟，从组织需要层面可能较难分析培训需求，难道都从员工个体上得来吗？显然又不全是的。那么，请问：中小企业的员工培训需求应从哪里来？为什么？

答：作为在战略、组织、员工等各方面都不是很成熟的中小企业来说，调查现阶段及未来的培训需求是一件很困难的事情，不仅因为各方面都不成熟和完善，而且领导的主观认识较大地影响着培训需求的调查。因此，对于还处在发展阶段的中小企业来说，培训需求可以根据自身情况，"由远及近"，从企业的目标任务、组织部门以及员工个人入手进行分析。

3.1.2 培训需求分析的方法

培训需求分析的方法有很多种，常用的有任务分析法、工作绩效分析法、问卷法、访谈法、观察法、关键事件法、头脑风暴法、文献调查法等。

1）任务分析法

任务分析法也称工作分析法或工作盘点法。对于组织中一些层次较低的工作，通常会雇用没有经验的员工，此时，需要任务分析法来确定需要培训的内容。在进行任务分析时，通常使用工作说明书。在工作说明书中，一般都会明确规定每个岗位的具体任务和职责、对上岗人员的知识和技能要求以及完成工作职责的衡量标准。显然，依据上述几个方面的信息，对比员工的实际状况，就可以找出需要培训的内容了。

该方法的优点：能够较好地适用于对新员工或无工作经验员工的培训需求分析。缺点：对岗位的工作分析要比较透彻，否则培训会不到位。

2）工作绩效分析法

工作绩效分析法是指核验当前工作绩效与要求的工作绩效之间的差距，并确定是应当通过培训来纠正这种差距，还是应当通过其他途径来解决的一种分析方法。培训的最终目的是改进工作绩效，减少或消除实际绩效与期望绩效之间的差距。因此，对个人或团队的绩效进行考核可以作为分析培训需求的一种方法。

工作绩效分析法的基本步骤：

（1）通过绩效考评明确绩效现状。

（2）根据工作说明书分析绩效标准。

（3）确认绩效标准与实际绩效的差距。

（4）分析绩效差距的成因及重要性。

（5）根据绩效差距的原因分析确认培训需求和培训对象。

（6）针对培训需求和培训对象拟订培训计划。

该方法优点：获得的培训需求非常准确，针对性强；通常效果比较明显，见效比较快，特别适用于对专项技能和专项业务能力的培训需求分析。缺点：对主管人员能力要求较高；需要企业有比较系统的工作绩效标准作为参照；适用范围有限，仅适用于对老员工的培训需求分析。

3）问卷法

问卷法是指运用统一的设计问卷向被调查者了解培训信息和征询培训意见的一种分析方法。当需要进行培训需求分析的人较多，并且时间较为紧急时，就可以精心准备一份问卷，以电子邮件、直接发放等方式让对方填写，也可以在进行面谈和电话访谈等时由调查人自己填写。在进行问卷调查时，问卷的编写尤为重要。

编写一份好的问卷通常需要遵循以下步骤：

（1）列出希望了解的事项清单。

（2）一份问卷可以由封闭式问题和开放式问题组成，两者应视情况各占一定比例。

（3）对问卷进行编辑，并最终形成文件。

（4）请他人检查问卷，并加以评价。

（5）在小范围内对问卷进行模拟测试，并对结果进行评估。

（6）对问卷进行必要的修改。

（7）实施调查。

设计和实施问卷应注意以下四个问题：

（1）问卷内容应保证被调查者能够理解并回答。

（2）问卷应有开头语，交代问卷调查的目的。

（3）问卷调查时应取得被调查者的信任，以保证调查结果的真实性。

（4）问卷调查结束后要向被调查者反馈，分享调查结果。

该方法优点：适用面广，效率较高，成本较低，信息比较完整，在一定时间内即可比较全面了解培训需求，是比较常用的方法之一。缺点：问卷的设计有一定难度，只有设计优秀的问卷才能得到较好的调查结果；受问卷填写人态度影响较大，需要填写人认真细致地思考和填写，否则问卷结果的真实性将受到影响；持续时间较长；问卷回收率得不到保证；问卷真实性得不到保证。

在处理问卷结果时要综合分析，有所取舍，不能完全依赖调查结果来决定培训计划，应结合企业实际和个人需求来综合确定。问卷调查法常与访谈法结合起来使用，通过访谈来补充或核实调查问卷的内容，讨论填写不清楚的地方，探索比较深层次的问题和原因。

以下是一份针对中高层管理者的培训需求分析调查问卷。

培训需求分析调查问卷（中高层管理者）

尊敬的女士/先生：

您好！为了切实了解您的培训需求，使培训能够帮助您解决问题，请您完成该调查问卷，我们将以此作为培训方案制订的参考，谢谢您的合作！

请在所选内容前的方框内打"√"，或填写相关内容。

调查问卷

1.基本情况

岗位名称：　　　　　所在部门：　　　　　任现职时间：

工龄：　　　　　性别：

2.对以往培训的感知

(1) 以往培训的形式　　□课堂讲授　□小组讨论　□角色扮演　□管理游戏
　　　（可多选）　　　□案例分析　□参观访问　□其他（请说明＿＿＿＿＿＿＿＿＿）

(2) 以往培训的原因　　□自己要求　□领导指派　□企业要求

(3) 以往培训的效果　　□效果明显　□有一定效果　□效果一般　□没有任何效果

(4) 以往培训与工作绩效考核的关联 □全部有关 □部分有关 □很少有关 □从来无关

3.目前，您在工作中遇到的困难与挑战：

4.按照职务的要求，您个人觉得欠缺的知识及技能有：

5.您的职业生涯规划（目标可以是掌握某种技能、承担某种责任、担任某种职务、达到多少年薪等）

(1) 近期目标：

(2) 中期目标：

(3) 长期目标：

6.您感兴趣的培训方式

(1) 内部培训　□课堂讲授　　□小组讨论　　□案例分析　　□角色扮演
　　　　　　　□实战演练　　□特殊任务　　□其他（请说明＿＿＿＿＿＿＿＿＿）

(2) 外部培训　□专业机构培训　□相关单位交流　□院校合作
　　　　　　　□全脱产学习　　□其他（请说明＿＿＿＿＿＿＿＿＿）

7.您对未来培训的建议和想法（可多选）

续表

（1）您最喜欢、认为最理想的培训方式，请按自己喜欢的程度排序在左侧方框内	☐ 课堂讲授	☐ 小组讨论	☐ 角色扮演
	☐ 头脑风暴	☐ 户外拓展训练	☐ 军事训练
	☐ 案例分析	☐ 管理游戏	☐ 观看视频
（2）您最能接受的培训时间	☐ 上班时间	☐ 休息日	☐ 下班后
	☐ 经营淡季	☐ 固定例会时间	☐ 无所谓
（3）最需要的培训内容	☐ 专业技术	☐ 沟通技巧	☐ 销售技巧
	☐ 管理技能	☐ 战略文化	☐ 团队管理
	☐ 行业前沿	☐ 其他（请说明＿＿＿＿＿＿＿）	
（4）合适的培训频率	☐ 每月一次	☐ 每两月一次	☐ 每季度一次
	☐ 每半年一次	☐ 其他（请说明＿＿＿＿＿＿＿）	

8.您迫切希望提高的技能和掌握的知识（至少列出2项）：

＿＿＿

9.您对人力资源部组织的培训还有哪些建议或意见？

再次感谢您的配合与支持，祝工作愉快！

资料来源　崔夷修.员工培训管理［M］.北京：北京大学出版社，2021.

4）访谈法

访谈法是指通过访谈人员与被访者面对面的谈话来收集培训需求信息资料的一种分析方法。这是企业目前比较常用的培训需求调查方法，尤其适用于对高层管理者的培训需求的了解。

访谈中提出的问题可以是封闭式的，也可以是开放式的。封闭式的访谈结果比较容易分析，但开放式的访谈常常能意外地发现更能说明问题的事实。访谈可以是结构式的，即以标准的模式向所有被访者提出同样的问题；也可以是非结构式的，即针对不同被访者提出不同的问题。一般情况下是把两种方式结合起来使用，并以结构式访谈为主，非结构式访谈为辅。

采用访谈法了解培训需求，应注意以下几点：

（1）确定访谈的目标，明确"什么信息是最有价值的、必须了解的"。

（2）准备完备的访谈提纲。这对于启发、引导被访谈人讨论相关问题、防止访谈中心转移是十分重要的。

（3）建立融洽的、相互信任的访谈气氛。在访谈中，访谈人员需要首先取得被访者的信任，以避免其产生敌意或抵制情绪。这对于保证收集到的信息具有正确性与准确性非常重要。

该方法优点：可以对目标群体整体的培训需求进行信息收集，且通过谈话方式，直接面对员工，能准确地了解员工的培训需求；方法灵活；信息直观；能挖掘出员工内心真实的培训需求；容易得到支持和配合。缺点：结构性问题的设计有一定难度和技巧，一份好的问题序列是结构性采访成功的关键；信息主观性强，处理难度增大；对访谈人员要求较高，需要一个有经验的访谈人员，最好是该领域的专家，才能更好地保证采访过程可控、结果可信。

5）观察法

观察法是指观察者在工作现场对被观察者的情况进行直接观察、记录，以便发现问题从而获得培训需求信息的一种分析方法。使用观察法做培训需求分析，应保证观察者标准的一致性，并将结果做出记录。观察记录表可以帮助观察者更好地分析和汇总所看到的事实，并使调研工作有据可依。观察记录表参见表3-1。

表3-1   观察记录表

观察项目：	员工姓名：
所属部门：	工作岗位：
观察时间：	观察人：

工作状况记录：

工作完成情况：

存在不足：

需要改进的地方：

观察法最大的一个缺陷是，当被观察者意识到自己正在被观察时，其一举一动可能与平时不同，这会使观察结果产生偏差。因此，观察时应该尽量隐蔽并进行多次观察，这样有助于提高观察结果的准确性。当然，这样做需要考虑时间和空间条件是否允许。

在运用观察法时应该注意以下几点：

（1）观察者必须对被观察者所进行的工作有深刻的了解，明确其行为标准，否则无法进行有效观察。

（2）进行现场观察不能干扰被观察者的正常工作，应注意隐蔽。

（3）观察法的适用范围有限，一般适用于易被直接观察和了解的工作，不适用于技术要求较高的复杂性工作。

（4）必要时，可请人帮助，如请人扮演顾客观察终端销售人员的行为表现是否符合标准或处于何种状态。

　　该方法优点：比较直观，可以获得相关工作环境的信息以了解关键性任务完成情况；比较适用于操作技能方面的调研，对管理类工作具有一定的参考价值。缺点：需要较长的时间才能发现被观察者的缺陷；观察结果只是表面现象；对观察者要求较高，可以在非正式情况下进行，与被观察者一起工作，否则会造成被观察者的紧张不适，影响观察结果；可能会影响被调查者的正常工作。

　　观察法是培训需求收集的基本方法之一，也是比较有效的方法，运用好此方法可以得出比较准确的培训需求。多数情况下，此方法和其他方法配合运用。

　　6）关键事件法

　　关键事件法与记录报告法相似，用以考察工作过程和活动情况以发现潜在的培训需求。被观察的对象通常是那些对组织目标起关键性积极作用或消极作用的事件。确定关键事件的原则是工作过程中发生的对企业绩效有重大影响的特定事件，如系统故障、获取大客户、大客户流失、产品交货期延迟或废品率过高等。关键事件的记录为培训需求分析提供了方便而有意义的消息来源。关键事件法要求管理人员记录员工工作中的关键事件，包括导致事件发生的原因和背景、员工特别有效或失败的行为、关键行为的后果，以及员工自己能否支配或控制行为后果等。

　　进行关键事件分析时应注意以下两个方面：

　　（1）制定保存重大事件记录的指导原则并建立记录媒体（如工作日志、主管笔记等）。

　　（2）对记录进行定期分析，找出员工在知识和技能方面的缺陷，以确定培训需求。

　　该方法优点：关注的是工作中比较有难度的环节，通过解决关键环节和难点提高员工的工作技能和业务能力，可以节约培训时间，提高工作效率；如果对某一目标群体做完调查之后，在目标群体的工作内容不发生大的变化时，调查的培训需求可长期使用。缺点：需要时间较长，要在一段时间内多次记录难度较大的工作环节，最后才能真正找到真正关键点和难点；需要员工本身有一定的工作素养，能发现并记录相关信息提供给培训需求调研部门。

　　7）头脑风暴法

　　在实施一项新的项目、工程或推出新的产品之前需要进行培训需求分析时，可使用头脑风暴法将一群合适的人员集中在一起共同工作、思考和分析，可以在公司内部寻找那些具有较强分析能力的人并让他们成为头脑风暴小组的成员，还可以邀请公司以外的有关人员参加，如客户或供应商。

　　头脑风暴法的主要步骤如下：

　　（1）将有关人员召集在一起，通常是围桌而坐，人数不宜过多，一般十几人为宜。

　　（2）让参会者就某一主题尽快提出培训需求，并在一定时间内进行无拘无束的讨论。

　　（3）只许讨论，不许批评和反驳，观点越多、思路越广越好。

　　（4）所有提出的培训需求都当场被记录下来，不做结论，只注重产生培训需求的过程。

事后，对每条培训需求的迫切程度与可培训程度提出看法，以确认当前最迫切的培训需求信息。

该方法优点：全面分析，有利于确定共性需求；有利于发现问题的解决方法。缺点：持续时间较长；对讨论小组的组织者要求较高。

8）文献调查法

文献调查法是指通过对专业期刊、业内资料、企业内部文件等的分析、研究，了解有关企业发展目标、各项工作的中长期计划以及行业与市场发展动态和趋势等信息，以此安排培训主题，一般是为前瞻性课程确定需求的方法。文献调查法要求调查者具有较强的敏感性和较高的分析问题的能力。

该方法优点：利于更全面收集信息。缺点：对调查者要求较高。

➧➧➧➧➧ 小思考3-2

如何才能找到真正的培训需求？

孙哲是某知名软件公司开发部的高级工程师，自1995年进入公司以来，表现十分出色，每次接到任务时总能在规定时间内按要求完成，并时常受到客户的表扬。在项目进行时还常常主动提出建议，调整计划，缩短开发周期，节约开发成本。但在最近的几个月里情况发生了变化，他不再精神饱满地接受任务了，同时几个他负责的开发项目均未能按客户要求完成，工作绩效明显下降。开发部新上任的方经理根据经验判断导致孙哲业绩下降的原因是知识结构老化，不再能胜任现在的工作岗位了，立即向人力资源部提交了《关于部门人员培训需求的申请》，希望人力资源部能尽快安排孙哲参加相关的业务知识培训，让孙哲开阔一下思路。人力资源部接到申请后，在当月即安排孙哲参加了一个为期一周的关于编程方面的培训。一周的培训结束后，发现孙哲的表现并没有任何改观。如何找到孙哲真实的培训需求？

答：可以考虑采用合适的方法确定该员工的培训需求，如访谈法等。

3.1.3 培训需求调查的程序

培训需求调查是一项系统的工作，需要遵循一定的程序，包括做好培训前期的准备工作、制订培训需求调查计划、实施培训需求调查计划、分析与输出培训需求结果等几个步骤。

1）做好培训前期的准备工作

培训工作开展之前，培训者就要有意识地收集有关员工的各种资料。这样不仅能在培训需求调查时很方便地调用，而且能够随时监控企业员工培训需求的变动情况，以在恰当的时候向领导人请示开展培训。做好培训前期的准备工作包括以下内容：

（1）建立员工背景档案。培训部门应注意员工素质、员工工作变动情况以及培训历史等方面内容的记载，建立员工背景档案。

（2）同各部门人员保持密切联系。培训工作的性质决定了培训部门需要通过和其他部门保持更密切的合作联系，以随时了解企业生产经营活动、人员配置、企业发展方向等方面的变动，使培训活动的开展更能满足企业发展需要、更有效果。

（3）向主管领导反映情况。培训部门应建立一种途径，使员工可以随时反映个人的培训需求，可以借鉴投稿信箱的方式，或者安排专门人员负责这一工作。

（4）准备培训需求调查。培训者通过某种途径意识到有培训的必要时，在得到领导认可的情况下，就要开始调查的准备工作。

2）制订培训需求调查计划

制订培训需求调查计划应包括以下几项内容：

（1）确定培训需求调查工作的目标，即根据培训项目的需要确定培训需求调查工作应达到的目标。

（2）培训需求调查工作的行动计划，即安排活动中各项工作的时间进度以及各项工作应注意的一些问题。

（3）选择合适的培训需求调查方法，即根据企业的实际情况以及培训中可以利用的资源选择合适的调查方法。比如，工作任务安排非常紧凑的企业员工不宜对其采用访谈法；专业技术性较强的员工对其一般不用行为观察法；大型培训可以采用数种方法，如调查问卷法和个别访谈法结合使用，扬长避短，但会增加成本费用。

（4）确定培训需求调查的内容。首先要分析这次培训调查应得到哪些资料，然后除去手中已有的资料，就是需要调查的内容。

3）实施培训需求调查计划

在制订了培训需求调查计划后，就要按确定的计划依次开展工作。实施培训需求调查计划主要包括以下步骤：

（1）提出培训需求动意和愿望。由培训部门发出制订计划的通知，请各负责人针对相应岗位需要提出培训动意和愿望。

（2）调查、申报、汇总培训需求动意和愿望。相关人员根据企业或部门的理想需求与现实需求、预测需求与现实需求的差距，调查、收集来源于不同部门和个人的各类需求信息，整理、汇总培训需求动意和愿望，并报告企业培训组织管理部门或负责人。

（3）分析培训需求动意和愿望。申报的培训需求动意和愿望并不能直接作为培训的依据，需要由企业的组织计划部门、相关岗位、相关部门以及培训组织管理部门从整体和近中期的工作计划来考虑，共同对申报的培训需求动意和愿望进行分析。

（4）初步汇总培训需求意见，确认培训需求。培训部门对汇总上来并加以确认的培训初步需求列出清单，参考有关部门的意见，根据重要程度和迫切程度初步排列培训需求，并依据所能收集到的培训资源制订初步的培训计划和预算方案。

4）分析与输出培训需求结果

（1）对培训需求调查信息进行归类、整理。培训需求调查的信息来源于不同的渠道，信息形式有所不同，因此有必要对收集到的信息进行分类，并根据不同的培训调查内容的需要进行信息的归档，同时要制作一套表格对信息进行统计，并利用直方图、分布曲线等将信息所表现的趋势和分布状况予以形象表示。

（2）对培训需求进行分析、总结。对收集上来的调查资料进行仔细分析，从中找出培训需求。要结合业务发展的需要，根据培训任务的重要程度和紧迫程度对各类培训需求进行排序。

（3）撰写培训需求调查报告。对所有的信息进行分类处理、分析和总结以后，就要根据处理结果撰写培训需求调查报告，报告结论要以调查的信息为依据，不可依个人主观看法做出结论。

3.1.4　确定培训需求和培训对象

确定培训需求和培训对象的方法主要有绩效分析法、任务与能力分析法、组织发展需要分析法。

1）运用绩效分析方法确定培训需求和培训对象

绩效评价本身就是需求分析与缺失检查的一种类型，主要分析工作人员现有状况与应有状况的差距，在此基础上确定谁需要和应该接受培训，以及培训的内容。它为培训决策的制定提供了机会和依据。

运用绩效分析方法确定培训需求和培训对象，主要经过以下步骤：

（1）通过绩效考评明确绩效现状。绩效考评能够提供员工现有绩效水平的有关资料。绩效考评的结果是对目标员工工作效率的种种表现（如技能、知识、能力）所做的描述。

绩效考评可以运用从纯粹的主观判断到客观的定量分析之间的各种方法。如果某项工作绩效要求已被界定，那么可以向专家请教所需培训的类型；如果某项工作的要求是已知的，那么可以请组织的领导者对实际绩效进行分析等。要尽可能客观地收集和分析数据，并在此基础上决定是否真正地需要培训。

（2）根据工作说明书或任务说明书分析绩效标准或理想绩效。工作说明书明确工作对任职者的绩效要求。员工从事工作所需要的知识、技能和能力可以通过任务目录或技能目录来描绘。在职工作人员的知识、技能和能力的情况，可以通过资料收集来确定工作需要与个体能力之间的差距，以及对工作绩效的影响状况等。此部分主要参考内容包括：岗位的工作标准；岗位的绩效目标；岗位绩效目标与部门目标、组织目标的关系；领导如何要求下级工作、获取何种绩效目标；领导在多大程度上希望维持这种理想状态（个人达到的绩效目标、部门达到的绩效目标）等。

（3）确认理想绩效与实际绩效的差距。有关员工现有绩效水平的数据资料，能够表明全体员工中有多少人未达到、达到或超过了理想的绩效水平。在每一工作领域里，未达到理想绩效水平的员工的百分比这一数据能够表明，工作的哪些方面存在差距、差距有多大、哪些员工应对这些差距负责。

（4）分析绩效差距的成因及绩效差距的重要性。把绩效差距分解为知识技能、态度、环境等具体方面，分析造成绩效差距的具体原因是什么，了解在过去一段时间内，这种差距的变化趋势如何并分析重要性。

（5）根据绩效差距原因分析确认培训需求和培训对象。根据绩效差距原因分析确认是否需要培训、需要在哪些方面培训、需要多少培训、哪些人员需要培训以及哪些人员可以优先得到培训等。

如果考评的结果表明工作效率低的程度并不明显，则选派人员参加培训项目的必要性不大。如果不是因培训不足产生的绩效问题，应寻找其他可行的有效的解决方案。

（6）针对培训需求和培训对象拟订培训计划。

2）运用任务与能力分析方法确定培训需求和培训对象

运用任务与能力分析方法确定培训需求和培训对象，主要步骤如下：

（1）根据工作任务分析获取相关信息。对于每个特定工作的具体培训需求来说，工作任务分析可以提供三方面的信息：每个工作所包含的任务（即工作描述中的基本信息）；完成这些工作任务所需要的技能（来自工作说明书）；衡量完成该工作的最低绩效标准。

（2）对工作任务进行分解和分析。以工作说明书、工作规范或工作任务分析记录表作为确定员工达到要求所必须掌握的知识、技能和态度的依据，通过岗位资料分析，将其和员工平时在工作中的表现进行对比，来判定员工要完成工作任务的差距所在。

对各种工作任务进行分析后设计出一套培训权衡表。无疑地，培训的重点应放在那些发生频率高的、重要的或相对而言较难掌握的任务上。培训者在选择培训工具、培训时间或其他事项时，也会考虑其他综合性的因素。

（3）根据工作任务分析结果确定培训需求和培训对象。工作任务分析结果的重点在于为员工提供改善和提高的机会。培训者根据员工的素质差距，为他们提供必要的指导、培训，使他们获得必需的技术和能力。

3）组织发展需要分析方法确定培训需求和培训对象

组织发展需要分析方法确定培训需求和培训对象，主要步骤如下：

（1）确认培训标准。根据组织发展需要分析培训需求，准确找出组织中存在的问题，即现有状况与理想状况的差距，并确定培训是否是解决这类问题的最有效的方法。

（2）确认培训可以解决的问题。组织发展需要分析不是集中在个体、工作、部门现在有效运作所需要的知识、技能和态度等上，而是通过对企业发展目标、资源状况、市场环境以及人力资源现状问题的调查和分析，准确判断出企业面临的机遇和挑战，找出现存的问题，确定是否采用培训和如何采用培训促使组织目标的实现。

（3）确认培训资源。分析培训需要哪些资源以及企业能否满足这些要求，并以此确定培训对象。

▶◆◆◆➡ 案例分析3-1

B医药连锁公司培训需求分析

B医药连锁公司是一家区域性医药连锁企业，面临当地市场饱和、业务量难以提高、新市场不断亏损的难题。专家从组织视角、岗位视角和员工视角帮助B医药连锁公司分析培训需求，以提升员工的整体素质，应对市场挑战。

1）组织视角

（1）根据行业特点确定培训需求。

专家通过对行业及标杆企业的分析总结了医药连锁行业的特点：

① 行业整合趋势：大吃小，小小联合；成规模的企业不断涌现。

② 行业威胁：国家基本药物制度的实施影响了医药连锁行业的利润空间。

③ 行业机会：医药连锁企业将盈利提高空间转向加大对保健品、医疗器械等产品的销售。

基于以上三个方面，专家确定 B 医药连锁公司的培训需求为对管理者进行管理技能培训、对销售人员进行新产品培训。

（2）根据企业发展战略确定培训需求。

B 医药连锁公司的发展战略是"立足本地，面向全国"。专家通过高层访谈分析 B 医药连锁公司在管理水平方面存在的差距，确定中高层管理者必须由重业务向重管理转变。B 医药连锁公司需要培养一批既懂业务又懂管理的复合型人才。

2）岗位视角

专家对 B 医药连锁公司的管理模式和组织结构进行梳理，建立岗位体系，开发岗位能力素质模型，找出被评估者与岗位能力素质模型的差距，确定具体的培训需求。

3）员工视角

专家发现 B 医药连锁公司的员工工作绩效水平低下的原因主要有：员工对公司的流程、制度不熟悉；员工的个人技能与素质不能满足工作岗位的需要。针对这两个方面，专家确定了认知培训的内容和技能培训的内容。

资料来源 崔夷修. 员工培训管理［M］. 北京：北京大学出版社，2021.

问题：你认为该公司的培训需求分析对该公司的培训有帮助吗？

分析提示：有一定帮助，可以了解目前员工对公司流程、制度的了解情况以及各种技能的现状，从而制定比较合理的培训目标和培训计划。

3.2 培训计划的制订

3.2.1 培训计划的内容

培训计划在整个培训体系中都占有比较重要的地位，可以根据 5W1H 的原理，确定企业培训计划的架构及内容。

所谓 5W1H，指 why（为什么？）、who（谁？）、what（内容是什么？）、when（什么时候、时间？）、where（在哪里？）、how（如何进行？）。对应培训计划时，即要求我们明确：我们组织培训的目的是什么（why），培训的对象是谁（who），负责人是谁（who），培训师是谁（who），培训的内容如何确定（what），培训的时间、期限有多长（when），培训的场地、地点在何处（where）以及如何进行正常的培训（how）等要素，这些要素所构成的内容就是组织企业培训的主要依据。

1）培训的目的（why）

在组织一个培训项目的时候，一定要很清楚培训的目的，并且需要用简洁、明了的语言将它描述出来，作为培训的纲领。

2）培训的负责人和培训师（who）

负责培训的人员和机构依企业的规模、所处行业及经营者的经营方针、策略不同而归属不同部门。大体上，规模较大的企业一般都设有负责培训的专职部门，如训练中心等，以对公司的全体员工进行有组织、有系统的持续性训练；规模比较小的企业一般也有专人负责培训方面的事务。应优先聘请内部人员做培训师，如内部无适当人选时，再考虑聘请外部培训师。受聘的培训师必须具有广博的知识、丰富的经验及专业的技术等，才能受到受训者的信赖与尊敬；同时，要有卓越的训练技巧和对教育的执着、耐心与热心。

3）培训的对象（who）

在组织、策划培训项目时，首先应该明确培训的对象，然后决定培训内容、时间和期限、培训场地以及授课讲师等。培训学员的选定可由各部门推荐，或自行报名再经甄选程序而决定。人力资源培训与开发的对象可依照垂直的阶层别及水平的职能别加以区分。阶层别大致可分为普通操作员级、主管级及中高层管理级；而职能别可以分为生产系统、营销系统、质量管理系统、财务系统、行政人事系统等。

4）培训的内容（what）

培训的内容可依照培训学员的内容不同而分别确定，包括为开发员工的专门技术、技能或知识培训，为改变工作态度的企业文化精神教育等。在确定培训内容前，应先进行培训需求分析调查，了解企业及员工的培训需求，然后研究员工所担任的职务，明确每项职务所应达到的任职标准，再考查员工个人的工作实绩、能力、态度等，并与岗位任职标准相互比较，如果某员工尚未达到该职位规定的任职标准时，该不足部分的知识或技能，便是培训内容，需要通过企业的培训，给予迅速补足。

在设计培训内容时，还有一个内容特别值得关注，就是不能仅仅针对岗位要求的工作态度、知识和技能，还要特别注意员工政治思想素质和职业道德方面的培训，确保员工坚守正确的政治方向和职业道德。这是对一个员工来说最基本的要求，尤其是针对新员工的培训。

5）培训的时间、期限（when）

培训项目的时间和期限，一般而言，可以根据培训的目的、培训的场地、讲师及受训者的能力、上班时间等决定。一般新进人员的培训，可在实际从事工作前实施，培训期限可以是一周至十天，甚至一个月；而在职员工的培训，则可以以其工作能力、经验为依据来决定培训期限的长短，培训时间的选定以尽可能不过分影响工作为宜。

6）培训的场地（where）

培训场地的选用可以因培训内容和方式的不同而有区别，一般可分为利用内部培训场地及利用外部专业培训机构和场地两种。利用内部培训场地的培训项目主要有工作现场的培训（即工作中培训）和部分技能、知识、态度等方面的培训，主要是利用公司内部现有的培训场地实施培训。其优点是组织方便、费用节省；缺点是培训形式较为单一、受内部环境影响较大。外部专业培训机构和场地的培训项目主要是一些需要借助专业培训工具和培训设施的培训项目，或是利用其优美安静的环境实施一些重要的专题研修等的培训项目。其优点是可利用特定的设施、离开工作岗位而专心接受训练，应用的培训技巧亦较内部培训多样化；缺点是组织较为困难、费用较多。

7）培训的方法（how）

根据培训的目的、内容、场地等的不同，所采取的培训方法也有区别。从培训方法的种类来说，可以划分为讲课类、学习类、研讨类、演练类和综合类等，而每一类培训方法中所包含的内容又各有不同。不同的方法所产生的培训效果是不同的，需要在制订培训计划时与培训师共同研讨确定，以达到培训效果的最大化。

3.2.2 培训计划的制订程序

制订培训计划需要按照科学的程序进行，通常包括以下几个步骤：

（1）分析确定培训需求。培训需求是确定培训计划的最重要的依据，指引着培训的方向。培训需求要根据培训计划实施时间的长短，结合企业发展要求和企业现状的差距来确定。

（2）明确培训目标。培训目标要切合实际，不能太高也不能太低。培训目标要作为将来进行培训考核的依据。

（3）确定培训对象。准确地选择培训对象，明确哪些人是主要培训对象、哪些人是次要培训对象，有利于节约培训成本，提高培训效率。

（4）确定培训内容。培训内容和培训对象一定要相辅相成。针对岗前培训和在岗培训分别设计不同的课程，同时要考虑管理人员和技能人员培训内容的差别。

（5）确定培训方式。为了保证员工对培训内容的接受程度，选择采用讲授法、研讨法、案例分析法、现场示范操作法等培训方法。

（6）选择培训师。培训效果与培训师的水平有很大的关系，通过外聘或内部选拔来选择有足够经验和能力的培训师。

（7）选择培训时间、地点。培训时间、地点要选择得及时合理，以便及时通知培训对象和培训师，提前做好准备。

（8）明确培训组织人。明确培训组织人就是明确培训负责人，使得培训师和培训对象知道有问题找谁，促使问题的解决，保证培训的顺利进行。

（9）确定考评方式。为了保证培训效果，每一次培训后都要进行考评，但绝不可以走形式主义。从时间上讲，考评还可分为即时考评和应用考评，即时考评是培训结束后马上进行的考评，应用考评是培训后对工作中的应用情况进行的考评。

（10）培训费用预算。培训费用一般指实施培训计划的直接费用，分为整体计划的执行费用和每一个培训项目的执行或者实施费用。

（11）明确后勤保障工作。明确后勤保障工作，有利于协调培训部门与后勤保障部门的工作，便于后勤保障部门及时做好准备工作。

（12）编写培训计划。完成上述工作后，就要开始准备编写培训工作计划，经审批后实施。

综上，只有在编制合理的培训计划的基础上，才能有效地进行课程设计并实施培训，从而保证整个培训体系得以顺利运行，不断提升员工的自我价值，促使员工向多技能方向发展，从而为企业的发展壮大提供有力的后盾。

3.3 培训预算

3.3.1 培训预算的原则

结合成功企业的培训预算经验，成功的预算应该遵循以下原则：

1）速度性

现在的培训预算可以用基于网络的工具或一些培训管理系统来替代传统培训使用的

报表。这样，既能减少日常行政管理费用以及管理时间，又能提供比报表更丰富的信息，并大大缩短培训预算的时间。

2）准确性

只有在预算程序中包罗更多确实需要培训的人，才能最有效把握公司业务规划以及真正的培训需求，从而保证培训预算切实支持公司战略业务发展和员工职业生涯发展，以确保预算的准确性。

3）合作性

培训主管部门要争取与发动从领导到广大员工的积极参与和有效合作。为了实现这种合作，培训主管部门要完善公司培训管理体系，并且让培训真正发挥效果产生效益，得到从领导到员工的广泛认可。

遵循了以上的基本准则，进行培训预算的制定，培训预算就能真正成为公司战略实现以及人力资本开发的有益工具。

3.3.2　培训预算的工作流程

设计有效的培训预算是实现成功培训的前提和保证，培训预算包括以下几个工作流程：

1）进行培训调研，分析培训需求

进行培训调研，分析培训需求是企业设计培训预算的基础。分析培训需求必须是双向的，既是一种从上而下的过程，即从公司战略使命和业务发展计划确定培训需求的过程，又是一种自下而上的过程，即培训主管部门进行员工培训需求调查以及分析员工状况并制订适应不同个人的培训发展方案的过程，将上述两个方面有效结合，就可以全面把握公司的整个培训需求。

2）确定培训内容

工作内容、工作性质以及工作模式等的不同决定了企业中不同级别、职别的员工需要确定不同的培训内容，而不同的内容，就可能需要不同的培训预算。

3）确定培训方法

不同的培训内容可能需要不同的培训方法。如专业技术方面的培训可邀请专家培训或与外部院校合作进行进修；一些管理方面的培训可以与咨询公司合作或发展e-learning方法或通过购买音像教材等进行培训；公司知识方面的培训一般在内部进行，也可以通过建立公司e-learning平台进行培训。不同的培训方法在培训预算上差别很大。

此外，针对不同职级的员工，在进行培训规划决策上会有所不同，因此会采取不同的培训方法。一般而言，职级越高，越倾向于依靠外部机构培训，职级越低，越倾向于公司自己培训。

4）确定培训项目，进行培训预算

根据不同职级的培训内容以及培训方法，确定出公司各个培训项目的规划安排，并进行费用预算。培训费用中一般包含培训师培训费、场地费、进修费、资料费、奖励费、管理费等。不同的培训项目，其费用结构是不同的。

对于公司内各部门或班组自办的培训课程，可以安排企业内部培训师，因为他们更熟悉企业的情况，往往内容讲得实际、容易懂、用得上、成本低、效果好，费用可以由公司自主确定。对于新的管理方法、理念和新产品、高新技术的引进，往往从企业外的研发单位、咨询培训公司或高校聘请培训师进行指导。聘请外部培训师可以与一些信誉好的咨询培训公司等联络，了解其报价，这能作为制定培训预算的参考。对优秀老员工和有潜力的员工的素质、学历教育一般采用与高校联合办学的方法。公司培训部门也应该与一些教育机构保持关系，并进行合理的预算。

培训预算中还应设奖励费，如在年底评比中设立优秀学员、优秀讲师和最佳教育培训工作推动部门等奖项，以促进员工对培训的参与。

5）审核预算

培训主管部门在对全部培训项目完成初步预算之后应提交公司高层领导审核。对于培训预算是否合适，可以以公司销售收入预测或者工资总额计划为参照，国外大公司一般按销售额的1%～3%，最高的达7%，作为专项开支列入培训预算。虽然国内企业离这个数字目前还存在距离，但可以作为审核培训预算的参考。培训预算是否恰到好处，要审查这些培训项目及预算是否支持公司的战略规划与业务发展目标。

3.3.3　培训预算的制定方法

广义培训预算是根据费用总额等指标按照一定比例提取，如按照每年人事费用的3%～8%、每年营业额的0.5%～3%、每年利润的5%～10%等。这种提取方法如果能延续下来就很有参考价值，当然，还要考虑公司业绩情况给予调整。狭义培训预算是根据制订的年度培训计划逐项做出每项培训活动的费用预算。这种做法也是较能得到认可的，但工作量稍大，适用于培训工作开展较顺畅的公司，市场课程的报价和供应商资料库的建立能保障这项工作得以实现。

在制定培训预算时，通常要考虑以下几个方面：

1）确定年度培训预算的核算基数

在制定培训预算时，首先要考虑确定年度培训预算的核算基数，可将企业过去一年的销售额、利润额、工资总额作为基数。

国际大公司的培训总预算一般占上一年总销售额的1%～3%，最高的达7%，平均为1.5%，而国内企业，这个比率一般要低一些。在市场竞争比较激烈的行业，如IT、家电，有些大企业培训费用能够占到销售额的2%左右，而一般规模在十几亿元的民企，其培训费用也就占销售额的0.2%～0.5%，甚至不少企业的培训费占销售额的0.1%以下。

ASTD（美国培训与教育协会）对培训预算占工资总额比例的统计显示，通用电气是4.6%，美国工业平均值是1.0%。国内的会计核算一般是将工资总额的1.5%作为教育培训经费。

2）选用适合企业自身实际的预算方法

确定了培训的核算基数和比例也就实现了培训费用的总额控制，但在具体的预算编制过程中要遵循哪些预算方法呢？通常在企业中广泛使用的方法有传统预算法和零基预算法两种。

（1）传统预算法。传统预算法指承袭上年度的经费，再加上一定比例的变动。这种预算法核算较为简单，核算成本低，国内的很多企业都采用这一方法，但是按此法预算的逻辑假设是：上年度的每个支出项目均为必要而且是必不可少的，因而在下一年度里都有延续的必要，只是需在人工等成本方面有所调整而已。

这种预算方法的确为公司降低了预算工作本身的成本，但是它有一些缺点：这样的假设、步骤得出的预算，必然会出现相应的不良倾向，如培训经理会增加培训预算；此预算方法往往不需要做任何的公司培训需求调查和公司员工能力诊断分析，因此实际上的培训并不能真正做到"对症下药"。

（2）零基预算法。从预算学的发展来看，零基预算法最先是由美国德州仪器公司的彼得·菲尔于1970年提出，然后由佐治亚州政府采用，取得了很好的成效，其后广为企业界所应用。那么究竟什么是零基预算法呢？

所谓零基预算，指在每个预算年度开始时，将所有还在进行的管理活动都看作重新开始，即以零为基础，根据组织目标，重新审查每项活动对实现组织目标的意义和效果，并在费用-效益分析的基础上，重新排出各项管理活动的优先次序。资金和其他资源的分配是以重新排出的优先次序为基础的，而不是采取过去那种外推的办法。

而就编制培训预算而言，零基预算法要求在编制前回答以下一些问题：

公司的目标是什么？按公司目标分解的每个员工的KPI指标是什么？员工的意识、知识、能力等离公司的要求有多远？培训要达到的目标又是什么？

各项培训课题能获得什么收益？这项培训是不是必要的？

可选择的培训方案有哪些？有没有比目前培训方案更经济、更高效的方案？

各项培训课题的重要次序是什么？从实现培训目标的角度看到底需要多少资金？

从零基预算的步骤来看，它是基于对公司发展战略、员工培训需求调查分析、员工能力诊断分析上的，预算更具有科学性、针对性。其突出的优点在于：有利于管理层对整个培训活动进行全面审核，避免内部各种随意性培训费用的支出；有利于提高主管人员计划、预算、控制与决策的水平；有利于将组织的长远目标和培训目标以及要实现的培训效益三者有机地结合起来。

但是零基预算法的缺点影响了它的广泛推广：一方面企业制定预算的过程中需要花费大量的人力、时间和物力，预算成本较高；另一方面在安排培训项目的优先次序上难免存在着相当程度的主观性。

总之，在实践中企业到底采用哪一种预算方案要根据企业的实际情况来确定。

3）确定企业培训预算的使用

培训预算的具体分配在实践中通常依照下述比例：

（1）如果培训预算包括企业内部培训组织人员费用，大约有30%计划支付内部有关培训组织人员的工资、福利及其他费用，30%计划作为内部培训费用，30%计划作为外派培训费用，10%作为机动费用。

（2）如果培训预算不包括企业内部培训组织人员费用，一些企业的总预算是这样安排的：计划用在企业内部培训上的费用可达到总预算费用的50%，外派培训费用则占40%，剩下的10%作为机动费用。

做培训费用预算应与财务沟通好科目问题，一般培训费用包括培训师费、教材费、差旅费、场地费、器材费、茶水餐饮费等，一项培训课程应全面考虑这些费用，做出大致预算。在预算得出后，可在总数基础上上浮10%～20%，留些弹性的空间。

在制定培训预算时要考虑多种因素，如公司业绩发展情况、上年度培训总费用、上年度人均培训费用等，在上年度基础上根据培训工作的进展情况考虑有比例地加大或缩减培训预算（见表3-2）。

表3-2   年度培训预算表

培训类别	培训项目	培训时间	培训人数	费用支出项目					总费用	单位费用
				资料费	人工费	场地费	食宿费	其他		
培训新员工										
	小计									
培训在职员工										
	小计									
培训管理者										
	小计									
……										
合计										
编制人				批准人						

资料来源　崔夷修. 员工培训管理［M］. 北京：北京大学出版社. 2021.

●●●●➡ 小思考3-3

小七为什么会出现困惑

小七是某上市企业培训经理，年末了开始做年度培训计划，当然也会包括培训预算的设置。

在和直接领导还有其他高层领导沟通之后，小七开始草拟明年的培训计划，包括一些项目性的培训安排（都是经高层认可之后的）。根据培训需求以及市场价格，小七初步估算了一下费用，在高层的费用上达30万元，中层达20万元，专项技能包括资质达20万元，其他培训达10万元，合计80万元。在提报的时候，领导还问了一句，费用够吗，预高不预低！小七回复说应该足够了，领导批准了。

按理说小七应该是比较开心的，因为费用的投入从某种层面代表着领导对于培训工作的支持和认可，但是小七觉得没什么成就感。因为小七这次的培训计划和前两年的预估了差不多的费用，也是批准了，但是前两年最后实施的实际花费连一半都没有。今年公司最高领导以及分管行政人力中心的副总都换了，更加重视人才发展了，但明年是否会按照计划来执行还是未知数。这些预算就像是美丽的泡沫，好看却从未真正有用过。小七为什么会出现这样的困惑？

资料来源　第七会议室案例中心. 培训中从未真正完整用过的预算［EB/OL］.（2017-12-06）［2024-12-11］. http：//www.vccoo.com/v/m1wip5.

答：没有认真细致地做好培训计划及相应的培训项目预算。

3.3.4　培训预算的工作要点

1）统计培训对象信息

培训对象不同，培训的方法也就不同，这会直接影响到培训预算费用的大小，因此统计培训对象信息成为培训预算工作的第一要点。

2）区分培训对象，合理划分投放比例

培训对象信息收集完毕后对培训对象进行区分，划分出低、中、高层培训对象及其相关名单，培训预算投放比例根据公司的发展方针和员工比例合理划分。

3）确定内外培训比例

国内有些企业现有培训体系尚不健全，认同外部培训，忽略了自身"造血机能"的建设与发展，因而徒增了大笔培训费用。根据国外经验，企业内训将成为企业培训的发展方向。

4）组建培训预算管理团队

整个预算制定过程必须有专业财务人员、专业培训师、培训受益部门、培训实施部门参与，并组建临时性管理团队，就受益部门需求、专业培训师意见、会计科目、培训实施难度等各方面问题进行具体协商达成一致，才能有效形成科学预算方案。同时，培训预算管理团队需要领导的支持和参与，帮助协调相关事宜。

5）根据公司情况合理设定培训预算项目

培训预算项目涉及财务管理的便利性和科学性，同时涉及培训受益部门的切身利益，因此必须根据企业的实际情况进行合理设定。

6）调查相应费用行情，合理规避费用风险

由于培训预算的最后审核是对培训预算合理性的严格审查，所以需要做必要的市场调研，了解相应的费用行情，并引入"招投标"机制使培训预算更合理。

◆◆◆▰▰▰　**案例分析3-2**

R公司编制培训预算的问题和改进办法

202×年11月R公司开始编制下一年度的培训预算。人力资源部采用提取工资总额1.5%的方法确定公司整体培训预算。财务部将培训预算设定为"培训场地""培训师资""培训教材"3个科目。公司各部门经理负责编制部门培训预算，然后提交人力资源部审核。

市场部经理很快就提交了市场部的培训预算。人力资源部培训主管发现市场部的培训预算存在以下问题：

1）培训预算科目设置错误

根据公司培训预算编制的要求，培训预算包括"培训场地""培训师资""培训教材"3个科目，各部门不得将其他费用列入培训预算。市场部经理根据本部门的情况增加了"参观学习费"培训预算科目，影响了整体培训预算数据的准确性。

2）培训费用投放比例失调

市场部中高层管理干部人数占部门员工人数的9%，培训预算却占整个部门培训费用的80%，而且中高层管理干部参加的培训大多为外派培训，而普通员工则主要参加内部培训。

3）培训预算总体费用超标

按照市场部的工资总额标准，市场部在2021年的培训预算不得多于12万元。市场部经理没有认真地调查培训师费用、场地费用和培训教材费用的市场水平，预算过高。

针对市场部培训预算中存在的问题，培训主管意识到人力资源部在培训预算工作中存在很多不足。为了保障各部门培训预算工作的效率与效果，人力资源部采取了以下改进措施：

（1）人力资源部经理和培训主管预先确定培训预算的分配比例，包括管理者培训预算与普通员工培训预算分配比例、外派培训预算与内部培训预算分配比例等。

（2）培训主管详细调查相关培训要素的市场价格，包括培训师的讲课费用、场地租赁费用等，并将这些信息提供给部门经理作为参考，以保障培训预算科学、合理。

（3）人力资源部针对部门经理开展"培训预算工作"的培训，准确传达培训预算的编制原则和编制要求，统一培训预算的编制项目，避免出错。

通过以上办法，R公司大大提高了培训预算工作的效率与效果。

资料来源　崔夷修. 员工培训管理［M］. 北京：北京大学出版社. 2021.

3.4　培训的风险及其防范

3.4.1　培训的风险

培训对企业而言是一种重要的人力资本投资，同其他的资本投资一样，既有收益，亦会有风险。那么，什么是培训的风险呢？

培训风险指企业培训过程及其结果，由于观念、组织、技术、环境等负面影响而对企业造成直接或潜在损失的可能性。

从其成因来看，培训风险可以分为培训的内在风险和外在风险。

1）培训的内在风险

培训的内在风险指由于企业没有对培训进行合理规划和有效的管理而导致培训的质量不高，使得培训目的难以达成，培训投资效益低下。培训的内在风险源于培训本身，主要包括以下几种：

（1）培训观念风险。培训观念风险指的是由于高层领导或者受训员工对培训没有一个正确的认识和定位而可能对企业造成的不良影响与损失。目前，一些企业高层领导存在着对培训的不正确认识，如认为"培训会增加企业的运营成本""培训会使更多的员工跳槽，造成大量人才流失""企业效益好无须培训"等，这些无疑会影响培训的效果。作为直接参与人的受训员工，他们对培训的认知及参与态度也直接影响培训的成败。如果受训员工认为培训是摆花架子、搞形式主义，就不能正确对待培训，导致培训流于形式。

（2）培训技术风险。培训技术风险指在培训需求分析、制订培训计划、风险评价及培训实施过程中，因不能及时正确地做出判断和结论可能对企业造成的损失。有些企业由于培训需求不明确，培训需求调查不深入，没有与企业远期、近期目标结合起来，企业没有明确的素质模型或岗位要求，培训没有与员工的培训需求相结合，培训内容选择、形式选择、培训师选择偏离真正需要，培训缺乏针对性，因而没有达到预期的培训目的。

2）培训的外在风险

培训的外在风险指虽然培训项目达成了预定目标，但由于各种外在因素导致企业遭受各种直接或间接损失。常见的培训外在风险主要包括如下几种：

（1）人才流失的风险。经过培训后，受训员工的能力和素质得到提高，他们对知识和自我实现的追求更高，产生了更换工作环境的需求。哈佛企业管理顾问公司的离职原因调查显示，"想尝试新工作以培养其他方面的特长者"被列于众多原因之首。企业投资培训是为了增加本企业人力资本存量，为本企业创造经济利益，而培训后的人员流出，必然使得本企业的这部分培训投资无法收回，造成人力、物力的巨大损失。

（2）培养竞争对手的风险。企业培训员工是为本企业所用，而人才流失所流向的企业大多数都是本企业的竞争对手，这些经过培训的员工所掌握的信息以及新知识和技能等在其他企业的应用对本企业来说无疑是一种潜在的威胁。

（3）专有技术保密难度增大的风险。任何一个企业在生产经营过程中都有自己的管理经验和专有技术。专有技术必须通过具体的人员去操作和管理才能使之转化成生产力与具体的产品。只有通过培训才能使参与这一工作的人员掌握这些管理经验和专有技术，而掌握的人越多保密难度越大，风险也就越大。

（4）培训收益风险。培训收益的体现总是具有一定的时滞性。如果企业刚对原来的产品线等进行培训后就进行战略调整（如转产），会使原来的培训完全没有回报；如果企业进行技术更新、工艺调整或新产品的开发，可能使正在培训或刚培训完的知识和技术过时。

3.4.2　培训风险的防范

1）依法建立劳动、培训关系

根据《中华人民共和国劳动法》及有关法规，与员工建立相对稳定的劳动关系，明确企业与员工的权利、义务及违约责任。在此基础上，根据《中华人民共和国职业教育法》和员工劳动合同时间长短以及所在工种、岗位的实际情况，制订相应的培训计划，签订相应的培训合同，明确服务期限以及违约赔偿有关的条约。对一些培训面较广、时间不长的培训，可采取企业发布有关规定的办法来明确受训人员的义务和责任。

2）加强企业文化教育，增强企业凝聚力

任何一个企业，企业文化建设都是至关重要的。加强企业文化教育，尊重知识、尊重人才，增强企业凝聚力，以事业吸引人，尽量减少由于培训后人才流失给企业带来的风险。

3）建立有效的激励机制

企业应该根据自己的能力和实际情况，建立一套有效的激励机制，对真正的人才和学有所长的专门人员实施有效的激励。

4）鼓励学习，加大岗位培训力度

培训对企业和员工是双赢的过程，在市场经济体制下，人们的观念已有了极大转变，把对个人进行智力投资、提高素质、体现价值、增强竞争能力作为个人行为这一观念被员工所接受。所以，自己投资接受培训的比例已明显上升，企业就应适时地调整有关的培训政策，对基础学历教育及以提高自身基本素质为主的培训，应以个人投资为主，对高层次和有较强针对性的有关培训，可实施政策倾斜，保证培训经费的重点使用。同时，应加大岗位培训力度，鼓励自学，鼓励岗位成才，在不脱产的情况下，采取业余、半脱产、函授、自学、师带徒、在职攻读学位等多种形式的培训。

5）加大考核力度，提高整体素质

对企业而言，员工整体素质的提高，对稳定员工队伍和优秀人才脱颖而出是很重要的基础，而员工整体素质的提高，加大考试考核力度是一个较有效的途径和办法。这要求必须建立一套完善的考试考核标准和制度，做到既切合企业的实际，又客观、公正。

6）完善培训制度，提高培训质量

企业员工培训，特别是脱产的培训，对人员的选拔应有一套完善的制度和长远的规划。培养什么样的人，送什么人去培养，人事、培训部门应做到心中有数、有针对性、有的放矢，建立一套完善的培训制度。同时，对培训后人员应有一套严格的考核办法，努力提高培训质量和培训回报率。

7）增强企业员工专利意识教育，运用法律手段保护企业的专利技术

接受培训的员工必须树立专利意识，在竞争日益残酷的现实下，谁有专利技术、有专利产品，谁就可以更好地占领市场，打败竞争对手。同时，在培训中应该让员工掌握或了解相关的法律知识，必要时依靠法律的力量来保护企业的专利技术和产品，减少不必要的损失和风险。

◆◆◆➡ 案例分析3-3

M银行员工培训风险管理

M银行每年都会有多次的校园招聘与社会招聘。对招聘入职的新员工M银行会开展较长时间的培训，培训涉及业务操作、优质服务、军训等，这些都需要花费银行培训经费。在招聘的过程中有一部分的员工是多岗位投放简历的，而在培训途中或培训结束后，这部分人会因陆续收到其他单位提供的工作机会，选择离开M银行。每年报考M银行招聘的新员工中不乏很多学历较高的年轻人，这部分人被M银行称为管培生。他

们在通过培训正式进入单位后，会在前台工作一段时间。这期间其中优秀的管培生会被各职能部门选中从而获得到总行锻炼的机会，但到总行后薪资待遇较前台相比会低很多，加之总行人员齐整，晋升空间较小，这部分年轻人因为学历较高，难免心有不甘：一部分有理想有冲劲的人，为了追求更高自身价值的实现和职业生涯的良好发展会辞职；还有一部分精英，成了其他银行眼中的挖取对象，最终导致其流失，造成培训的损失，甚至于精英背后的团队与客户群体流失；还有一部分人会因缺乏激励而失去动力，温水煮青蛙，能力被埋没而变得普通。留在前台的普通员工，随着时间的推移，有的会因为压力选择离职，其余留下来的员工虽然抗住了压力，但会在这个阶段失去年轻时的信仰，留在这里有可能只是因为没有勇气再去尝试，不想失去这个工作，选择躺平。因此，人才的流失尤其是受训后精英人才的流失，会导致 M 银行在培训投资和人力资源上巨大的损失，甚至会导致部分支行出现用人荒。

　　资料来源　王清正. M银行员工培训风险管理研究［D］. 绵阳：西南科技大学，2022.

　　问题：M 银行如何解决上述问题？

　　分析提示：合理利用法律武器和企业制度进行约束。

●●●●➤ **小思考 3-4**

　　这是一家中外合资的航空企业，由于航空业技术人员专业性强，人才市场供应量少，因此公司在成立的第二年年中选派了 57 名员工到外方公司总部接受为期 3 个月到 7 个月的培训，这些人占公司总人数的 23%，占技术人员的 35%，应该说公司对员工的培训是非常重视的。然而，两年之后，公司在对员工的流失状况进行分析时发现，在所有因个人发展而离职的员工中，有 72% 来自这批曾接受过海外培训的员工，而且这些离职员工平均为公司服务的时间仅为 23 个月（含培训时间）。

　　当这个分析结果出来之后，无论是中方管理人员还是外方管理人员都无法接受这个事实。虽然大部分员工赔偿了相关的培训费用，但这些人的离职对公司来说，无疑造成了巨大的损失。公司对优秀人才的培养难道错了吗？为什么对员工投入的培训越多，员工的离职率越高？培训真能够成为吸引员工、留住员工的手段吗？

　　答：不一定，培训后还应该合理地利用这些人才。

◀◀◀◀➤ **价值引领** ▶▶▶

找准干部履职能力培训着力点　锻造高素质干部队伍

　　习近平总书记指出：“党的历史经验和现实发展都告诉我们，没有全党大学习，没有干部大培训，就没有事业大发展。”进入新的发展阶段，面对当今世界百年未有之大变局，国内外形势复杂多变，中国特色社会主义现代化建设也随着时代发展、社会进步遇到一些新的问题。干部履职能力的高低直接影响党的执政能力的强弱，影响党在人民心目中的形象，这就需要广大干部围绕党的中心工作，以问题为导向，加强与岗位职责相匹配的通识教育培训，及时填知识空白、补素质短板、强能力弱项。

　　党中央着眼于新时代新征程党的使命任务做出重要部署，中共中央印发了《干部教育培训工作条例》和《全国干部教育培训规划（2023—2027年）》，在干部履职能力培训的内容渠道、方式方法、提升计划等方面做出明确规定和具体规划。我们要加强干部履职能力的培训力度，将思想政治培训与专业技能培训相结合，聚焦"国之大者"，推动干部能力素养更加适应新时代发展要求，锻造一支真正政治过硬、本领高强、具备领导现代化建设能力的干部队伍。

资料来源　杜彬武.找准干部履职能力培训着力点，锻造高素质干部队伍〔EB/OL〕.（2024-05-28）〔2025-01-02〕.https://www.gmw.cn/xueshu/2024-05/28/content_37348684.htm.节选.

基础训练

3.1　单项选择题

1)（　　）主要确定员工目前的实际工作绩效与企业的员工绩效标准对员工的要求是否存在差距，确定谁需要和应该接受培训。

A.组织分析　　　　　B.工作岗位分析　　　C.员工个人分析　　　D.环境分析

2）实施培训需求调查计划主要包括以下步骤，排列顺序正确的是（　　）。

（1）调查、申报、汇总培训需求动意和愿望。相关人员根据企业或部门的理想需求与现实需求、预测需求与现实需求的差距，调查、收集来源于不同部门和个人的各类需求信息，整理、汇总培训需求动意和愿望，并报告企业培训组织管理部门或负责人

（2）提出培训需求动意和愿望。由培训部门发出制订计划的通知，请各负责人针对相应岗位需要提出培训动意和愿望

（3）分析培训需求动意和愿望。申报的培训需求动意和愿望并不能直接作为培训的依据，需要由企业的组织计划部门、相关岗位、相关部门以及培训组织管理部门从整体和近中期的工作计划来考虑，共同对申报的培训需求动意和愿望进行分析

（4）初步汇总培训需求意见，确认培训需求

A.（1）（2）（3）（4）　　　　　　　　B.（2）（1）（3）（4）

C.（1）（3）（2）（4）　　　　　　　　D.（3）（2）（1）（4）

3）运用任务与能力分析方法确定培训需求和培训对象，对各种工作任务进行分析后设计出一套培训权衡表。培训的重点应放在（　　）的任务上。

A.发生频率低　　　B.不重要　　　　　C.较容易掌控　　　D.较难掌握

4）（　　）是确定培训计划的最重要的依据，指引着培训的方向。

A.培训课程　　　　B.培训方式　　　　C.培训需求　　　　D.培训费用

5）组织发展需要分析是通过对企业发展目标、资源状况、市场环境以及（　　）的调查和分析，准确判断出企业面临的机遇和挑战，找出现存的问题，确定是否采用培训和如何采用培训促使组织目标的实现。

A.人力资源现状问题　　　　　　　　　B.人力资源未来问题

C.人力资源需求问题　　　　　　　　　D.人力资源供给问题

6）以下不属于培训预算原则的是（　　）。

A.速度性　　　　　B.系统性　　　　　C.准确性　　　　　D.合作性

7）国际大公司的培训预算一般占上一年总销售额的（　　）。

A.1%~3%　　　　　B.5%~10%　　　　C.10%~15%　　　　D.15%~20%

8）培训的内在风险包括（　　）内容。

A.人才流失的风险　　　　　　　　　　　B.培养竞争对手的风险

C.培训观念风险　　　　　　　　　　　　D.培训收益风险

9）以下不属于培训的外在风险的是（　　）。

A.专有技术保密难道增大的风险　　　　　B.培养竞争对手的风险

C.人才流失的风险　　　　　　　　　　　D.培训技术风险

10）一般培训费用包括培训师费、教材费、差旅费、场地费、器材费、茶水餐饮费等，一个培训课程应全面考虑这些费用，做出大致预算。在预算得出后，可在总数基础上上浮（　　），留些弹性的空间。

A.5%~10%　　　　　B.10%~20%　　　　　C.15%~25%　　　　　D.20%~30%

3.2　简答题

1）什么是企业培训需求？其包括哪些内容？

2）简述培训需求分析的方法。

3）如何进行培训需求调查？

4）如何运用绩效分析方法确定培训需求和培训对象？

5）如何运用任务与能力分析方法确定培训需求和培训对象？

6）试述培训计划的内容和制订程序。

7）简述培训预算的工作流程。

8）什么是传统预算法和零基预算法？

9）试述企业培训风险的防范措施。

▶ 综合应用

3.1　案例分析

美国微软的人力资本分析及员工培训与开发计划

美国微软作为一家总部设在美国华盛顿州雷蒙德市的跨国科技公司，其最著名的产品莫过于Microsoft Windows操作系统以及Microsoft Office等软件。由于其所处的行业竞争激烈，产品更新换代速度极快，因此公司需要保证源源不断的高层次人才的供给，其中就涉及公司对于现有人力资本的分析和有针对性地为其员工提供培训。

1）人力资本分析

微软为了更加深刻而准确地了解组织内部劳动力的规模和本质，成立了一支人力资本分析团队（HRBI）。该团队由不同领域的专家组成，包括统计学专家、心理学专家以及财务管理专家等。人力资本分析团队每年通过对公司员工进行一次调研，深入分析微软人才库，进而提出对应的人才发展措施。

这种深层次的人才分析也被称为4步分析法，主要包括以下4个步骤：

（1）数据收集

为了强有力地支撑研究结果，微软人力资本分析团队并不支持小于50人的样本量，它所设定的临界雇员取样量一般大于100人。微软人力资本分析团队为了收集数据，用9年多的时间追踪了90 000名雇员，并且为了让人力资本的研究结果具有意义，微软人力资本分析团队在研究时对雇员进行了分组，这样就可以区分员工被雇用后行为成就的结果差异。同时，微软人力资本分析团队建立了精确完整的人力资源数据库，大大提高了数据的质量和数量，为管理人员获取员工信息提供了技术支撑。

（2）关键定义

微软人力资本分析团队在初步完成数据收集之后，会依据雇员所归属的样本组对其不同的行为特征进行区分，这一过程就是定义员工特征。比如微软人力资本分析团队将"早期离职成本"定义为两年内对新员工的高投入成本，包括招聘成本、签约奖金、新员工低效率的适应时间、雇用其他长久型优秀雇员的机会成本等。

（3）分析研究

在发现特定问题的基础上，微软人力资本分析团队通过有效地提炼一手观察数据，进而提出相应的研究议题以及预测性分析，再依次结合不同的分析工具进行研究。

（4）采取措施

在对大量的人力资本数据进行分析后，微软人力资本分析团队会提出对应的人才发展措施。比如，通过数据检验已雇员工的工作水准和行为表现，进而预测该员工在微软早期离职的可能性。对应评价结果，微软人力资本分析团队会提出相关的防范措施。

2）人才培训与开发计划

微软的人才培训与开发计划以"职业模式+技能差距+业务需要"为中心，通过人力资本分析团队对员工职业发展需求的调查分析，为员工制定相应的职业生涯规划和学习培训计划。职业模式包括职业阶梯、职业能力与职业经验。

在明确职业模式之后，微软会根据员工的技能差距与业务需求提供有针对性的人才培训与开发计划。微软的人才培训与开发计划遵循"70-20-10"的原则：通过授课、讲座的方式员工可以获得10%的基础专业技能；导师的一对一辅导可以帮助员工实现20%的能力提升；其余70%的知识和技能则需要员工通过直接工作与在职培训获得。首先，新员工进入微软的第一年为基础学习期，微软会对这些新员工提供脱产培训，包括讲座和课堂讲课。这种培训有助于实现员工10%的技能发展。其次，导师制在微软人才培训与开发计划中起着关键的作用。被指导者选择一位资深员工作为自己的导师，双方自愿建立关系、提供指导、结束关系。即使双方不在同一个地方，也可以通过公司电话或视频会议等保持密切联系。通过指导体系，导师可以帮助被指导者提高专业素质、达成发展目标，为被指导者提供更好的职业发展机会。最后，微软还为员工提供一定的在职培训，鼓励员工在工作中学习和掌握新技术、新方法。员工可以提出自己的假设，并与其他员工组成跨职能部门的工作团队，通过实验进行技术攻关，最终基于实验结果检验假设。

资料来源　HRsee. 美国微软公司的人力资本分析及员工培训计划案例［EB/OL］.（2018-04-12）［2024-12-11］. http://www.hrsee.com/?id=675.

问题：微软开展人力资本分析工作的意义是什么？

分析提示：微软通过4个步骤先对微软的人力资本进行分析，充分考虑培训支出可能带来的效益，并在此基础上制订有针对性的培训与开发计划，充分体现了培训分析的重要作用。

3.2　实践训练

训练1：5～6人组成一个小组，以小组为单位，运用所学的知识，在教师指导下对一家小型公司做培训需求调查，并做需求分析，写出需求分析报告以及相应的培训计划。

训练2：A公司是一家高科技生产企业，随着公司规模的壮大，公司高层逐渐感觉到，现有员工的综合素质和技能已不能满足需要，并将成为限制公司可持续发展的一大问题。于是，公司决定将提高员工素质和技能作为培训长期关注的重点。人力资源部根据公司发展需要，重新修订了现有岗位的任职要求，同时向所有部门和员工下发了培训需求调查问卷，拟在培训需求分析的基础上，进行培训项目的设计，并快速开展了一系列的培训活动。请完成以下任务：

（1）说明基于培训需求分析的培训项目设计的基本程序。

（2）在培训项目设计中，说明制订培训方案应达到的基本要求。

第4章　培训计划的实施与管理

学习目标

知识目标
学习完本章之后，你应该能够：了解培训管理的内容；明确培训工作如何组织；熟知培训计划的实施步骤；掌握培训方法的选择和使用。

能力目标
学习完本章之后，你应该能够：比较不同培训方法的优缺点并根据培训内容进行培训方法的选择，组织实施培训计划，对培训进行管理。

素养目标
学习完本章之后，你应该能够：结合培训计划的具体内容以及员工思政教育项目的要求选择培训方法。

内容架构

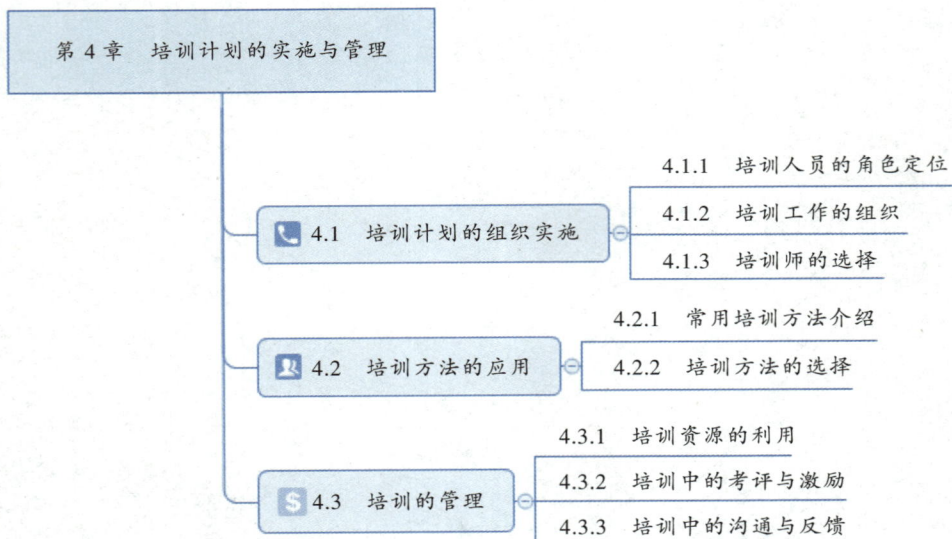

⬛⬛⬛⟹ 引例 ⬛⬛⬛

香格里拉酒店集团独具特色的员工培训管理体系

成立于1971年的中国香港上市公司香格里拉酒店集团（以下简称香格里拉），经过五十多年的苦心经营发展，现在已经成为亚洲乃至全世界著名的酒店管理集团之一。香格里拉非常重视对于员工的培训工作，要求下属酒店拨出用于培训发展的专项预算，每年按照至少员工工资总额的2%投资员工的培训与发展，打造了其独具特色的分层次的培训管理体系。

1）新员工的入职培训管理

香格里拉在新员工培训方面提出独具特色的Shang Care Ⅰ-Ⅳ四阶段培训。Shang Care Ⅰ为服务意识和企业理念的培训。Shang Care Ⅱ为服务理念及技能的培训，包括关注客人旅途劳顿、客人期望管理等内容。Shang Care Ⅲ包括如何处理客人投诉、及时做出反应赢得客人忠诚等内容。Shang Care Ⅳ包括倾听客人感受、道歉、如何当场处理无法解决的问题等内容。Shang Care Ⅰ-Ⅳ四阶段培训是新员工的基础培训课程，随着新员工对自己工作的不断熟悉，将四阶段课程穿插进行，使其对客服务更加标准化。新员工在进行以上四个阶段培训的同时，在进行各部门的岗位培训。将理论知识与服务技能同时受训，可以使新员工更快地适应岗位要求。

除了以上四个阶段的入职培训外，香格里拉为每个新员工指派所在部门的一个老员工来帮助新员工，让他们结成工作伙伴关系。这两个员工要满足两个前提条件：一是职级接近；二是能融洽相处。这种伙伴式的"老带新"被称为"buddy trainer"。Buddy trainer是香格里拉员工初到岗位时最普遍应用的一种培训。Buddy trainer首先强调"带领"，即老员工带领新员工在实践中逐渐适应新的环境，融入新的组织文化，了解所在行业的特点等。其次强调"伙伴"，即为新员工安排与其职级相近、在职时间稍久一点的老员工做搭档，会使两个人都觉得非常亲切。Buddy trainer中的两个人一定是属于同一部门的，如果其中一个员工被调转到另外一个部门，那么该部门会给类另一个员工安排新的"伙伴"。

2）管理人员培训管理

针对不同层次的管理人员，香格里拉制订了不同的培训计划：为主管级管理人员安排"部门培训"，以在岗集中培训方式为主，培训内容围绕工作中的基本流程和服务技巧展开；针对部门经理级别管理人员的培训，香格里拉称之为"天使培训"，主要以介绍香格里拉的服务文化为主；而针对总监和副总监级别管理人员的培训，香格里拉称之为"卓越督导"培训。

香格里拉有自己的培训学院。香格里拉每年都会选出较为优秀的员工送到培训学院，让他们进行更深入的培训，这也是香格里拉内部培训的一大特色。

与基层员工伙伴式的"老带新"培训方式相比，香格里拉为中高层管理人员提供的则是较为复杂的"导师制"培训方式。目前，香格里拉已形成了一系列针对中高层管理人员的培训方案，如集团管理培训生（corporate management trainee，CMT）、集团行政管理培训生（corporate executive trainee，CET）和集团高级行政管理培训生（corporate senior executive trainee，CSET）。这些培训的目的基本上都是将三级经理培养为二级经理，将二级经理培养为一级总监，将一级总监培养为未来的总经理或驻店经理。

中高层管理人员一旦被总部选中为 CMT、CET、CSET 人选，就要接受为期约十六个月的专项培训。专项培训分为三个阶段：轮岗培训（三至四个月）、重点职能培训（六个月）和执行培训（六个月）。培训期间，受训员工要在不同的酒店里接受特定训练，培训后总部会对其做出评价，判断其是否能够顺利"毕业"。"毕业"的受训员工通常会被安排到其他酒店去担任新职务。

与此同时，部门的总监将承担起副导师的责任和角色。如行政副主厨，每到一家酒店工作，行政主厨就自然成为他的副导师，这种关系和 buddy trainer 类似，但最后是由导师（总经理）对他的表现拿出评估意见。在每一个员工接受培训之前，先由他的上司、老总对其进行能力评估，然后总结出其在能力素质方面还有哪些欠缺，并上报总部形成培训计划。派驻到酒店时，该酒店会提前收到总部下发的培训计划，并根据培训要求，制订相应的培训方案。在执行培训阶段，员工通过直接上岗，在实践中接受训练和导师们的指导，导师们也会对其提出更具有针对性的反馈意见。在培训结束时，导师（总经理）会对他的领导力、执行力和辅导能力进行综合打分。

这一引例表明：在更强调合作和服务品质的酒店行业，香格里拉不仅构建了独具特色的员工培训计划，还能严格落实执行、考核和评估，达到预期培训效果。

4.1 培训计划的组织实施

4.1.1 培训人员的角色定位

培训人员的角色定位主要包括培训师和培训的辅助人员两方面。

1）培训师

培训师指直接从事培训教学工作的专兼职人员。培训师根据其工作特点，主要扮演着教学的组织实施者、学员疑问的解答者、实习活动的指导者等角色。培训师的基本工作职责主要应包括以下几个方面：根据培训项目的具体要求，参照有关的教学大纲、教材及辅导资料，进行教学准备工作，具体包括备课、编写教案等；从事培训教学的具体组织实施工作；在培训活动中，充当主持人、引导者、评判员和讲解员等角色；帮助学员理解、掌握所学的理论知识，并指导学员进行现场操作实习等。

2）培训的辅助人员

培训的辅助人员指从事培训的行政组织、管理和后勤保障工作的人员。他们主要扮演着培训工作所需的各项条件的保障者和培训活动的组织者等角色。他们主要履行以下具体职责：根据培训总体目标和培训工作的具体要求，进行有关设施和用具的准备；根据培训活动的具体性质和形式，进行学员的组织工作；根据要求负责聘请、组织培训师，编制培训计划。

4.1.2 培训工作的组织

1）培训规划

做好一场培训，规划必须先行。培训规划主要是确定一场培训的总体框架安排，搭好框架后，其他工作才能在此基础上进行。培训规划的具体内容包括培训对象、培训内容、培训师、培训方法、培训信息反馈等。根据经验，培训规划一般需要在培训前三个月开始进行。

（1）培训对象。企业在组织培训时，不应该不分对象而集中所有能集中的人员参加培训。由于人员水平不一，如果采用所有人员集中培训将会导致主讲人没有明确的对象，学员对课程接受的程度也会深浅不一，培训效果自然会大打折扣。同时，不同岗位、不同级别、不同阶段的员工，需要的知识、技能和关注点也不尽相同。因此，企业培训的第一步，要细分培训对象，把同一水平层面的员工安排在一起培训。这样就可以尽量避免学员接受培训课程效果不一的情况，有利于培训现场的充分交流和沟通，提高培训的效率和满意度。

（2）培训内容。在选择培训内容时，需要找出员工的实际工作绩效与组织期望的工作绩效的差距。根据差距确定培训的项目，而不是赶时髦或照搬其他企业的课程。在讲清楚基本概念与原理的同时，应重视方法的应用。因此，在内容设计上，需要通过调研，了解员工工作中的难点和亟须解决的问题，确定培训重点。另外，不要忽略了对员工曾经参加过的培训课程的调研。通过调研和交流，可以充分了解学员的培训需求和关注重点，避免培训内容前后冲突，这样还能调动参加培训的学员的积极性，让其带着问题参加培训，以期达到预期的培训效果。

（3）培训师。培训师是培训成功的主要保障，培训师选择得不好，整个培训就不可能取得预期效果，尤其在聘用外部培训师时，培训前对培训师的考查至关重要。对培训师考查的内容主要包括：培训师的讲课风格、特色是否能被学员接受；培训师的讲课技巧、现场控制能力是否娴熟；培训师的阅历、专业知识是否丰富；培训师的人品、工作态度是否值得尊敬等。考查主要通过听培训师试讲、征询其客户意见、专业媒体报道、朋友推荐等方式。培训师的挑选是个比较费神的事情，随着培训市场的发展，企业采取与知名顾问公司合作是一个比较好的解决方法，因为顾问公司作为专职机构，对培训师的筛选和使用比较严格，能根据企业实际需要选择合适的人选。同时，顾问公司能站在专业立场上为企业提供配套的服务。当然，对顾问公司的考查也要慎重，要对其声誉、受训客户、培训历史等进行综合考查。

（4）培训方法。培训过程中，有些培训师虽然讲课内容充实，但是讲课形式呆板、照本宣科、满堂灌，培训效果不好。这主要是因为培训师没有掌握员工学习的特点，没有选择良好的培训方法。员工学习有几个特点：一是干中学；二是在与原有知识比较中学习；三是实用性强。因此，培训除原理讲授外，要结合实际工作特点，可以多采取激发学员参与热情的培训方式，如案例讨论、情景模拟、角色扮演、小组活动、双向互动等，使培训有很强的操作性，也可以将学员在工作中遇到的问题带到课堂，运用所培训的知识和技能现场解决，使学员能即学即用，往往这样的培训最受欢迎。因此，与培训师沟通培训方法也是培训规划的重要内容。

（5）培训信息反馈。培训组织者掌握的信息如培训对象、调查内容等，都要及时反馈给培训机构或培训师，以便他们进行相应的准备。同时，对培训机构或培训师的课程、讲义等，要认真审核，对其中不清楚、不适合的地方，及时要求对方修改。在反馈过程中，了解培训师准备得是否充分也非常重要。培训师如果没有根据企业的情况去准备，讲课效果就可能不佳，因此一定要求培训师针对本企业具体情况进行充分准备。

2）培训准备

（1）组建培训项目小组。在准备阶段成立项目小组，主要是协调培训中的各项工作安排，确保培训如期圆满进行。

（2）召开培训动员会议。成立项目小组后，就需要组织相关人员召开动员会，进行项目总动员，主要目的是强调培训的意义，总结培训规划阶段工作，同时对所有培训准备事项进行具体安排，把工作落实到每一个人的身上，这是培训前非常重要的一个步骤。

（3）进行培训各类事项准备，参见表4-1。

表4-1　　　　　　　　　　　　　　　　　培训工作准备清单

时间		序号	事项	是否完成
培训前	提前10天	1	与讲师和主要受训员工确认时间	
		2	安排讲师差旅、住宿、就餐等（如需要）	
		3	确认参加人员名单	
		4	预定培训场地	
		5	预订学员住宿及就餐安排（如需要）	
	提前7天	1	确认课程内容、时间安排	
		2	发送培训通知（to讲师、学员）	
		3	制作PPT、讲义	
		4	确定学员分组情况，打印各组成员名单	
		5	复印、装订学员资料（包括讲义、签到表、试卷、评估问卷）	
		6	游戏道具及小组游戏奖品（如需要）	
	提前2天	1	制作向导水牌	
		2	制作学员名牌	
		3	确认会场饮水机、纸杯，购买培训当天茶歇品	
		4	布置培训教室	
		5	将确认的课程安排、学员名单提供给讲师	
		6	打印学员名单（包括手机号）	
	提前1天	1	油性笔（红、蓝、黑）、黑板擦、白板、白纸、夹子	
		2	铅笔、学员用稿纸	
		3	话筒、胸麦、音箱	
		4	投影仪（投影是否正常）	
		5	手提电脑（PPT是否正常）	
		6	PPT放映、背景音乐及视频是否正常	
		7	电源接线板	
		8	其他事项：灯源、温度、通风、隔音	

续表

时间		序号	事项	是否完成
培训中	培训当天	1	提前两小时进场，设备及用品的检查、摆放	
		2	接讲师到会场	
		3	签到台签到	
		4	介绍当天时间安排，提醒学员手机调成静音	
		5	课程衔接、讲师提醒、资料分发、教学辅助、拍照	
		6	午餐协调	
		7	发放评估问卷	
		8	收集评估问卷	
		9	提醒学员携带自身物品	
		10	清理教室	
培训后	培训后	1	汇总评估问卷、培训总结	
		2	资料整理归档	
		3	培训人员与培训小时记录	
		4	培训 PPT 等资料分发给学员	
		5	培训付款	

3）现场组织

（1）培训沟通协调。在培训过程中，组织者要及时与培训师、学员沟通交流，指出培训师培训的优缺点和听取学员反映的情况，并与培训师协调改进，这时组织者要做的工作主要有：

让全体学员对整个培训活动有一个全面的了解并产生一定的期待。这就要求发给每个学员一份培训计划，并给予一定的解说，使大家了解培训的目的、培训的内容和方式、培训的时间和地点，尤其是培训要达到的目标，以及培训结果对学员今后工作的影响等。这些工作有助于提高学员对培训目的的认同感，并对培训产生某种期待，使其能顺利进入受训状态。

为了保证培训的效率和严肃性，培训的纪律和对学员的要求需要一开始就被明确告知并严格执行。事先告知纪律和要求，讲明违纪的处理原则，可以预防不良行为的产生，即使出现了违纪情况，处理也会有根有据，使人心服口服。

在培训的开始阶段可以搞一些简单的测试和调查等，其作用包括：一是了解学员对培训的看法、要求和困难等，表示对学员的尊重和对学员意见的重视，促使培训组织方与受训方的关系融洽，并更好地为其提供服务；二是了解学员与培训内容有关的情况，如实际的知识、技能水平，对某些问题的看法、态度等，以使培训的内容更具有针对性；三是如果设计精心并执行良好的话，这些活动还可以激发学员的培训兴趣和学习信心。

设计一些活动来融洽学员间的关系。创造条件，使学员有相互接触、了解的机会，不仅可以消除学员的紧张心态，而且可以帮助学员实现通过培训结交更多朋友的愿望，有利于其他各方面工作的协调和沟通。

（2）现场应急补救。作为培训组织者，一定要有课讲砸了的心理准备和应急措施。一旦出现讲课效果与期望出入很大，学员反映很差的情况，应急补救措施就派上用场了。通常的措施主要有调换培训形式、缩短培训时间、切换培训主题等。如果这些措施还不能奏效，就要果断取消培训，把它作为一个深刻的教训铭记在心。常见的现场培训补救措施见表4-2。

表4-2　　　　　　　　　　　　常见的现场培训补救措施

出现的情况	应急补救措施
培训师填鸭式灌输	转换为由学员提问
学员反应冷淡	让学员相互解答，调动学员积极性
培训师讲解干巴、不生动	采取放视频等图文并茂的形式来渲染气氛
安排不周，时间空余	采取问题测试、学员填写问卷等形式让时间能被充分利用，或缩短培训时间，延长休息时间

（3）培训后勤安排。在培训过程中，现场的各种后勤安排也必不可少，如培训教材的复印、发放，培训器材的调换准备，人员饮食服务，培训纪律的强调，卫生打扫，现场紧急情况处理等，这些都需要安排具体人员来解决。

4）培训服务

（1）检查培训效果。培训结束后，及时检查培训效果，对培训师的水平和培训组织情况让学员打分评价。同时，通过培训现场测评、培训后交流、结合工作写培训心得等形式，加深学员对课程内容的理解。

（2）把培训用于实践。把培训内容及时用于工作中，促使学员形成良好的学习习惯。如针对时间管理、目标管理等课程，就可以把培训的成果应用于实践，把学员的时间安排、目标设定和达成作为检查学员日常工作的工具。针对专业技能培训，也要通过定期的人员模拟实战演练，强化培训效果。

（3）培训效果跟踪。培训一段时间之后，培训组织者就需要对培训效果进行跟踪评估，针对学员在培训实施中出现的问题及时反馈给培训机构或培训师，让其及时解决。如提供相应工具、培训回访或提供第二次强化培训等。

（4）培训总结提升。针对本次培训的优缺点，及时进行总结。把好的经验进行积累，并针对不足之处进行重点改进，为今后的培训做好铺垫。

4.1.3　培训师的选择

培训师资是企业培训活动的关键环节，培训师水平的高低直接影响到具体的培训活动的实施效果。

1）培训师能力要求

（1）深厚的理论知识、过硬的教学经验和实战经验。俗话说得好："要给别人一杯水，自己需要有一桶水。"首先，培训师要有能力回答被培训者提出的各种各样的问题，这就需要有深厚的理论知识做基础，所以要求培训师必须是一个学识渊博的人。其次，一名优秀培训师向被培训者传递的是一种工作的思路和方法，而不是空洞的不着边际的泛泛之谈，所以要求培训师对企业的人事管理、市场管理和财务管理等方面都要有一定深度的认知和独到的成功实战经验以及过硬的教学经验。只有这样，才能把他们拥有的知识和成功的实战经验有效地传递给员工。

（2）激励他人的能力。培训师应能够意识到被培训者的发展需要并激励他们认同自己的情感和价值观，为实现他们的最高目标而努力。成功的企业培训师能激发被培训者内在的动力而不是使用外在的压力。培训师的信念是使被培训者发挥自己的潜能，培训师可以促使被培训者克服种种障碍达成目标。每个人生来都有激励他人的能力，一些人善于教育和支持他人度过他们认为困难或痛苦的时期。成功的培训师善于激励那些犹豫不决和失败的人勇于承担风险与建立安全网络。

（3）建立关系的能力。培训师看起来应当是可接近的、友好的、值得信任的，并把培训看作很重要的事。培训师必须是乐于助人的、有办法的，并且能充分地表达自己的想法的人。他们必须全神贯注于他们的任务并不计较得失。培训的成功与否很大程度上取决于培训师和被培训者之间的关系是否融洽。

（4）变通的能力。与固定的课程安排的培训师不同，具有变通能力的培训师的培训日程表是灵活变动的。培训师与被培训者一起，确定优先考虑的事情和目标，并制订行动计划以实现行为的改变。然而，这一日程安排并不是固定不变的，出色的培训师能够按照事情对被培训者的重要程度来调整日程，并且进行"课外"培训以适应个人的不同需要。

（5）沟通的能力。培训师应该拥有广泛的人际交往和沟通的能力，并对他人的担忧表示出敏感和耐心，因为学员在与合作者、同事和客户产生交流困难时，通常就需要参加培训师组织的沟通等方面的培训来解决。培训师要能够对被培训者的世界观、价值观、恐惧和梦想等表示出赞同与理解。培训师要能够聆听，提出能激发热情的适当问题，并经常做出清晰的、直接的反馈。重要的是，培训师必须愿意进行坦诚的交流，能够清楚地识别出不受欢迎的行为，而不要过于顾及被培训者的反抗情绪或担心使他们难堪或不喜欢。

（6）诊断问题并找出解决方法的能力。培训师应该收集被培训者的有关资料，以便确定他们的特定需求。虽然评估和会谈的技巧可以通过学习获得，但一个成功的培训师会拥有一些特定的能力，这些能力使他们能够更有创造性地利用这些信息，诊断被培训者的问题所在，并提出令人振奋的解决办法。这些能力包括：能真正了解所询问的问题的能力；能意识到什么是"错误"以及应该做什么的能力；将理论运用到实际环境的能力；创造性地提供新观点和新视角的能力；独特地和新奇地解决问题的能力。

（7）人格魅力。培训师的人格魅力是其综合素质的集中体现。优秀的培训师一定会具有积极向上的人生态度和正确的价值观。培训师的道德行为规范、个人修养、兴趣、礼仪等，会在学员面前表现出来，因此培训师的人格魅力无疑是影响培训效果的重要因素之一。一位热情、诚实、幽默、耐心、灵活、冷静和客观的培训师能在多方面得到被培训者的尊重甚至敬仰，这也是"为人师表"的道理所在。

2）培训师的甄选和培养

（1）内部培训师甄选和培养。企业内部的培训师理应成为企业培训师资队伍的主力。内部培训师能够以企业欢迎的语言和熟悉的案例故事诠释培训的内容，能够总结、提炼并升华自身和周围同事有益的经验与成果，能够有效地传播与扩散企业真正需要的知识和技能，从而有效实现经验和成果的共享与复制。

内部培训师甄选和培养工作具体包括内部培训师甄选、内部培训师激励以及内部培训师培养等工作内容。

作为企业人力资源管理工作的专业职能部门，人力资源部应制定切实可行的内部培训师甄选与培养制度，其中需要明确内部培训师的甄选对象、甄选流程、甄选标准、上岗认证、任职资格管理、培训与开发以及激励与约束机制等工作，而且每一项工作都应具体、可操作。比如，在确定候选对象的时候，人力资源部应该明白，究竟什么样的员工可以成为企业内部培训师的候选人。调研结果表明，各级管理人员是企业内部培训师的天然候选人，各职类职种的业务骨干是企业内部培训师队伍的重点开发对象，因而企业内部培训师的甄选工作可以针对这些群体展开。为了保证这些措施能够付诸实施，应该将其提炼为书面文字，以制度的形式公示于众。

企业人力资源部门应认真研究内部培训师的激励问题。对于内部培训师的激励，应该以精神激励为主，物质激励为辅。对某些有着个人成就需求的员工，内部培训师制度为其职业生涯发展开辟了更广阔的道路，免费提供更多的外培机会以及授予荣誉证书是比较有效的激励方式。因此，企业应大力提倡和促进内部优秀员工勇于担任培训师。

对培训者进行培训，也就是说，找出那些精通培训内容但缺乏培训知识和技能的内部专家，对他们进行培训，把他们培养成优秀的培训者。对培训者进行培训的目的是让组织内部的专家掌握在培训项目设计和实施等方面必须具备的知识与技能。

从企业内部选拔出来的培训师，一般情况下，他们在业务方面都非常优秀，但是有关课程设计、讲授方法、课堂组织等技巧性的东西比较欠缺，需要接受专门的培训，人力资源部门可以邀请专门对培训师进行培训的培训师为他们传授经验，或是安排他们外出参加一些经过精心选择的、授课技巧比较好的培训师组织的公开课，让他们研究、揣摩和学习其他培训师的授课方法。

国内有些企业为了培养自己的内部培训师队伍，将内部培训师安排为聘请来企业授课的外部培训师的"助手"，助手（即内部培训师）不仅要为外部培训师准备企业内部的案例、素材，更主要的任务是要认真学习外部培训师的授课方法，以期在短时间内提高授课水平。还有些企业定期组织内部培训师队伍进行模拟授课，共同研讨教材开发、教案制作、授课技巧等问题，组成了"兼职培训师俱乐部"，定期组织相应的活动，促进彼此之间的了解与交流，共同提高。

企业在安排内部培训师组织培训活动的时候，应注意处理好兼职培训师的培训工作与其自身的日常工作之间的关系。人力资源部门和内部培训师所在部门主管之间沟通的有效性直接影响到培训活动的正常开展。

（2）外部培训师的甄选。外部培训师的选拔也应和内部培训师一样遵照相应的甄选程序，要接受申请、试讲、资格认证、评价、续聘或晋级等流程的管控。同时，为了促进外部培训师授课成果的有效转化，企业可以尝试"外部培训师助手"制度，即为每一个签约的外部培训师配备专门的内部助手（内部助手通常由企业内部的签约培训师担任），助手的主要职责是通过向外部培训师提供本企业的案例故事和实际素材，丰富外部培训师的授课内容，强化其授课内容的针对性、适用性，就外部培训师的授课内容和授课方法提出建议，主动收集受训者的反应和评价，并及时反馈给外部培训师，从而促进外部培训师授课成果的有效转化。另外，这一方式的另一个好处是，助手可以提升自己的专业知识（尤其是理论知识）和授课水平，有利于企业内部培训师队伍的成长。

◆◆◆▶ 案例分析 4-1

阿里的兼职培训师

对于员工的培训，阿里巴巴（以下简称阿里）的 HR 团队努力为员工打造一个充满活力与趣味的立体学习环境。在这个立体学习环境中，阿里根据员工的层级、职能，将笼统的学习细分为阿里党校、阿里夜校、阿里课堂、阿里夜谈和组织部，另外针对庞大的销售队伍还组建了专门的销售培训部门。面对 6 万个员工的培训需求，培训讲师从哪里来，这是摆在阿里面前的一个难题。

2019 年 3 月 12 日，阿里在集团"讲师大会"上首度官宣"传橙官"，1 154 名阿里讲师获得认证，并成为阿里首批"传橙官"，而选择植树节这天寓意着"百年树人"，也标志着阿里人才培训体系再度升级。

据了解，阿里的人才培训体系共分为"文化、全球化、专业、领导力"四大领域，而所有的阿里讲师，都是由员工兼任，他们利用自己工作之余的时间备课、授课，从而帮助同事认识阿里文化、学习专业知识、参与阿里管理。

数据显示，2018 年阿里讲师用于备课、授课的累计时长为 5 万小时，连起来总时长达 5.7 个年头。

与很多公司不同，阿里所有的讲师都是兼职，这是阿里的特色。讲师在课堂传授的东西是鲜活的，有生命力、有业务思考的，阿里认为对于人才的培训就是要坚守这样的特色。

负责阿里培训的杭州湖畔大学（现更名为浙江湖畔创业研学中心）已经梳理了 4 线、13 类、共 600 多门课程。而 2019 年作为阿里"大练内功"的一年，其人才培养的工作核心之一，就是提升讲师的能力，让阿里员工在教学相长过程当中实现"相互滋养"。

资料来源　HRsee. 阿里巴巴员工培训案例分享［EB/OL］.（2019-08-12）［2025-01-02］. https：//https://www.hrsee.com/?id=1090.

◆◆◆▶ 知识链接 4-1

内部培训师开场白的设计方法与应用要点

内部培训师一段好的开场白能起到拉近距离、建立信任、创造氛围、激发兴趣、稳定情绪、讲明目的、唤起求知欲、激发思考等作用。

内部培训师应结合培训对象的特点、培训内容和个人风格特点等设计开场白。开场白的设计方法非常多，只要应用得当，都能发挥很好的作用。具体的内部培训师开场白的设计方法和应用要点，见表 4-3。

表4-3	开场白的设计方法与应用要点
开场白的设计方法	应用要点
提问法	1.提问法较多地被应用于理论知识的培训，可以激发培训对象的好奇心 2.内部培训师提出的问题必须与培训主题相关 3.内部培训师提出的问题要有趣，不要难度太大
故事法	1.内部培训师讲的故事要与培训主题相关 2.内部培训师要避免讲那些耳熟能详、没有任何新意的故事 3.内部培训师在讲自己的故事、分享自己成功的经历时也不能忽略失败的经验 4.内部培训师讲他人的故事时要真实，要经得起推敲
数据法	1.内部培训师讲专业技术、产品知识、行业趋势等内容时，较多使用数据法开场 2.内部培训师引用的数据一定要真实、有效 3.内部培训师引用的数据最好具有震撼力，借此引发培训对象对培训主题的关注
引用法	1.内部培训师可以通过引用权威人士的言论、理论等来开场，帮助自己树立威信 2.内部培训师选择的权威人士最好不要有争议，以免给培训带来阻力 3.内部培训师引用的言论或理论要确保真实、没有漏洞和争议
幽默法	1.幽默不是滑稽，幽默不是低俗笑话，内部培训师应用幽默法开场时要注意适度 2.幽默法需与内部培训师的个性相符，要求内部培训师具有较强的驾驭能力，否则会弄巧成拙 3.内部培训师在应用幽默法开场，营造愉快、轻松的培训气氛的同时要让培训对象有所思考
游戏法	1.内部培训师应根据培训主题精心设计游戏，熟悉游戏的流程，准备好游戏的道具 2.内部培训师选择游戏要考虑培训对象的年龄、工作岗位等特点 3.游戏要有新意 4.内部培训师应用游戏法开场的时间不要过长，否则会冲淡培训主题
创意法	1.内部培训师可以借助音乐、舞蹈和视频等形式开场 2.内部培训师选择的形式和素材一定要符合培训主题与培训对象的特点
赞美法	1.内部培训师赞美培训对象必须真诚、真实 2.内部培训师可以借助当地的风土人情、历史或人物来间接赞美培训对象 3.内部培训师不要用负面的、有争议的信息作为赞美的素材

资料来源　崔夷修. 员工培训管理［M］. 北京：北京大学出版社，2021.

4.2　培训方法的应用

4.2.1　常用培训方法介绍

　　培训主要是针对普通员工，开发主要是针对管理人员，在方法上，二者大多可以相互借鉴，但由于实施的对象不同，二者又存在着一些差异。由于培训与开发的基本目的一致，所以很多方法是通用的，划分起来也并非如此严格，以下是常用的培训方法（也是常用的开发方法）。

1）讲授法

讲授（lecture）法是人们最熟悉的培训方法，因为它是学校最基础、最主要且最重要的教学手段。讲授法是由培训师向受训者讲授知识，是最传统的培训方式。

讲授法最大的优点就是可以系统地将知识教给受训者，只要教材选得恰当、讲授主次分明，就可以清晰地传授知识，尤其是可以将大量的知识在短时间内传授给受训者，也可以将深奥难懂的理论知识讲解清楚。培训师还可采取提问和讨论等方式活跃氛围，引导受训者主动思考。

但是，讲授法常常被指责为冗长而无实践的讲授，认为仅是系统地讲授知识，而没有提供实践的机会，导致知识只停留在理论层面。这种批评是值得深思的，过于依赖讲授法，确实会让知识流于形式，而难以转化到实际工作中。同时，培训的效果在很大程度上受到培训师的影响，如果培训师的讲授索然无味，或是毫无重点地胡侃一通，必将收效甚微。

无论如何，讲授法是一种重要的培训方法，并且是其他方法不可取代的，但由于它的局限性，所以应与其他方法配合，方能进一步强化培训成果。

2）案例法

在案例法（case method）中，向受训者提供关于某个问题的书面描述，这个问题可以是现实的，也可以是虚拟的。受训者根据提供的资料，分析整个问题，并且提出解决方案。受训者可以通过讨论得出方案，也可以自己独立思考。案例方法并不是要教给受训者一个"正确"的解决方案，而是培养受训者分析问题和解决问题的能力，并且提供一些有益的思路。

无论案例是真实的还是虚构的，都要贴近于现实情况，所以案例分析也就是在模拟解决一个实际问题。这种培训的好处在于可以大胆地尝试解决某个问题，而不需承担风险。因此，可以多次分析案例，在不同角度的案例分析中培养分析问题和解决问题的能力，而在现实工作中，不可能有这样丰富的场景，并且通过相互交流，可以激发灵感、打开思路，从而完善思维模式。

由于案例不存在唯一的正确答案，也没有评价方案优劣的标准，并且看不到方案真实的效果，所以培训效果很大程度上依赖于培训者和受训者自身的素质。在 EMBA 班里开展一次案例分析培训，和在焊工班组里开展一次案例分析培训，结果肯定是完全不同的。培训者能否有效引导，受训者间能否相互激发，都影响着培训效果。

➡ 知识链接 4-2

案例法应用时应该注意的问题

（1）编制案例之前，最好能调查一下学员普遍的共性问题是什么，这样有针对性地设计案例，才会对学员有很大帮助。

（2）案例要讲究真实可信，让学员读后感觉就像发生在自己身边一样，这样他们才会有深深的代入感，通过大家一起讨论、研究，有助于解决实际工作中出现的问题。

（3）案例要讲究时效性，不能把很陈旧的事情拿出来与学员进行讨论，这样只会让人感到厌倦。

（4）选择和设计案例时还要注意只提出讨论的问题而不提供答案，因为有答案的案例就不会引起学员的讨论，谁都知道问题应该怎样解决，就没必要讨论了，这无助于解决学员面临的实际问题。

➡ **知识链接 4-3**

个案研究法的具体操作

1. 准备阶段

（1）负责人（一般由培训指导员、主持人担任）确定培训课程的具体目的、内容、范围及对象。

（2）从平常收集的资料中选择恰当的案例作为讨论的个案，个案的范围应视培训对象而定。

（3）确定会议室、会议时间，制订培训计划。

（4）指导员应准备下列知识：个案研究法的操作方法，在实际应用中应注意的问题，讨论前个案的选择标准，讨论后如何总结问题等。

2. 实施阶段

（1）指导员向参加者简单介绍下列知识：个案研究法的背景、内容、特色；个案研究法应用时注意的问题及应用后能达到的效果；计划安排。

只有让参加者对本法有了大概的了解后，才能使他们顺利进入角色，使培训工作顺利完成。

（2）通过自我介绍，使参加者互相认识并熟悉，以营造一个友好、轻松的氛围。

（3）将参加者分成三到四个小组，每组成员八到十名，并决定每组的组长。

（4）分发个案材料。

（5）让参加者熟悉个案内容，并且主持人要接受参加者对个案内容的质询。

（6）各组分别讨论研究个案，并找出问题的症结所在。

（7）各组找出解决问题的策略。

（8）挑选出最理想、最恰当的策略。

（9）全体讨论解决问题的策略。

（10）指导员进行整理总结。

资料来源　编者根据维基百科相关资料整理。

3）在职培训

在职培训（on-the-job training，OJT）是先让受训者对熟练员工进行观察和提问，然后模仿他们的行为进行学习。OJT的基本假设是：受训者可以通过观察和提问进行学习。一个成功的OJT方案应该设定学习目标、列出要学习的知识和技能、设计OJT过程、明确熟练员工应向受训者讲解和给予受训者实践的机会并反馈信息，不然OJT很容易流于形式，而让受训者错失学习机会。

OJT是一种有效的培训方法，几乎所有的新员工都会接受不同形式的在职培训。由于绝大多数工作都难通过书面进行系统描述，并且很多工作细节不可能在其他培训方法中详尽，所以通过在职培训可以观察到最真实的工作情景，随时发现学习点，可以迅速地让受训者掌握新的技巧和熟悉工作环境。这种方法非常省钱，因为培训者边干边教，而受训者边干边学，较少耽误正常工作。同时，能及时反馈受训者的学习情况。

但是，由于熟练员工本身不是专业的培训师，没有什么培训技巧，不容易抓住关键点讲授，所以很大程度上要靠受训者自己观察和提问。对于陌生的工作，受训者仅通过观察很难发现一些重要的操作行为，往往只看到了表面现象，而不知其中奥妙。还有一些受训者由于心理因素或性格原因，不喜欢提问，即使喜欢提问的受训者也不一定能问到"点"上。所以受训者的观察和提问可能收效较慢，可能无法学习有些工作细节，而且难以深入。

4）角色扮演

角色扮演（role play）是在设计的一个接近真实情况的场景中或情景下，指定受训者扮演特定的角色，借助角色的演练来让受训者体验该角色，从而提高其解决该类问题的能力。在特定场景下，受训者不受任何限制地即兴表演，"剧情"随着参与者的表现而自由转换，直到培训者终止或是受训者自认为完成这一任务。表演结果，培训者、受训者和其他参与者都可加以评论，相互商讨，从中受益。

由于受训者扮演特定角色进行即兴表演，受训者亲身参与并共同决定着"剧情"发展，因此受训者有极大的兴趣投入，并主动从中学习。由于只是扮演，受训者可尝试采用不同的态度或不同的性格，看结局有什么样的变化。角色扮演提供了观察和感受不同方式处理问题的机会。培训者、受训者和其他参与者都可对表演给予评价与建议，相互讨论，信息及时反馈，受训者从中认识到处理问题的得失。受训者亲身扮演角色，对角色的处境、困难、顾虑、思路等都有了切身体会，不管他将来是否会处于这个角色的位置或其他相关位置，都有利于其顺利地解决问题。

在角色扮演中，培训者的指导非常重要，如果没有事先准备好关于受训者可学到什么内容的概括性说明，那么受训者在完成表演后很难有进一步提高。也就是说，角色扮演过程仅仅是其真实行为的再现，而没有提高行为的有效性。如果受训者扮演后得不到应有的反馈，他们常常认为这是浪费时间。由于对角色扮演的认识不够，一些受训者会认为只是个游戏，而另一些受训者则干脆不愿参与，这会使培训者陷于被动，所以执行起来有一定的困难。如果受训者事先接受的指导较少，可能会导致表演失误，从而引起尴尬和产生挫败感，反而会打击受训者今后的工作信心。另外，角色扮演需要的时间较长，每轮表演只能让较少的人参与，这种培训方法比较耗时。

5）行为模仿

行为模仿（behavior modeling）是先向受训者展示正确的行为，再要求他们在模拟环境中扮演角色进行模仿，根据他们的表现，培训者不断地提供反馈，受训者在反馈的指导下不断重复行为直至能熟练完成。这种培训方法的基本思路是，受训者看到任务的执行过程，并在反馈信息下不断重复实践，直到熟练完成任务。具体地讲，行为模仿有四个步骤：第一，建立模式，向受训者展示正确的行为，可以通过视频等现代手段，也可以通过真人扮演；第二，角色扮演，让每个受训者扮演其中的角色，演习正确的行为；第三，不断强化，培训者根据受训者的表现，给予表扬、建议等反馈，强化受训者的行为；第四，鼓励受训者在将来的工作中采用正确的行为。

行为模仿和角色扮演的相似之处在于，都要扮演某个角色，都要在某些场景或情景中表演，但二者有着重要区别。在某种场景或情景中，角色扮演是自由发挥表演，而行为模仿则要求受训者必须以正确的行为处理问题，并且一旦出错就被要求重新演习直至正确。也就是说，行为模仿是告诉了受训者正确的方法，并要求掌握这种正确方法。

由于与角色扮演比较相似，所以角色扮演的许多优点在此方法中也能体现。一个完全区别于角色扮演的优点是，受训者可以学习并实践正确的行为。在这种培训中，受训人一开始就清楚什么是正确的行为，并在实践中不断地模仿正确行为，通过不断强化后，让这种行为自然而然地在将来工作中体现。所以，行为模仿适用于那些能明确识别正误的、有规范操作程序的、简单且程序化的行为。

这种培训方法最大的缺点就是，从一开始就限制了受训者的思维。受训者首先看到了正确的行为方式，潜意识中会努力地向其靠拢，并且被鼓励模仿。而事实上，解决一个问题一般有多种方式，可能还存在其他更好的方法，但可能存在的其他更好方法在一开始就被扼杀，而且现实情况是复杂的，所教授的正确方法不一定在任何情况下都适用。由于受训者没有做过这方面的思考，当发生"非正常"情况时，往往可能会束手无策。

6）多媒体培训

多媒体培训是利用幻灯片、电影、录像、录音等视听材料进行培训。这些视听材料可以调动人的视觉和听觉，提高学习效果。视听材料可以到市场上购买，目前市场上已经开发出了许多用于培训的视听材料，并且比较专业，也可以自己制作，根据组织的实际情况和具体要求，制作出符合组织需求的视听材料。购买或制作视听材料时，一定要明确培训的需求，即要明确需要哪方面的内容、需要什么程度的资料。在播放前，要说明培训的目的，让受训者思路清晰地接受新知，而不是一带而过。播放完后，培训者要进行讲解，对其中的难点和重点进行剖析，补充说明，强化学习效果，最好还能引导受训者讨论，让他们对某些关键问题做进一步的思索。

由于多媒体培训调动了人的多种感官，所以易引起受训者的兴趣，让受训者印象深刻。视听材料最大的一个优点是，可以跳过某个片段或是重复某个片段，培训者可以方便地根据培训需求进行选择。对于不重要的内容可以跳过，对于重要的内容不但可以重放，还可对某一细节暂停或放大等以便于进一步详细了解。另外，视听材料作为永久保存的资料，可以被重复使用，大大简化了培训工作。

视听材料的出现为培训师提供了"偷懒"的机会，使一些培训师过于依赖这些材料，不管其适用与否，都倾于使用。另外，一些重要的内容不一定出现在视听材料中，培训者如不额外讲解，会使之遗漏。同时，视听材料是永久性资料，如不注意更新，一些内容容易过时。视听材料毕竟是单方面的演示，不能结合现场的氛围和学习的需要转变，所以培训者有责任根据培训情况进行补充和说明。

7）电脑化指导

电脑化指导（computer-based instruction，CBI）指使用电脑，通过操练、游戏、模

拟训练、网络培训等对受训者进行指导。操练是基于实践的事实和程序进行提问与回答的演练。电脑先是对一个问题做出解释，然后提出一系列相关或类似问题让受训者解答，电脑再判断正误，并给予正确的指导。游戏是对工作中的情形进行描述，由受训者分析该如何处理。根据受训者的答案，电脑给出相应的可能结果及反馈信息。模拟训练让受训者模拟操作或维护某个设备，根据电脑显示的内容，受训者做出反应，电脑再判断他的反应是否正确。网络培训是将培训课程储存在网上，各地的受训者都可利用网络浏览器进入网站接受培训。

随着电脑的普及，越来越多的工作依赖电脑，培训领域也越来越关注如何运用电脑提高培训质量和数量。运用电脑可以实现交互式培训，受训者与电脑直接交流，电脑像老师一样，可以教授知识、提出问题、分析问题、解答问题、指出关键点，受训者则可自由地向电脑提问，反复训练，而不用有所顾忌。运用电脑实现了自我调速式的学习，每个人可以根据个人学习进度情况自由地选择课程，可以随时学习、选择性学习、重复学习。无论在电脑上犯了什么错误，最多是重新开始，而不需承担任何风险，这给受训者提供了大胆尝试、多次反复的机会，有利于进一步了解不同方式的效果，有利于加深学习印象。由于不用承担风险，又可无数次反复运用，当系统建立后，使用的平均成本是相当低的。电脑可以融入声音、图像等，大大丰富了学习的内容，增加了学习的趣味性。如果通过网络学习，电脑的优势会更加明显，因为它消除了地域限制和时间限制，任何地区的人可在任何时间进行学习。电脑的快速、精准等特性，无疑提高了培训的质量。

但是建立一套电脑化的指导系统是比较昂贵的。通过外界购买建立一套网络培训系统，一般都必须支付一笔不菲的费用。如果是自己设计和建立，不但花费较大，而且很费时。在使用之后，人们容易对电脑化指导形成依赖，但电脑毕竟不能代替人，受训者与培训者交流的机会大大减少，如果通过网络学习，甚至没有机会与培训者交流。另外，无论电脑如何智能、程序设计得如何完善，人的作用总是无法取代的。

8）工作轮换

工作轮换（job rotation）是让受训者在多个部门之间轮流工作，使他们有机会接触和了解到组织其他工作的情况。Kenneth Wexley 和 Gary Latham（1981）指出，要提高工作轮换计划的成功率，应当根据每个人的情况制订工作轮换计划，应当将企业的需求和个人的兴趣、能力等结合起来考虑，花费时间应根据学习进度而定。

工作轮换主要用于对管理人员的培训，让其在晋升到更高职位前了解各部门的运作情况，也有组织将其用于培训新员工，让其在培训的过程中找到适合自己能力和兴趣的岗位。对于管理人员而言，工作轮换是一次可贵的全面了解组织的机会，通过在各部门工作一段时间，熟悉各部门的情况，一旦上任，就能很快地投入到工作中。同时，平时各部门都是相对独立的，但是当经过一轮工作轮换后，会有利于受训者发现部门间相互关系，有利于其今后协调各部门工作，促进部门间的合作。工作轮换也是对受训者的考验，各部门的主管从不同角度来观察受训者，从而综合评价候选人各方面的能力，为晋升决策做出重要参考。工作轮换对于管理人员和新员工还有一个重要作用，就是让受训者找到最适合自己的岗位和发展方向。

　　虽然工作轮换有诸多优点，但是容易走入培养"通才"的误区。员工被鼓励到各个岗位工作，他们将花费不少时间熟悉和学习新的技能，会把此当成一项主要工作。这样过度轮换，虽能让员工掌握更多的技能，却不能让员工专于某一方面。所以，工作轮换常常被认为是用于培训管理人员，而非职能专家。

　　9）企业外培训

　　企业外培训是通过企业外的组织对受训者进行培训。企业外的组织可以是学校，也可以是培训机构。与学校相关的培训计划，可以是脱产学习、半脱产学习或在职学习，根据学习要求而定。脱产学习可以让员工专心学习，在一段时间内集中而快速地掌握知识和技能，但会耽误工作，组织将为此付出较高的代价，员工回来时岗位也有被别人顶替的危险；在职学习不需要脱离岗位，可以边工作边学习，虽然不会对工作影响太大，但人的精力和时间有限，工作和学习的冲突会不时出现，解决不好反而会两头耽误；半脱产学习介于两者之间，其利弊也各占一半。与培训机构相关的培训计划，可以送员工到培训机构参加培训，也可以请培训机构来企业进行培训。前者费用较少，但受益人少，而且培训不是专门针对本企业；后者费用较高，但受益人多，并且可以根据企业情况提出相应要求。

　　企业外培训借助外部力量，可以汲取外界新的知识、技能和信息，向企业输送新鲜的氧气。如果是送员工出去培训，其过程也是与相关人士交流的过程，加以利用，还可为企业引入新项目、新业务，甚至是新的人才。

　　企业外培训也存在不足的地方。由于不是企业自己设计的培训，针对性不一定会强，可能受训者最后很少在企业中运用学到的东西，甚至毫无运用，并且受训者很可能将其作为增强个人素质的机会，反而会增加受训者跳槽的砝码。

　　10）在线培训

　　在线培训是一种将网络技术应用于人力资源开发领域而创造出来的培训方法和形式。它让受训者通过在线学习平台进行远程学习，旨在通过一系列有组织、有计划的学习活动和互动，帮助受训者获得特定的知识、技能或实现特定的学习目标。

　　在线培训有很多优点，如在线培训不受传统课堂环境和固定上课时间的限制，只要有互联网受训者就可以利用电脑或者移动设备随时随地进行学习，非常符合年轻人的学习习惯和学习特点。在线培训系统可以为受训者提供丰富的学习资源，也可以实现实时互动，并可以根据系统的数据分析受训者的学习情况。另外，与传统的线下培训相比，在线培训可以大大地降低培训成本，提高培训收益。但是在线培训也有缺点，如投资较大，不容易监控受训者的学习过程，互动效果没有传统课堂好等。

　　培训与开发的方法还有很多，培训方法主要针对普通员工，学术界和实践界又相继开发出了许多新的培训方法，有程序化教学法、自我指导学习法、研讨会法、工作指导培训法、价值观培训法、多样化培训法、读写能力培训法等。开发方法主要是针对管理人员，随着管理人员的作用日趋重要，各组织都开始重视培养接班人，由此也产生了许多新的开发方法，主要有辅导/实习方法、初级董事会法、行动学习法、管理竞赛法、维罗姆-耶顿领导能力培训法、人际关系心理分析法等。

◆◆◆▶ **案例分析 4-2**

美国沃尔玛加大 VR 技术在员工培训上的使用力度

美国沃尔玛采购 17 000 台 VR 设备（Oculus Go）投放于美国各个超市门店用于员工培训。VR 设备曾在 2017 年被沃尔玛学院用于专门向管理者、部门经理教授高级零售技巧。在实践的过程中，沃尔玛发现 VR 在员工培训中发挥的作用越来越大，因此沃尔玛决定将 VR 的使用范围推广到美国所有的普通门店，以便为超过 100 万名沃尔玛的同事提供同等水平的培训，他们都将有机会接受与沃尔玛学院中管理者和部门经理相同的培训方式。

VR 对于员工培训究竟有什么好处？

沃尔玛美国研究院高级主管安迪·特雷诺（Andy Trainor）说："虚拟现实最棒的地方在于它能够使学习体验化，当你通过 VR 观看到一个操作模块时，你的大脑就感觉好像是亲临现场一样。"沃尔玛准备在 3 个领域使用 VR 培训：学习新技术培训、软技能培训（比如同理心、客户服务等培训）以及服从性培训。

沃尔玛发现 VR 在培训员工使用新技术时非常有效，甚至都不需要老师从旁进行指导，扔给员工一个 VR 设备，他（她）几分钟就能搞定。

在这样的情况之下，员工的信心也在逐渐增加，他们不再害怕犯错，VR 训练的效果就像现实生活中的一种体验，在安全的环境中，大家都有犯错的自由，并不断通过"做"来进行学习改正。员工经过培训后测试的分数提高了 10%～15%。

资料来源　HRsee. 美国沃尔玛加大 VR 技术在员工培训上的使用力度［EB/OL］.（2018-10-12）［2023-12-22］. http：//www.hrsee.com/？id=815.

问题：VR 训练有什么特点？

分析提示：形式有趣，自主训练，而且通过不断地修正错误达到培训目的。

4.2.2　培训方法的选择

培训的效果在很大程度上取决于培训方法的选择。当前，培训的方法有很多种，不同的培训方法具有不同的特点，各有优劣。要选择合适有效的培训方法，需要考虑学习的目标、所需的时间、所需的经费、学员的数量、学员的特点和相关科技的支持等因素。

微课 4-1

培训方法的选择

1）影响培训方法选择的主要因素

在人力资源管理中，究竟选用何种培训方法，经常需要考虑的因素主要有：

（1）学习的目标。学习目标对培训方法的选择有着直接的影响。一般来说，学习目标若为认识或了解一般的知识，那么程序化的教学、多媒体教学、演讲、讨论、个案研读等多种方法均能采用；若学习目标为掌握某种应用技能或特殊技能，则示范、实习、模拟等方法应列为首选。

（2）所需的时间。由于各种培训方法所需要时间的长短不一样，所以培训方法的选择还受时间因素的影响。有的培训方法需要较长的准备时间，如多媒体教学；有的培训方法需要较长的实施时间，如自我学习，这就需要根据企业组织、学习者以及培训教员个人所能投入的时间来选择适当的培训方法。

（3）所需的经费。有的培训方法需要的经费较少，而有的则花费较多。如演讲、头脑风暴、小组讨论等方法，所需的经费一般不会太多，差旅费和食宿费是主要的花费；而影音互动学习和多媒体教学花费较多，各种配套设备购买等需要投入相当的资金。因此需考虑企业组织与学员的消费能力和承受能力。

（4）学员的数量。学员人数的多少影响着培训方法的选择。当学员人数不多时，小组讨论或角色扮演将是不错的培训方法；当学员人数众多时，演讲、多媒体教学、举行大型的研讨会可能就比较适当。因此学员人数的多少不仅影响着培训方法的选择，而且影响着培训的效果。

（5）学员的特点。学员所具备的基本知识和技能的多少，也影响着培训方法的选择。如当学员毫无电脑知识时，电脑化训练或多媒体教学就不太适用；当学员的受教育水平较低时，自我学习的效果就不会很好；当大多数学员分析能力欠佳并不善于表达时，辩论或小组讨论的方法将难以取得预期的效果。因此，培训方法的选择还应考虑学员本身的知识状况和应对能力等特点。

（6）相关科技的支持。有的培训方式是需要相关的科技知识或技术工具予以支持的。如电脑化训练自然需要电脑的配合；影音互动学习至少需要会使用电脑和投影仪；多媒体教学则需要更多的声光器材的支持。所以，培训单位或组织能否提供相关的技术和器材，将直接影响着高科技训练方法的采用。

2）培训方法的比较

通常，一次培训并不是固定用一种方法，有的培训会用两种以上的培训方法。那么，究竟哪一种方法更适合这次培训呢？这就牵涉培训方法的选择问题。作为一名培训者或管理者，在工作中经常需要选择一种培训方法。在大量可供选择的培训方法面前，培训者要对各种培训方法进行一下比较。表4-4就是几种传统培训方法优缺点比较的举例。

表4-4   几种传统培训方法优缺点的比较

比较内容 / 培训方法	培训时间	培训成本	师资要求	交互性	培训效果
导师制	长	低	高	好	好
工作轮换	长	低	低	好	好
实习培训	长	低	低	好	好
讲授法	可长可短	低	高	一般	一般
案例方法	长	高	高	好	好
情景模拟法	长	高	低	好	好
角色扮演法	长	高	低	好	好
素质拓展训练	可长可短	一般	高	好	一般
视听法	可长可短	低	低	差	差
网络培训法	可长可短	一般	低	差	一般
团队培训	长	高	高	好	好
敏感性训练	长	高	高	好	好
商业游戏	可长可短	高	低	好	好
基于胜任素质模型的技术	可长可短	高	高	好	好

资料来源　方振邦，邬定国. 人力资源管理［M］. 北京：人民邮电出版社，2017.

3）培训方法选择

培训者如何选择培训方法呢？其中最重要的就是确定培训能够产生的预期学习成果有哪些，不同的培训方法适用于不同的领域，会取得不同的学习成果。

在挑选培训方法时，应结合企业自身的实际情况，采取最合适的方法或将各种培训方法优化组合，配合运用，才会取得理想的培训效果。

（1）理念性知识培训可用讲授法。讲授法要求培训师应具有丰富的知识和经验，讲授的内容具有科学性和系统性，讲授时语言清晰、生动准确、条理清楚、重点突出，必要时运用板书和多媒体设备，以加强培训的效果。

讲授法有利于受训者系统地接受新知识，容易掌握和控制学习的进度，还可以同时对多人进行培训，运用方便，比较经济。但讲授内容具有强制性，学习效果易受培训师讲授水平的影响。由于主要是单向性的信息传递，缺乏培训师与学员间必要的交流和反馈，学过的知识不易被巩固，故采用讲授法培训时一般都保留适当的时间让师生进行沟通，用问答方式获取学员对讲授内容的反馈。

（2）技能速成培训宜用演示法。演示法其实是讲授法的实验过程，指运用一定的实物和教具做示范教学，使学员明白某种工作是如何完成的，然后让学员试做，并给予指导。其优点是有助于激发学员的学习兴趣，可利用多种感官，做到看、听、想、问相结合，获得感性认识，加深学员对所学内容的印象。演示法对提高学员技能立竿见影，颇受欢迎，但适用范围有限，而且演示前的准备需要一定的费用和精力。

（3）专题培训宜用研讨法。按照费用与操作的复杂程序又可分成一般研讨会与小组讨论两种方式。一般研讨会多以专题演讲为主，中途或会后允许学员与演讲者进行沟通交流，要求每次讨论要建立明确的目标（包括时间限制），并于每一阶段结束时检查进度，一般费用较高。小组讨论法费用则较低。

研讨法鼓励学员积极思考，主动提出问题，表达个人的感受，有助于激发学习兴趣；在讨论中取长补短，互相学习，也有利于知识和经验的交流，对提高学员的责任感或改变工作态度特别有效，但不利于学员系统地掌握知识和技能；比较适宜管理人员的训练或用于解决某些有一定难度的管理问题，但它对导师和学员自身的水平要求较高；另外，论题选择的好坏也将直接影响培训的效果。

（4）培训一线员工宜用实习法。这种方法是由一位有经验的技术能手或主管人员在工作岗位上对受训者进行培训，类似企业常用的师傅带徒弟培训。培训师的任务是教给学员如何做，提出如何做好的建议，并对学员进行鼓励。这种方法一定要有详细、完整的教学计划，可用于培训一线员工。

通常能在培训师与学员之间形成良好的关系，有助于工作的开展。一旦岗位出现空缺时，企业能有训练有素的员工及时顶上。此方法关键在于培训师的挑选和尽责。

（5）视听法和网络法。利用现代视听技术对学员进行培训要清楚地说明培训的目的，依课题选择合适的视听教材，对播映内容"如何应用在工作上"进行讨论，最好能边看边讨论，以增加理解；讨论后，培训师必须做重点总结或将"如何应用在工作上"的具体方法告诉学员。

视听法直观鲜明，往往比讲授法或讨论法给人更深的印象；教材生动形象且给学员以真实感，所以比较容易引起学员学习的兴趣。但视听设备和教材的成本较高，内容容易过时，而且学员实践较少，一般可作为讲授法的辅助手段。

网络法是将文字、图片及影音文件等培训资料放在网上，供员工学习。这种方式由于具有信息量大、无学习时间限制等特点，颇受学员欢迎，也是今后培训发展的趋势之一。但一些如人际交流、讲究动手的技能培训则不太适用于网络法。

> **知识链接4-4**

如何在员工培训中引入思政内容

员工培训与开发课程思政教学的设计，可以讲授法、案例教学法、多媒体法课程为基础，通过在思政内容中穿插典型人物、重大事件和时政热点，在案例引用中注重从中华优秀传统文化、革命文化和先进文化中挖掘思政资源，坚定"四个自信"等意识。同时，拓展教学时间与空间。组织和引导学员积极参与和体验，通过企业实地考察、学员小组互动分享、邀请企业领导现场交流、红色文化培训等实际内容，深耕第一课堂，拓展第二课堂，用足用好三大育人场域（第一课堂、教学App、第二课堂），把感性认识与理性认识结合起来，培养"公平正义、团队合作、规则意识"等品质，充分调动学员参与的积极性，让学员产生共鸣，内化知识技能，提升情感体验。不断地挖掘校企合作等社会资源和师资资源，不断完善教学方式。

4.3 培训的管理

微课4-2

4.3.1 培训资源的利用

1）内部资源的利用和管理

（1）内部培训师的选拔和培训。建立内部培训师队伍并有效地利用，在企业人力资源的培训和开发中是必要的，可以遵循以下程序进行：

第一，选聘兼职培训师的工作动员。

培训讲师的甄选和培养

微课4-3

这是建立内部培训师队伍的首要环节。因为这些培训师都是兼职的，对他们来说，本职工作是主要的，而培训工作是兼任的。首先，要在企业高层管理者的支持下进行。具体做法可由高层管理者象征性地出席动员会或亲自举行动员会。这样使得选聘兼职培训师的工作更具有权威性，从而自上而下获得各个方面的支持。其次，各部门在本部门管理者的主持下自上而下独自进行动员。

培训讲师能力要求与内部讲师甄选和培养

第二，内部培训师的选拔。

在前期动员工作的基础上，各部门上报有资格的培训师候选人名单，人力资源部门或培训的组织者实施选拔工作。这是建立内部培训师队伍关键的一环。

首先，公布兼职培训师的资格条件。一般来说，这些资格条件要说明目前所具有的业务知识和技能、EQ（包括沟通能力、合作精神、奉献精神等）、培训技能等方面的标准。

其次，整理上报的名单。对于那些更符合资格条件的人员，尤其是在职的管理人员、业务精湛及 EQ 高的员工，应纳入候选人的行列并予以重视。

再次，对候选人进行考试筛选。考试筛选可采用试讲、面谈的方式进行，考查其培训的基本功潜力，比如组织能力、表达能力、逻辑能力等，兼顾考查其他的素质和能力。

最后，初步确定培训师队伍组成人员。按照资格条件进行考查后，就可以按照一个部门或一类部门 1 ~ 2 个名额的原则进行人员的确定，并上报至高层管理者予以确认和认可。

第三，内部培训师队伍的培训。

对所有培训师队伍的组成人员进行培训，是建立内部培训师队伍的最重要环节。这直接关系着初步建立的培训师队伍能否有效地发挥应有的作用，直接关系着整个人力资源培训和开发的效果。

由于这些组成人员以前很少或没有接触过企业培训，因此对于培训的专业技巧方面掌握得很少，即使具备一些，也需要加以规范和强化。因此，培训的重点就是关于培训活动的策划组织技巧方面，具体包括培训师的职责和角色、培训师的基本技能、课堂组织技巧、培训效果的评估方法等。

对这些组成人员培训后，再次进行测试，以确保组成人员被培训的效果，提高培训师队伍的整体素质。

第四，内部培训师的资格认定。

培训测试后，企业高层管理机构或高层管理者要对培训合格后的人员进行培训师的资格认定。这一环节标志着培训师队伍最终建立起来。

进行资格认定可以仿照培训动员工作的方法，即由企业的高层管理机构或管理者出面，以开会颁发证书的方式进行公开确认和表扬，宣布培训师队伍的最终建立。

第五，人力资源部将员工的培训师资格归档并录入个人人事资料，从而成为其绩效考核、晋升、薪酬评定等方面的依据。

上述过程，可以使企业选拔和培训内部培训师的工作做得扎实，也可以将培训理念、公司发展、个人成长等公司文化在整个企业内部广泛传播。

（2）内部培训师队伍的管理体制。因为内部培训师基本上都是兼职的，所以对他们的管理就需要采用比较独特的方法。

一是授予资格，并给予相应的鼓励。培训师地位的确认是以上述的资格被授予为标志的。因为他们有着自己的本职工作，参与人力资源的培训和开发的主讲或主持是他们的分外工作。因此，如何激发他们对分外工作的积极性和主动性，就是一个必须解决的问题。要激发他们对于培训工作的积极性和主动性，除了进行颁发聘书或荣誉证书以授予资格外，重点还有物质上的激励以认可、鼓励其所做的培训工作，比如提高薪酬、增加福利等。具体操作既可以按照本企业内部的薪酬设计标准比照进行，也可以按照项目管理的市场运作标准比照进行。当然，给予充足的职位晋升空间也是很重要的。

二是实行双重管理。如何正确处理好培训师的本职工作与兼职工作之间的关系呢？这就需要从管理体制上着手进行。

遵照"分开管理、双重管理"的原则，对这些培训师的管理可从以下几个方面进行：

首先，对于本职工作，由其所在的部门进行管理，人力资源管理部门要负责与其所在部门及其管理者沟通协调妥当，保证其本职工作顺利圆满完成。

其次，对所兼任的培训工作，人力资源部门或培训的组织者要及时、经常地给予他们适当的指导和监督。人力资源部门或培训的组织者和培训师之间是合作伙伴的关系，是业务指导与被指导的关系，而不是领导与被领导的关系。

三是保持培训师实施培训开发的相对独立性。按照上述的管理原则，在具体的培训和开发人力资源的过程中，围绕培训的规划和目标，人力资源部门或培训的组织者和兼职的培训师要共同处理好以下几个方面：

首先，在课程开发、教材编写、培训活动的策划上，要尽量保证培训师基于本部门实际情况相对独立的操作。人力资源部门或培训的组织者支持和鼓励培训师根据实际情况进行培训开发，在必要时给予协作或帮助。

其次，人力资源部门或培训的组织者要把各部门的培训师的培训开发课程纳入整个的培训计划中，予以统筹安排。

再次，在具体的培训实施过程中，人力资源部门或培训的组织者要协助培训师，以便于指导和监督培训的过程与质量。

最后，对于培训的跟踪评估，由人力资源部门或培训的组织者承担。无论是对于培训现场的评估还是对于培训后的跟踪评估，人力资源部门或培训的组织者最好都亲自操作。

◆◆◆➡ 案例分析4-3

潍坊港华内部培训师系统

潍坊港华内部培训师多为各业务岗位上的资深技术或管理人员。他们专业性高，对课程内容和体系可以及时更新，是企业培训的核心力量。经过多年的实践，潍坊港华内部培训师系统不断完善，目前已经形成了一套完整的内部培训师系统。

1）培训师认证条件

培训师的认证需要严格和明确的认证条件，除了学历、工作年限等硬性的要求外，还需要专业工作经验的丰富和积累程度、沟通和表达技巧等。

2）培训师申报程序

培训师申报须经本人申请并由所在部门领导推荐，由人力资源部负责汇总候选人并进行筛选，所有经过初选的培训师经 TTT 课程集中培训合格后方可正式获得培训师资格。

3）培训师的管理

培训师的日常管理由培训部负责，建立个人档案，对培训师进行培养和管理，包括明确培训师的具体职责，建立培训师培训内容审核及能力考查跟进制度，要求培训师完成半年度和年度培训工作总结等。

4）培训师的准入渠道

所有培训师均须经过专业培训后方可准入。培训师需要定期开设课程，完成培训目标。根据年度授课时长、培训评价结果等，对培训师进行年度认证，如认证未通过，将取消资格。

5）培训师的考核及晋升

根据累计授课时长等，多维度综合评价，确定培训师级别。授课时长、累计人次及学员的平均满意率是培训师考核的维度，三个维度须同时满足要求，如连续两年不达标，将予以降级或取消资格处理。

6）培训师的激励及评奖

培训师完成所在部门的培训，可以累积积分，积分将作为评优、晋级的依据。培训师协助完成公司级组织的培训，会由人力资源部统计汇总后统一发放授课津贴。津贴的标准根据培训师的级别、培训人次共同确定；课程满意系数由受训学员填写问卷获得基础数据。

资料来源　李小春. 港华以战略为导向的培训体系建设概述［A］//中国城市燃气协会. 2022年第五届燃气安全交流研讨会论文集（下册）［C］. 北京：[出版者不详]，2023.

问题：潍坊港华培训师认证对于公司的发展有什么帮助作用？

分析提示：增强员工的积极性，最大限度地激发每个员工的工作热情。

2）外部资源的选择和管理

（1）培训服务供应商的选择。选择培训服务供应商需要确定一定的标准，形成评价供应商的指标体系，以下是常用的评价维度：

一是培训服务供应商的品牌与知名度。通常情况下，企业在选择供应商时，首先会关注那些在业界已经经营日久、口碑良好的供应商。它们一般在该领域有一定美誉度，有较大的客户群及相关的实战经验，像麦肯锡、华信惠悦等老牌外资咨询公司，毫无例外地成为企业的首选。

二是培训服务供应商的企业规模。企业规模在一般情况下会被企业所看重，但不可否认的是，新兴的小的咨询公司往往由于专业化程度较高也常会被企业认可。因此，企业规模通常并不是最关键的，与其服务的优势领域有关。

三是培训师团队情况。培训师的从业背景常会引起企业的关注，一些有特色的公司通常会有资深的专业人员，如其培训师有着为一些著名的公司服务过的经历或在世界500强企业中的从业经历，当然也可以是高校的理论专家，或有着企业从业经历的学者。另外，管理训练课程项目中的参与者有些是现在仍然供职于一些发达国家大公司的高级管理人员，这样的培训师团队也有较强的吸引力。

四是个性化的课程设计方案。过去有些企业推崇那些市场流行度非常高的课程，所以供应商开设的前卫程度很强的课程体系常会吸引企业，然而，现在企业培训消费已经比过去理性了。另外，供应商即使规模较小，但在某个方面很专业，也会吸引企业的目光。关键的是供应商要对企业的真正需要能够理解，并有针对性地进行符合企业需要的方案设计。

五是企业文化与价值观。供应商与服务企业的企业文化必须一致，如企业理念和价值观等必须一致，所以有些搞内训的供应商对《孙子兵法》、厚黑学等可能非常推崇，但被一些企业视为不可接受。

六是售后服务情况。一些比较负责任的培训服务供应商会在培训后进行跟踪服务，帮助企业进行培训成果的转化工作，并总结经验以利于将来的继续合作，而有些供应商则是一锤子买卖，或者只是把课程上完即万事大吉。

七是价格问题。各个培训服务供应商的报价会有很大的差异，需要找出其报价差异的真正原因，并确定各种隐含成本。但必须注意的是，服务的内容和实际需要永远要放在第一位，价格是其次的。

（2）培训师的选择。培训师的能力非常重要，主要应考查以下方面：

一是对课程的把握和融会贯通。俗话说得好，要给人一杯水首先自己要有一桶水，扎实的基本功和专业造诣是从事专业培训的前提，因此在培训开始前，与培训师的面谈沟通非常重要，可以看出其基本功和专业能力。

二是表达和演绎的能力。许多人满腹经纶却苦于无法表达，因而不适合从事培训职业。表达和演绎的能力是指能够用合适的方式把培训的内容传授给学员，并让学员掌握，其中确实有许多培训的专业技巧，也是教学活动的难题。

三是解答问题和辅导的能力。培训从来是一个双向的过程，纯粹是单方面的满堂灌不是职业培训的要求。因此要求培训师要引导学员提出问题，并给予良好的回答，对有些需要专业技能的培训，还要注重辅导和能力、技能的转移。

（3）合同的签订。进行合同的签订应以发展长期的合作伙伴关系为出发点，以达成一种双赢的结果。合同的重要内容包括合同时间的长短、培训项目的清晰程度、明确的质量标准、业绩预期与可靠的衡量手段、未达到标准应受到的惩罚与赔偿、费用（执行过程中有无费用追加或长期培训项目提高收费的时间与方式）与支付条款、培训无法实施的条款、保密协议等。最后，由企业的法律顾问进行合同审查。

（4）外部培训资源选定后的管理。企业外部培训资源选定后，还要做一些管理工作，以保证培训的顺利进行及培训的质量，并对供应商的服务进行监督，具体包括：

一是课程开发。开发时最好同时进行企业管理诊断，培训师要对企业的情况进行深入的了解，对存在的问题有一定的认识，并根据实际的培训需求与各层领导进行充分的沟通，了解与培训主题有关的问题背景、问题表现及问题原因。在此基础上，通过培训给企业指出解决问题的思路、条件，以及在下一步工作中需要予以关注的问题等。在了解问题过程中还可根据问题制作案例以便在培训时使用，使培训过程成为解决问题的过程，增强培训的针对性。

二是沟通与协调。根据委托代理理论，委托方和代理方之间存在着信息的不对称，所以企业同培训服务供应商之间同样存在着信息的不对称。因此，必须积极地加强沟通，增进双方之间的了解，以便能够及时地把企业的想法与要求传达给供应商及培训师，避免双方出现误会和偏差而使培训工作受损。

三是与供应商及培训师的关系。企业应与供应商建立和维护良好互信的积极关系，使培训进展顺利。另外，要与培训师个人建立良好的私人关系，培训师可能非常专业，但不一定敬业，良好的私人关系能使培训效果倍增。

四是评估。现在通行的仍是柯克帕特里克的四层次评价标准框架体系，在此不再赘述。需要强调的是，评估不只看员工是否满意，员工打高分未必培训效果好，因为有时候培训师为迎合员工放松自己的目标而投其所好也会得高分。

4.3.2　培训中的考评与激励

1）培训中的考评

目前，大多数的企业并没有建立完善的培训效果评估体系，对培训效果进行测评的方法单一，效果评估工作仅仅停留在培训过后的一个简单的考试，事后不再做跟踪调查，造成了培训与实际生产服务的脱节。这样一来，并不能起到考评培训效果的作用，在培训上的巨大投入也没有收到预期的回报。另外，许多企业对于评估及格的员工没有进行相应的提拔或重用，这让许多员工感觉到学而无用，严重打击员工的积极性。因此，应该在员工接受完培训后，让员工填写培训反馈表、培训后行动计划表，并针对培训效果及时总结、同其他人进行交流，以便改进工作，培训部门对员工实行年底培训审核，为培训评估提供依据。培训测评的方法很多，常用的有事前事后测试法、成本–收益法等，不能局限于考试这种单一形式。此外应注重评估的全面性，包括员工学到的知识和技能的提高、工作行为的改变以及为企业带来的效益等。

2）培训中的激励

培训的根本目的应该是学以致用，切实提高员工的工作技能等。如果培训没有与激励、反馈机制挂钩，这会让员工对培训感到失望。员工需要一个能够促进培训成果转化的环境，从而达到增强培训效果的目的。首先，需要提高各级管理者的支持程度，积极提倡将培训成果运用到工作中并奖励运用得好的员工，尤其关注新的受训员工，与他们讨论如何将培训成果运用到工作中；其次，测量已经运用在工作当中的所培训内容的数量、频率、难度等，即了解实际的实践机会有多少，再根据测量结果变更培训内容或者工作环境。公司必须从制度上确立人才激励机制，才能使人才的管理工作有章可循。

4.3.3　培训中的沟通与反馈

1）培训中的沟通

在培训过程中，组织者要及时与培训师、学员沟通交流，指出培训师培训的优缺点和听取学员反映的情况，并与培训师协调改进，这时组织者要做的工作主要有：

微课 4-4

培训中的沟通与反馈

加强学员兴奋点。如果培训师讲的课很受学员欢迎，培训组织者就要把学员兴奋点及时反馈给培训师，让其重点加强。如果学员对现场培训意犹未尽，这时可以适当延长培训时间、安排课下座谈研讨等，让培训效果更佳。

把握主题方向。培训过程中，培训师讲课或者学员讨论，出现跑题甚至是企业避讳的话题，或者培训师讲课层次混乱、内容含混不清等时，培训组织者就要随时提醒培训师调整讲话内容或层次安排，使培训按照事先规划进行。

把握课程松紧度。培训过程中，如果学员反映课程节奏慢，或者反映讲课太快，跟不上培训师的速度时，就需要提醒培训师调整时间和节奏，按学员能接受的速度进行。

协调培训形式。培训形式要与学员的具体情况相匹配。在培训中，如果学员对培训形式（如游戏、讨论等）不认可，表现出不耐烦，或者学员对培训形式所表现的主题不明白，接受起来有难度，这时就需要提醒培训师及时调整培训形式。

2）培训中的反馈

员工培训的反馈阶段是员工培训系统中的最后环节。通过对培训效果的具体测定与量比，可以了解培训所产生的收益，把握企业的投资回报率，也可以为企业的培训决策及培训工作的改善提供依据，更好地进行员工培训与开发。

（1）培训效果测定。关于培训效果的测定问题，有不少学者对其进行了研究，现在通行的是美国著名学者 D. L. 柯克帕特里克教授（D. L. Kirkpatrick）提出的四层次评价标准框架体系（见表4-5）。该体系认为培训效果测定可分为四层次：第一层次测评，即测定受训者对培训项目的反应。如果受训者对所学内容不感兴趣就不会认真学习，培训效果也不会好。第二层次测评，即测定受训者对所学的内容掌握的程度。第三层次测评，即测定受训者在参训后，与工作相关的行为上发生了哪些变化。如果受训者把学到的知识运用于工作中，提出更多的合理化建议，改进了工作方法，工作效率明显提高，就说明培训是有效的。第四层次测评，即有多少与培训成本有关的行为后果，通过评价企业业绩提高程度，测定培训的影响力。

表4-5   柯克帕特里克的四层次评价标准框架体系

层　次	标　准	重　点
1	反应	受训者满意程度
2	学习	知识、技能、态度、行为方式方面的收获
3	行为	工作中行为的改进
4	结果	受训者获得的经营业绩

（2）培训效果测定方法。培训效果测定量化是一项十分复杂的工作。投资回报率是一个重要的培训成果量化指标。下面介绍员工培训的成本-收益分析方法，即通过财务会计方法确定培训项目的经济收益的过程。要确定培训的经济收益就要确定培训的成本和收益。

培训成本包括直接成本与间接成本。确定培训成本的方法有两种：一种方法可根据企业员工培训系统，对培训的不同阶段（培训项目需求分析、设计、实施、开发和评价等）所需的设备、设施、人员和材料的成本来确定。这种方法有助于比较不同培训项目成本的总体差异，还可以将培训不同阶段所发生的成本用于项目间的比较。另一种方法可用会计方法计算成本。一般来说，员工培训成本构成见表4-6。

表4-6   员工培训成本构成

项　目	内　容
直接成本	
薪金和福利	受训者、内部培训师、顾问、培训方案设计者的工资、奖金、福利等
材料费	向培训师与学员提供的原材料费用及其他培训用品费用

续表

项　目	内　容
设备和硬件费	培训过程中使用教室、设备和硬件等租赁费或购置费
差旅费	培训师与学员及培训部门管理人员的交通、住宿费及其他差旅费
外聘培训师费	从企业外部聘请培训师所支付的授课费、差旅费与住宿费
项目开发或购买费	员工培训项目的开发成本或购买的员工培训项目的费用
间接成本	
设施费	一般性的办公用品、办公设施、办公设备以及相关费用
薪资	培训部门管理人员与工作人员的薪资以及支持性管理人员和一般人员薪资
培训部门管理费	培训部门组织实施培训计划所发生的费用
间接费	学员参加培训而损失的生产费（或当受训者接受培训时代替其工作的临时工成本）

　　有许多方法可以确定收益：一是运用技术，研究及实践与特定培训计划有关的收益。二是在公司大规模投入资源前，通过实验性培训评价一部分受训者所获得的收益，还可以通过对成功的工作者的观察，确定其与不成功工作者绩效的差别。

　　除成本-收益分析法外还有一些其他的培训效果测定方法。如效用分析法，即根据受训者与未受训者之间的工作绩效差异、受训者人数、培训项目对绩效影响的时间段，以及受训者绩效的变化来确定培训的价值。这种方法需要使用培训前测与后测方案。还有一种是经济分析法，即对企业或政府等因培训所带来经济效益而进行的评价，主要通过计算直接和间接成本、政府对培训的奖励津贴、培训后受训者工资的提高、税率和折扣率等进行评价。

▶ 价值引领

完善技能形成体系 建强产业工人队伍

　　在科技创新与产业创新深度融合的发展态势下，新岗位、新任务如雨后春笋般不断涌现，对技能形成体系带来了全新的需求冲击，提出了明确的新要求。一是培训主体应实现多样化。企业凭借对产业动态的敏锐洞察和对技能需求的精准把握，成为技能培训的重要力量，职业院校不再唱独角戏，企校携手共同为社会输送适配市场需求的技能人才。二是培训周期需迈向终身化。面对产业发展前沿，在校阶段习得的技能不再一劳永逸，产业工人需要持续提升技能。企业也要高度重视产业工人的在职培训，不断为企业注入活力和创造力。三是回报维度走向多元化。工资回报不再是对技能的唯一考量，产业工人更需要通过技能促进创新、赢得尊重。当下追求自我价值实现的新生代劳动力逐渐成为主力军，愈发要求技能回报朝着更加全面的方向发展。

　　资料来源　白小虎，袁月美. 完善技能形成体系 建强产业工人队伍［N］. 光明日报，2025-03-13.

➡ 基础训练

4.1　单项选择题

1）培训规划一般需要在培训前（　　）开始进行。

A.三天　　　　　　　B.一周　　　　　　　C.一个月　　　　　　D.三个月

2）在培训现场如果出现培训师填鸭式灌输的情况，该采取（　　）等补救措施。

A.采取放视频等图文并茂的形式来渲染气氛

B.让学员相互解答

C.转换为由学员提问

D.缩短培训时间

3）培训一线员工宜采用（　　）。

A.讲授法　　　　　　B.实习法　　　　　　C.研讨法　　　　　　D.演示法

4）（　　）理应成为企业培训师资队伍的主力。

A.企业内部的培训师　　　　　　　　B.高校教师

C.行业专家　　　　　　　　　　　　D.企业高层管理人员

5）（　　）是在设计的一个接近真实情况的场景中或情景下，指定受训者扮演特定的角色，借助角色的演练来让受训者体验该角色，从而提高其解决该类问题的能力。

A.讲授法　　　　　　B.视听法　　　　　　C.角色扮演　　　　　D.在职培训

6）影响培训方法选择的主要因素不包括（　　）。

A.学习的目标　　　　　　　　　　　B.学员的数量

C.相关科技的支持　　　　　　　　　D.培训的地点

7）（　　）是建立内部培训师队伍的首要环节。

A.选聘兼职培训师的动员工作　　　　B.内部培训师的选拔

C.内部培训师的培训　　　　　　　　D.内部培训师资格认定

8）通常情况下，企业在选择培训外部供应商时，首先会关注（　　）供应商。

A.价格低的　　　　　B.口碑良好的　　　　C.新成立的　　　　　D.规模大的

9）（　　）是建立员工培训系统中的最后环节。

A.培训需求调研阶段　　　　　　　　B.课程开发阶段

C.员工培训的反馈阶段　　　　　　　D.考评阶段

10）以下不属于培训直接成本的是（　　）。

A.材料费　　　　　　B.外聘培训师费　　　C.差旅费　　　　　　D.培训部门管理费

4.2　简答题

1）培训的方法有哪些？

2）培训的内部资源和外部资源应如何利用？

3）简述培训计划的内容和制订程序。

4）培训工作如何组织？

5）试述培训计划的实施步骤。

6）简述各种培训方法的选择和使用。

▰▰▰➤ 综合应用 ▰▰▰

4.1 案例分析

某公司员工培训计划的实施与管理

公司围绕企业生产经营发展战略目标，以全面提高员工素质、不断提升企业核心竞争力为宗旨，全面启动培训工程。

1) 员工培训计划内容

（1）管理层领导岗位轮训目标：提高政治和职业道德素养、领导力、决策力等；掌握和运用现代管理知识和手段，增强企业管理的组织力、凝聚力和执行力；了解和掌握现代企业制度及法人治理结构的运作实施。

（2）项目经理培训目标：提高政治素养、管理能力、人际沟通能力和业务能力；选拔有专业发展能力的员工，参加强化培训和考试。

（3）技术、管理、操作人员的前期培训目标：选择优秀的技术、管理、操作人才委外学习培训，使其成为业务或管理骨干并成为普及推广的培训师。

（4）主要工种员工培训目标：组织符合技师、高级技师条件的员工进行强化培训、考核。

（5）新员工岗前培训目标：组织新接收的退伍军人、新招录的大中专毕业生进行为期一个月的职业道德素养、基本技能、企业概况、企业文化、企业经营理念、安全与事故预防、员工规范与行为守则等内容的培训，同时要注重个人价值取向的引导，实现个人与企业价值观的统一。

（6）复合型、高层次人才培训目标：使管理人员的专业能力向不同管理职业方向拓展和提高；使专业技术人员的专业能力向相关专业和管理领域拓展与提高；使施工作业人员掌握2种以上的技能。

2) 员工培训计划的实施与管理措施

（1）确定培训的原则、形式和方法。按照"谁管人、谁培训"的分级管理、分级培训原则组织培训。

（2）采用外训与内训相结合，基地培训和现场培训相结合，技能演练、技术比武、鉴定考试等灵活多样的培训形式；采用授课、角色扮演、案例、研讨、现场观摩等培训方法。

（3）建设和开发培训资源。整合内外部资源，利用职工大学和技工学校等外部培训资源，深入挖掘企业内部专兼职培训师资源。

（4）确保培训经费投入。按工资总额的1.5%足额提取职教经费。

（5）注重培训过程的考核和效果的反馈。加大检查指导力度，完善考核制度。同时，建立员工培训反馈制度。

资料来源 编者根据某公司材料整理。

问题：该公司培训管理体系的特色是什么？

分析提示：公司开展培训工作不仅需要制订完善、明确的培训计划，还需要比较具体的措施和严格的要求做保障，才能取得理想的培训效果。

4.2　实践训练

训练 1：5～6 人组成一个小组，以小组为单位，就近调查一家企业，了解一下该企业员工培训的形式与方法，要求每个小组提交一份不少于 1 000 字的调查报告。

训练 2：正处于变革与发展时期的 B 公司已经认识到培训的重要性，并深知其对员工业务能力提升的关键作用，但针对销售人员的培训效果仍然不尽如人意。

（1）培训内容与实际业务需求脱节。培训课程沿用旧有模式，课件陈旧、内容滞后，过分强调理论知识的灌输，而忽略了实际操作技能的培养。培训内容与实际业务需求之间存在显著差距。

（2）培训方式单一，缺乏互动性和趣味性。培训方式多为课堂讲授，形式单一，易使学员感到枯燥。培训缺乏互动和实践环节，难以满足年轻一代销售人员的学习习惯和需求。

（3）内训师专业技能欠佳，积极性不高。内训师多由其直接上级主管或业绩优秀员工担任。由于缺乏针对内训师的培养及激励计划，内训师在课程开发、授课技巧、课件制作等方面存在问题。同时，由于缺乏激励，公司内部员工对担任内训师一职的积极性不高。

（4）培训效果难以量化和评估。在培训结束后，缺乏有效的评估机制和持续的追踪机制来衡量培训效果。

（5）培训资源分配不均。培训资源往往集中在总部或核心团队，基层难以获得足够的培训支持。

基于以上材料，请分析该公司培训失败的原因并提出改进对策。

资料来源　熊有平．基于 OKR 思维的销售业代培训项目设计研究［J］．老字号品牌营销，2024（18）．

第5章　培训效果评估与培训成果转化

▰▰▰▰➤ 学习目标 ▰▰▰

知识目标

学习完本章之后，你应该能够：熟悉并掌握培训效果评估的内涵和意义；熟知培训效果评估的内容和标准；了解培训成果转化的基本理论；明确影响培训成果转化的因素。

能力目标

学习完本章之后，你应该能够：熟悉并掌握培训效果评估的形式选择和培训效果评估的信息收集的方法；在掌握相关数据和信息的基础上运用科学的方法进行培训效果评估。

素养目标

学习完本章之后，你应该能够：充分认识到员工思想政治培训效果评估工作的重要性，并有效地组织开展相关的培训效果评估工作。

▰▰▰▰➤ 内容架构 ▰▰▰

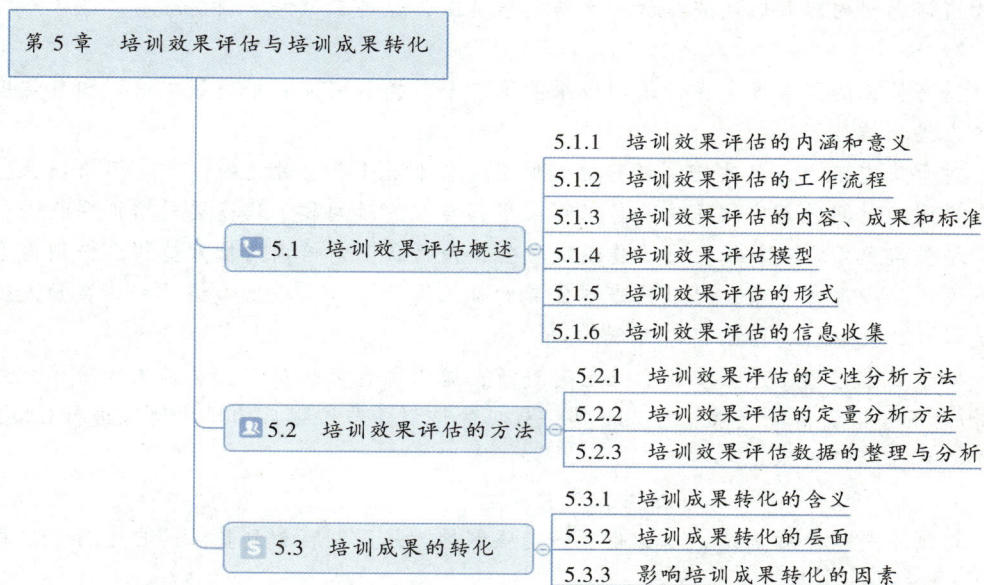

沃尔玛的员工培训效果评估

沃尔玛在对连锁门店员工进行培训时，培训师注重培训师和受训员工之间的关系、培训内容理论性和实操性之间的关系以及强制性培训与自主性培训之间的关系的平衡，采取培训前、中、后"三步培训法"（如图5-1所示），提升培训效果。

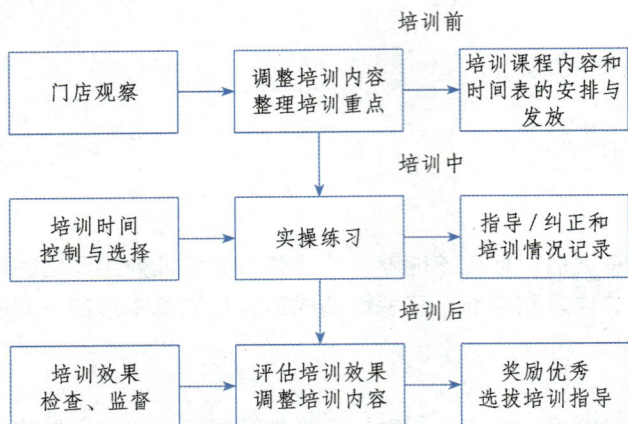

培训前

| 门店观察 | → | 调整培训内容整理培训重点 | → | 培训课程内容和时间表的安排与发放 |

培训中

| 培训时间控制与选择 | → | 实操练习 | → | 指导/纠正和培训情况记录 |

培训后

| 培训效果检查、监督 | → | 评估培训效果调整培训内容 | → | 奖励优秀选拔培训指导 |

图5-1　"三步培训法"步骤

1）培训前——理论联系实际

一般培训师设计的培训内容是针对普遍的现象，但每个终端门店都存在其特殊性。培训讲的成功案例和经验都是别人的方法，如何与该门店员工的实际情况相结合是一个值得注意的问题。

培训师在准备培训内容之前，进行驻店观察，针对该门店员工实际存在的具体问题进行课程安排，就亟待解决的问题整理出培训重点，将培训落到实处。培训师可以提前发放培训课程内容和时间安排计划表给门店员工，让员工做好培训前准备。

2）培训中——集中培训和日常培训相结合

提高员工的配合度是保证培训效果的第二个前提。培训可采用集中培训和日常培训两种方式相结合。

对于集中培训，一次培训课程的时间最好控制在1个小时之内；同一门培训课程可以在不同的时间段多安排几次，员工可以根据自身的时间和工作需要对培训课程进行选择，尽量避免培训对员工日常工作造成负担，降低员工对培训的抵触情绪；培训内容注意多设置实操演练环节，可以请表现优异的员工进行示范，适当地给予一些奖励，提高培训课程的互动性，活跃培训气氛。

对于日常培训，尽量安排在上班时进行，培训师在旁边观察门店员工的操作，进行指导/纠正和培训情况记录。可以对某一员工的培训前与培训后的操作情况进行DV拍摄记录，作为示范教本。

3）培训后——强化培训效果监管，树立"员工标杆"

培训就是培养和训练，本身带有一定强制性。从强制行为到员工的自觉行为，肯定需要一种以激励和愿景为核心的培训机制。

一是强化培训检查制度。对员工的培训情况进行定期和不定期的检查与监督，提高员工对培训的重视程度，端正培训态度。二是评估培训效果。根据培训后的情况适时调整培训内容和方案。三是对培训后成长迅速、表现优秀的员工进行奖励表彰，在员工内部树立"员工标杆"，对优秀员工和其他员工都起到良好的促进作用，激励员工进行自主性培训。四是选拔部分培训表现优秀的员工进行培养，成为"员工指导"，在培训工作上与培训师相配合，完善企业培训体系建设，减少培训成本，丰富培训资源。

资料来源　佚名. 沃尔玛的员工培训机制探究［EB/OL］.（2012-08-13）［2024-12-03］. http：//wenku.baidu.com/view/47c2ee1ac281e53a5802ff9e.html.

这一引例表明：沃尔玛的"三步培训法"通过培训前、培训中以及培训后的有针对性的效果监管，确保了整个培训的有效性。

5.1　培训效果评估概述

5.1.1　培训效果评估的内涵和意义

培训的主要目的是确保组织中的成员拥有能够满足当前和未来工作所需要的技术或能力。组织之所以需要对人力资源培训项目进行认真、系统的评估，是希望通过系统地收集有关培训的描述性和评判性信息，在判断该培训项目的价值以及持续地改进各种培训活动时，做出更明智的决策。

有关培训效果评估的概念曾经有许多学者有过阐述，综合各位学者的见解，培训效果评估指收集企业和受训者从培训当中获得的收益情况以衡量培训是否有效的过程。

组织对其所开展的培训项目进行评估的意义主要体现在以下几个方面：

（1）通过评估可以让管理者以及组织内部的其他成员相信培训工作是有价值的。如果培训专员不能用确凿的证据来证明他们对组织所做的贡献，那么在将来编制预算的时候，培训经费就可能被削减。

（2）通过评估可以判断某培训项目是否实现了预期的目标，及时发现培训项目的优缺点，必要时进行调整。

（3）计算某培训项目的成本-收益率，为管理者的决策提供数据支持。

（4）区分出从某培训项目中收获最大或最小的学员，从而有针对性地确定未来的受训人选，并为将来培训项目的市场推广积累有利的资料。

总之，评估是培训流程中的关键组成部分。只有通过评估，大家才能了解某培训项目是否达到了预期的目标，并通过培训项目的改进来提高员工个人以及组织的整体绩效。

小思考 5-1

培训效果评估，你们是怎么做的？

一提到培训效果评估，许多企业和人力资源管理者会说不就是培训结束后发个培训调查反馈表吗？如果还不行，顶多再加个考试，简单快速搞定就行了。培训效果评估只是这么简单吗？如果不是，那么培训效果评估应如何开展呢？

答：培训效果评估需要比较完整的、科学的工作流程和工作方法才能取得比较理想的效果。

5.1.2 培训效果评估的工作流程

合理的培训效果评估工作流程是有效进行培训效果评估活动的基础。培训效果评估工作流程包括以下几个主要环节。

1）明确培训效果评估的目的

首先，应该明确培训效果评估的目的。不是所有的培训都需要评估，培训管理者必须从时间和工作量上考虑评估是否值得，培训效果评估的目的影响所要收集的数据类型及收集方法。如果评估本身的成本高于培训项目的成本，则可以采用主观的培训效果评估方法。

2）制订评估方案

评估方案包括评估对象、评估者、参与者、评估层级、评估时机以及评估方法的选择等。选择有效的评估对象，才可以有针对性地开发有效的问卷、试题和访谈提纲等，实现培训效果评估的目标；评估者分成两类，即内部评估者和外部评估者，如果企业内部缺乏评估的技术，不妨聘请外部评估者，聘请外部评估者评估的过程也是一个学习的过程；参与者包括培训对象、培训组织者、外部专家等；由于在各个层面所采用的评估方法、评估重点、评估对象、评估时间等各有不同，实施评估时需要根据评估的目的确定合适的评估层级，根据不同的评估层级确定合适的评估时机及评估方法。

3）收集培训效果评估数据

培训效果评估数据按照是否用数字衡量的标准分为硬数据和软数据。硬数据分为产出、成本、质量、时间四大类，如生产率、利润、事故率、设备完好率、产品合格率、产量、销售量、客户抱怨投诉的次数等，可以对培训效果进行定量分析；而软数据目前可以归纳为内外部顾客满意度、工作习惯、工作态度、工作氛围、工作积极性、责任心等，主要用于培训效果的定性分析。

4）整理、统计和分析数据

培训效果评估人员通过问卷、访谈、观察、测试、调查等方法将收集到的各种数据进行整理、统计和分析，得出培训效果评估的结论。数据整理分析的常用统计方法有集中趋势分析、离中趋势分析和相关趋势分析等。

5）撰写培训效果评估报告

培训效果评估报告主要包括几个部分的内容：

（1）评估目的概要：简单交代本次培训效果评估的目的、对象、层级类型和性质等。

（2）评估的过程和方法：主要说明评估工具的使用依据，调查内容及范围，调查、测试的方法等，重点需要对问卷等质量的信度和效度进行说明。

（3）评估结果：这是整个评估报告的主要部分，要说明评估调查的结果与期待目标的关系，并提供有关统计数据等事实材料。

（4）结论与建议：这是整个评估报告的最后一个部分，主要概括评估的整体结果和重点，并对结果进行综合分析，同时指出应用价值，并客观分析可能存在的问题及建议。

（5）附录：附上原始资料及相关图表，如本次评估所使用的调查问卷、访谈记录、绩效档案、行业标准、评价指导书、技术模型以及数据分析表等。

6）评估结果的反馈与应用

评估报告确定后，要及时进行传递和沟通，以免造成培训效果评估与实际工作脱节。培训效果评估报告应该传递给以下人员：

（1）受训人员，使其了解培训的效果，以便在工作中进一步学习和改进。

（2）受训人员的直接领导，以便其了解受训人员的专业知识和技能等进展情况。

（3）培训主管，以便其管理培训项目，并对员工人事聘用提供建议。

（4）单位分管领导，以便其决定培训项目的未来资源投入情况。

➤ 知识链接5-1

培训体系的PDCA循环

不管由于企业的特点导致其培训体系在形式上如何不同，一个培训体系要有效，都不能缺少管理的PDCA循环四个环节。在培训体系内的PDCA循环，可以这样描述：P（plan）即培训规划/计划，就是人力资源管理专业人员和直线管理者共同收集培训需求、分析培训需求、拟订培训计划、沟通并根据企业策略变化确定和调整培训计划；D（do）即培训的组织与实施，就是根据已确定的培训计划和企业的突发性培训需求，着手课程的设计、培训师的确定、培训场地的准备、相关辅助材料的准备等工作；C（check）即培训评估，就是对培训取得的收益的评估，以及评估之后的反馈；A（action）即培训工作的改进，也就是根据反馈的信息修正下一次的培训活动，或是对整个培训体系的方案进行改进。

资料来源 编者根据相关资料整理。

5.1.3 培训效果评估的内容、成果和标准

1）培训效果评估的内容

培训效果评估的内容体现在对培训过程的全程评估。全程评估可以分为三个阶段，即培训前评估、培训中评估和培训后评估。

（1）培训前的评估内容。

①培训需求的整体评估。

②受训者知识、技能和工作态度评估。

③受训者工作成效及行为评估。

④培训计划评估。

（2）培训中的评估内容。

①培训活动参与状况监测：目标群体的确认，培训项目的覆盖率，受训者参与热情和持久性。

②培训内容监测：培训内容的构成或成分，培训强度，提供的培训量，培训的频

率，培训的时间安排。

③ 培训进度与中间效果监测评估：培训组织准备工作评估，受训者参与培训情况评估，培训内容和形式评估，培训讲师和培训工作者评估，现代培训设施应用评估。

④ 培训环境监测评估。

⑤ 培训机构及其培训讲师监测评估：培训机构的规模和结构特征，培训机构的内部分工状况，培训机构服务网点分布状况，培训机构的领导体制，培训机构的沟通和协调机制，培训讲师的素质和能力，培训讲师工作安排，培训讲师的工作态度。

（3）培训后的评估内容。

① 培训目标达成情况评估。

② 培训效果综合评估。

③ 培训工作者的工作绩效评估。

2）培训效果评估的成果

培训效果评估的成果可以划分为五种类型：

（1）认知成果。认知成果可用来衡量受训者对培训项目中强调的原理、事实、技术、程序或过程等的熟悉程度。认知成果用于衡量受训者从培训中学到了什么，一般应用笔试来评估认知成果。

（2）技能成果。技能成果用来评估培训后技能和行为方式达到的水平，包括技能的获得与学习及技能在工作中的应用两个方面。

（3）情感成果。情感成果包括态度和动机在内的成果。

（4）绩效成果。绩效成果用来衡量公司由培训所取得的在绩效方面的成果。

（5）投资回报率。投资回报率指培训的货币收益和培训成本的比较。培训成本包括直接和间接成本；货币收益指公司从培训计划中获得的用货币衡量的价值。

3）培训效果评估的标准

培训效果评估的标准通常由评估内容、具体指标等构成。制定标准的具体步骤：第一步，对评估目标进行分解；第二步，拟定出具体标准；第三步，组织有关人员讨论、审议、征求意见，加以确定；第四步，试行与修订。在确定标准时必须把握一定的原则：评估标准的各个部分应构成一个整体，各标准之间要相互衔接、协调，有一定的统一性与关联性。

5.1.4　培训效果评估模型

由于培训效果评估的重要意义，学者从不同视角提出了多种培训效果评估模型，如柯克帕特里克模型、汉姆布林评估模型、考夫曼评估模型和菲利普斯评估模型等，其中应用最广泛的培训效果评估模型是柯克帕特里克模型，在培训效果评估领域具有难以撼动的地位。

柯克帕特里克模型（Kirkpatrick Model）又称柯氏四级培训效果评估模型（简称"4R"）等，由国际著名学者威斯康星大学教授唐纳德·L.柯克帕特里克（Donald L. Kirkpatrick）于1959年提出。评估层级是指测量学员对于培训课程的体验与学习结果不同程度的反应。柯克帕特里克模型的主要内容如下：

第一层级，反应评估（reaction）：评估被培训者的满意程度。

　　第二层级，学习评估（learning）：测定被培训者的学习获得程度。

　　第三层级，行为评估（behavior）：考查被培训者的知识运用程度。

　　第四层级，结果评估（result）：计算培训创造的经济效益。

　　不同层级的评估重点、评估方法、评估主体和评估时间都会有所不同。不同层级培训效果评估比较见表 5-1。

表5-1　　　　　　　　　　　　　不同层级培训效果评估比较

层级	评估重点	主要评估方法	评估主体	评估时间
第一层级：反应评估	学员对培训课程、培训师和培训组织的整体主观满意度	问卷调查 访谈 座谈	培训机构	培训进行中或者培训刚刚结束
第二层级：学习评估	学员对培训的基本原理、事实与技能的掌握程度	各种测试（提问、笔试、口试等） 模拟练习与评估 角色扮演 演讲 座谈会	培训机构	培训进行中或者培训刚刚结束
第三层级：行为评估	学员接受培训后的行为习惯是否有所改变，并分析这些改变与培训活动的相关性	访谈 观察 绩效考核	培训机构 直接主管 同事及下属 直接客户	培训结束三个月或半年后，或者下一个绩效考核期
第四层级：结果评估	学员个体及组织的绩效改进情况，并分析绩效变化与企业培训活动之间的关系	计算个人与组织的各类绩效指标考核结果（如生产率、缺勤率、离职率、成本-收益率等） 实地调查（市场调查、360度满意度调查等） 企业运营情况分析	培训机构 学员上级主管 学员所在组织 学员所在组织的主管部门	半年或一年后，或者下一个绩效考核期

　　资料来源　蒋翠珍，万金．员工培训与开发理论、方法、应用［M］．厦门：厦门大学出版社，2020．略有改动．

◀◆◆◆➡ **案例分析 5-1**

华为大学的培训效果评估模型

　　华为大学在进行员工培训效果评估时，按照柯氏四级培训效果评估模型进行了实践和探索。

　　反应层面评估，主要通过两类问卷调查。一类是针对每一个课程模块或者每一门课程具体的满意度情况，问卷中主要有四个问题：第一个是"学习内容是否符合对我有实际的帮助"；第二个是"学习活动是否有助于我理解课程的内容"；第三个是"讲师能否深刻理解并清晰传递课程的内容"；第四个是"讲师是否能有效提问并且进行点评"。

另一类是集训结束或结班的时候，会有一个满意度调查表，让学员填写。这个满意度调查表更多的是反映学员对整个集训的安排、学习氛围的营造、组织和后勤工作的满意度情况。

学习层面评估，华为大学在每一次学习项目的开始前、过程中以及结束后都会进行考试。华为大学有一种提法是以考促训，通过安排不同阶段的考试促进学员对学习内容的消化和吸收。不同的学习项目考试的设置时间是不同的，主要依据项目的不同情况来决定。

行为层面评估，华为大学在实际操作中，主要通过到业务部门中去访谈，访谈对象包括学员本人以及学员的主管等，以此来考查学员的改进情况。另外，华为大学引入了第三方评估公司，对学员的行为进行评估。除此以外，华为大学对于每一个学习发展项目都安排了答辩，以此对学员的行为和思想的改变进行评估。

结果层面评估，华为大学认为在实践中测量和评估结果比较难进行，会有很多不确定的因素，所以在这一层面上没有具体的调查问卷，也没有采用具体的公式进行测量和评估，而是把资源投入学习的需求分析和课程开发中，遵循训战结合的战略思想，让项目的规划与设计环节更密切地贴近实战，使学员在接受完培训后可以立即到一线战场去"打仗"。

华为大学的一系列的学习项目得到了业务部门包括公司高层甚至最高层的广泛认可，许多学员会主动申请回炉参加第二次甚至第三次培训，进行循环赋能。

问题：华为大学的四级培训效果评估有什么启示？

分析提示：华为大学的四级培训效果评估对于学员学习积极性和学习动力有良好的推动作用，更重要的是通过各级评估，大大提升了员工的能力。

➡ 小思考 5-2

宝洁公司新员工企业文化培训效果评估

宝洁公司对新入职员工企业文化培训效果进行评估，目的是确定新入职员工企业文化培训效果是否达到预期目标，企业文化培训是否对新入职员工后来的职业技能培训、岗位培训产生积极的影响，并且是否能对新入职员工的价值观和其对企业的认可度有很好的提升以及提高企业的核心竞争力，充分衡量企业文化培训所做出的贡献。

采用自编与试题库相结合的方法来对新入职的员工进行测试。自编的内容分为三部分，即员工对企业文化具体的认知与理解、员工所树立的价值观和品牌形象理念、员工对自己与企业未来的发展规划的思考和认知。员工对企业文化具体的认知与理解：通过笔试的方法对新入职员工进行测试，具体包括对宝洁公司的历史背景、管理体制、人员关系、企业环境、国际地位与社会贡献等方面的测试。员工所树立的价值观和品牌形象理念：组织新入职员工去全国各地工厂参观及一线销售地区进行实战模拟演练，结合表现对其进行打分测评。员工对自己与企业未来的发展规划的思考和认知：通过对公司以往员工晋升案例分析的培训和对企业战略发展规划的培训，令新入职员工进行小组式讨论并进行书面规划，最后由高级培训师进行综合评估打分。

资料来源 佚名. 宝洁公司的培训效果评估报告［EB/OL］.（2018-08-23）［2024-12-10］. https://wenku.baidu.com/view/73e47dcabdeb19e8b8f67c1cfad6195f312be82e.html.

请问宝洁公司新员工企业文化培训采用的是哪个层次的效果评估？

答：学习层次评估，主要通过考试考查学员对培训的基本原理、事实与技能的掌握程度。

5.1.5 培训效果评估的形式

企业可以根据实际情况选择合适的形式进行培训效果评估，可供选择的培训效果评估形式有以下几种分类：

1）非正式评估和正式评估

非正式评估指评估者依据自己主观性评价做出的判断，而不是用事实和数字来加以证明的评估。

非正式评估一般不需要记录有关信息，但有时需要记下某些注意到的、认为对评估有价值的信息，如培训对象的有关表现、态度和一些特殊困难等。

虽然非正式评估是建立在评估者的主观看法上，但在有些时候能够发挥很大的作用，尤其是在要就培训者与培训对象之间的关系以及培训对象对待评估的态度等问题做出评估时。非正式评估最大的优点是可以使评估者在培训对象不知不觉的自然态度下对其进行观察，因为培训对象的这些态度在非正式场合更容易表现出来，这就减少了一般评估给培训对象带来的紧张和不安，不会给培训对象造成太大的压力，可以更真实而准确地反映出培训对象的态度变化，从而在某种意义上，增强了信息资料的真实性，增强了评估结论的客观性和有效性，可以使评估者发现意料不到的结果。非正式评估另外一个优点是方便、易行，几乎不需要耗费什么额外的时间和资源，从成本-收益的角度来看是很值得的。

当评估结论要被高级管理者用来作为决策的依据，或者为了向特定群体说明培训的效果时，就需要用到正式评估。

正式评估往往具有详细的评估方案、测度工具和评判标准。正式评估尽量剔除主观因素的影响，从而使评估更有信度。在正式评估中，对评估者自身素质的要求降低了，起关键作用的因素不再是评估者本身，而是评估方案和测试工具等的选择是否恰当。

正式评估的优点是：在数据和事实的基础上做出判断，使评估结论更有说服力；更容易将评估结论用书面形式表达出来，如记录和报告等；可将评估结论与最初计划进行比较核对。

在一些正式的评估中，并不是完全排除了评估者的主观因素，还是可以发现一些主观性的。作为一名评估者，应该分清楚在对培训对象的评估中，哪些是正式的，哪些是非正式的，哪些是主观的，哪些是客观的。

2）建设性评估和总结性评估

建设性评估就是在培训过程中以改进而不是以是否保留培训项目为目的的评估。如果评估结论表明培训项目并不像培训者所期望的那样良好地运转，就可以对培训项目做出适当的调整，如改变培训的形式等。建设性评估经常是一种非正式的、主观的评估。

培训过程中的建设性评估作为培训项目改进的依据，有助于培训对象学习的改进。除此之外，建设性评估还可以帮助培训对象明白自己的进步，从而使其产生满足感和成就感。这种满足感和成就感在培训对象后一阶段的学习中，将会发挥巨大的激励作用。

当进行建设性评估时，需要保证定期评估不过分频繁，也不能让培训对象有一种他们一直在进行简单、乏味和重复学习的感觉。否则，建设性评估就无法发挥它的激励作用，其他一些优势也会因此而丧失。很显然，如果培训对象对频繁的评估感到厌烦，甚至因此憎恨培训，认为进行测试的时间甚至超过学习、工作的时间，那么评估显然是失败的。这时，我们就要考虑评估频率的问题。

评估频率的问题主要是针对建设性评估提出的，指进行两次连续评估之间所隔时间的长短。时间越短，频率越高；时间越长，频率越低。何为适当的频率，只能针对每一培训项目的实际情况而言，并没有一个统一的标准。尽管如此，对于多次评估利弊的分析还是有助于我们对评估频率的选择的。

总结性评估指在培训结束时，为对受训者的学习效果和培训项目本身的有效性做出评价而进行的评估。这种评估通常是正式和客观的。

总结性评估的终局测试身份正规，具有较强的说服力。它适用的情况包括：当评估结论被作为决定给予受训者某种资格的依据，或为组织的决策提供依据时才采用。但是，终局测试毕竟是结束的象征，无论评估结论如何，只能用于决定培训项目的生死，而不能作为培训项目改进的依据；只能用于决定是否给受训者某种资格，而无助于受训者学习的改进。

总结性评估关注整个培训项目使受训者获得的改进，从而引发出这样一个问题：评估者是否能够全面评估受训者所学习的全部内容。一个短期培训可能不具有这个问题，但对于一个长期培训而言，这个问题往往十分突出，为了解决这一问题，评估者不得不定期地对受训者进行相隔不算太长的阶段性测试。

当进行总结性评估时必须注意，培训目标和预期培训效果必须从头到尾是清晰的，这不仅是对于培训者而言的，同时包括受训者在内。在培训之前，可以通过书面测试或通过小型座谈会的形式，使受训者了解培训目标。

5.1.6 培训效果评估的信息收集

培训效果评估的信息包括培训目标设定、培训内容设置、教材选用与编排、教师选定、培训时间选定、培训场地选定、受训群体选择、培训形式选择、培训组织与管理等方面的信息。

培训效果评估信息的收集主要有四种方法，即资料法、观察法、面谈访问法和调查问卷法。

1）通过资料收集评估信息

要收集有关培训项目效果评估的全面资料，首先就要明确需要收集的资料有哪些，并在表格中列清，避免毫无目标地收集。要收集的资料包括：培训方案的资料；有关培训方案的领导批示；有关培训的录音；有关培训的调查问卷的原始资料和统计分析资料；有关培训的考核资料；有关培训的录像资料；有关培训实施人员写的会议纪要、现场记录；编写的培训教程等。培训效果评估资料收集表见表5-2。

表5-2　　　　　　　　　　　　　　　**培训效果评估资料收集表**

编号	资料名称或内容	收集时间	收集渠道	相关人员

2）通过观察收集评估信息

通过观察来收集培训效果评估信息主要分为三个阶段，即培训前观察收集、培训中观察收集和培训后观察收集。一般需要收集如下信息：培训组织准备工作观察；培训实施现场观察；培训对象参加情况观察；培训对象反应情况观察；观察培训后一段时间内培训对象的变化等。观察收集评估信息表见表5-3。

表5-3　　　　　　　　　　　　　　　**观察收集评估信息表**

观察对象	观察项目	观察结果
培训组织管理人员		
培训对象		
培训对象相关人员 （上司或下属）		
培训环境及设施		

观察对象	观察项目	观察结果
培训对象参加情况		
培训师		

注：此表一式三份，分别为培训前、培训中以及培训后观察收集评估表。

3）通过面谈访问收集评估信息

通过面谈访问的方法来收集培训效果评估信息，一般在培训项目开展之前和培训项目开展之后进行，在培训项目进行过程当中进行面谈访问往往会影响培训计划的正常进行，但面谈访问的范围要相对较为广泛，组织内部的决策者也同样包括在内，要通过访问组织决策者来了解高层领导人员对所评估的培训项目的期望。一般面谈对象包括访问培训对象、访问培训实施者、访问培训管理者、访问培训对象领导和下属。

面谈访问法是通过面对面进行交流，充分了解相关信息的方法。面谈访问法有利于双方相互了解，建立信任关系，获得比较准确的信息，但是面谈访问法有自身的弱点。面谈访问法需要花费较长时间，在一定程度上可能影响被访谈者的工作，而且面谈访问法的技巧要求较高，一般被访谈者不会轻易吐露实情。面谈访问法有个人面谈访问法和集体面谈访问法两种具体操作方法。

面谈访问法通常的应用问题清单如下：

（1）事前对决策者面谈访问问题的清单。例如，

请问本次培训与企业目标和战略的相关性如何？

请问您对本次培训持怎样的态度？

请问您如何看待本次培训给予的支持性资源？

请问您如何预测本次培训的效果？

请问通过本次培训您想解决什么问题？

请问本次培训的前提是什么？

请问本次培训的目标是什么？

请谈一下本次培训采用的策略和方法好吗？

请谈一下本次培训的资源配置及计划构想好吗？

（2）事后对培训项目管理者面谈访问问题的清单。例如，

请问您认为本次培训的目标实现程度如何？

请问您认为本次培训较为成功的地方有哪些？

请问本次培训中应该改进的地方有哪些？

请问本次培训计划有哪些失误？

您认为本培训项目还有必要进行推广吗？

（3）事前对培训对象面谈访问问题的清单。例如，

您认为您有必要参加本次培训吗？

您希望通过本次培训解决哪些问题？

您收到了本次培训的详细通知了吗？

您觉得本次培训安排的合理性怎样？

您会积极参与本次培训吗？

（4）事后对培训对象面谈访问问题的清单。例如，

能谈一下您对本次培训的整体看法吗？

您参加本次培训的目标达到了吗？

本次培训哪些方面是您最为满意的？

您认为本次培训主要的不足有哪些？

您将培训所学应用到工作中了吗？

（5）事前对培训对象相关人员面谈访问问题的清单。例如，

您认为您的下属（上司）有哪些不足？

您期望您的下属（上司）达到怎样的水平？

您的下属（上司）最急需的培训是什么？

通过下属（上司）的培训对您的帮助怎样？

您认为什么样的培训适合您的下属（上司）？

（6）事后对培训对象相关人员面谈访问问题的清单。例如，

能谈一下您的下属（上司）通过培训有哪些变化吗？

培训对您的下属（上司）的进步有何帮助？

您的下属（上司）是怎样将培训所学应用到工作中的？

您的下属（上司）怎样评价本次培训？

您的下属（上司）还有什么问题没解决？

（7）事前对培训实施人员面谈访问问题的清单。例如，

您在本次培训中的工作明确吗？

您对本次培训有什么意见？

您应该承担本次培训中的工作吗？

您愿意承担本次培训中的工作吗？

您有足够的能力和经验来承担此项工作吗？

（8）事后对培训实施人员面谈访问问题的清单。例如，

您完成了本次培训承担的工作了吗？

您对自己的工作满意吗？

您在工作中出现了哪些问题？

您对您的伙伴的工作情况怎样看？

您的伙伴的工作哪些方面需要改进或奖励？

4）通过调查问卷收集评估信息

通过调查问卷收集培训效果评估信息主要在培训前、培训中和培训后进行，其中在培训前的评估调查问卷可以通过培训管理人员获得，因为培训项目开展之前培训管理人员要进行培训需求的调查，培训需求调查问卷基本包括了培训前培训效果评估信息的内容。一般需要进行以下调查：培训课程调查；培训组织调查；培训内容及形式调查；培训师调查；培训效果综合调查。培训活动前受训者情况调查见表5-4。

表5-4   培训活动前受训者情况调查

劳驾您帮助完成此份问卷调查，请您在所选择的项目后的括号内画"√"，或者在横线上直接填写。

1.您以前参加过类似的活动吗？

参加过（   ）   没有（   ）

2.您对这类的培训感兴趣吗？

非常感兴趣（   ）比较感兴趣（   ）一般（   ）   没兴趣（   ）

3.您认为有必要参加这次培训吗？

非常有必要（   ）有些必要（   ）没必要（   ）   无所谓（   ）

4.您认为这类培训将对您的帮助如何？

有很大帮助（   ）较有帮助（   ）帮助不大（   ）没帮助（   ）

5.您认为本次培训安排的合理性怎样？

_____

6.您希望通过本次培训解决什么问题？提高哪方面的能力？

_____

填表人：_____   岗位：_____   时间：_____

为了不影响培训项目的正常进行，同时降低评估对象的反感情绪，培训中的评估调查宜简不宜繁，占用的时间应该较短，因此调查问卷也要重点突出。

◆◆◆➡ 案例分析5-2

某公司新员工培训效果评估调查问卷

部门/岗位   姓名

公司新员工的入职培训到此为一个段落，现就近期的系列培训，做一个培训效果问卷调查。请各位受训员工，根据培训的课程以及自身的实际效果，结合自身工作需求，对培训效果的问卷认真、如实地进行回答。综合部将根据培训效果评估调查问卷的反馈，合理调整培训内容，使培训内容能与实际工作结合，改进公司的培训管理工作。

您的建议，对我们很重要！

1.您对新员工入职培训的总体满意程度（选1项）：

□非常满意   □比较满意   □不太满意   □非常不满意

2.您对培训期间综合部后勤安排的满意程度（选1项）：

□非常满意   □比较满意   □不太满意   □非常不满意

3.结合您的岗位，您认为新员工培训课程安排的合理程度（选1项）：

☐非常合理　　☐比较合理　　☐不太合理　　☐非常不合理

4.您对利用周末及业余时间参与培训的接受程度（选1项）：

☐非常接受　　☐比较接受　　☐不太接受　　☐非常不接受

5.您认为最有效的培训方式是（请按有效程度递减的顺序予以排列）：

☐在岗培训　☐集中授课　　　☐观摩学习

☐案例分析（座谈研讨）　　　☐培训游戏

☐引导式自学（课题、报告）☐演练操作

☐其他方式

6.您认为自己最需要的培训课程是（可选3～5项）：

☐公司基本管理制度　　　☐与岗位相关的专业技术知识　　☐商务礼仪与沟通技巧

☐企业管理知识（可选多项）（☐生产管理　　　☐营销管理　　☐人力资源管理

☐质量管理　　☐财务管理）　　☐职业生涯规划

☐公司文化（业务流程和组织架构）　　☐其他

7.您认为自己受益最大的培训课程是（可选2～4项）：

☐集团组织的新员工集中培训　　☐公司组织的新员工集中培训

☐入职基础教育　　　☐OA操作培训　　　　☐质量管理体系培训

☐混凝土专业系列培训　☐仓管、生产等系列培训　☐管理沟通技巧培训

☐实践操作演练培训　☐专业课题设计　　　☐5S管理　　　☐其他

8.您认为对自己学习触动最大的培训考核方式是（请按触动程度从大到小予以排列）：

☐笔试　　　☐专业课题设计　　☐实习报告/学习心得　　☐多维度考查

9.您最喜爱的培训讲师是（最多可选5个）：

☐麻秀星　　☐段保卫　　☐刘延勋　　☐林添兴　　☐刘静颖　　☐张珠春

☐尹健丽　　☐方云辉　　☐郭鑫祺　　☐林祥毅　　☐黄卫军　　☐王东升

☐张潘峰　　☐许慧超　　☐潘立峰　　☐彭超昌　　☐江君萍　　☐张海平

☐其他

10.您在日常学习/工作中碰到哪些问题使您感到困惑并希望通过培训或讨论来提出解决方案？（请用文字说明）

11.请就公司的现状，结合您的岗位，认为培训中应增加、减少哪方面的培训内容，以便于让公司发展得更好？（请用文字说明）

12.您对新员工整体培训工作的开展有何意见或建议？（请用文字说明）

谢谢您的反馈与建议。

资料来源　编者根据某公司实际资料整理。

问题：你认为此问卷设计得是否全面？为什么？

分析提示：比较全面，包括培训形式、培训老师、培训时间、培训课程等方面的信息。

5.2 培训效果评估的方法

5.2.1 培训效果评估的定性分析方法

定性评估法指评估者在调查研究、了解实际情况的基础之上，根据自己的经验和相关标准，对培训效果做出评价。

以定性方法进行评估只是对培训项目的实施效果做出一个方向性的判断，也就是说，主要是"好"与"坏"的判断，由于其不能得到数量化结论，故不能对培训效果达到的程度做一个准确表述。

定性评估法的优点在于综合性较强、需要的数据资料少、可以考虑很多因素、评估过程中评估者可以充分发挥自己的经验等，因此定性方法简单、易行，尤其在培训中有些因素不能被量化时，进行定性评估就比较适合。如对员工工作态度的变化进行评估，要想全部量化成一系列的指标几乎是不可能的。

但定性评估法一大缺点在于其评估结果受评估者的主观因素、理论水平和实践经验等影响较大。不同评估者可能由于工作岗位不同、工作经历不同、掌握的信息不同、理论水平和实践经验的差异以及对问题的主观看法不同等，往往会对同一问题做出不同的判断。

定性评估法有很多种，如讨论、观察、比较、问卷调查等方法都是定性评估法的范畴。

1）讨论法

将受训者召集到一起，开一次讨论会。会议上，让每一个受训者告诉你他学会了什么，他是如何把所学到的知识应用到工作中去的，以及他需要什么样的进一步帮助等，从中获取关于培训效果的信息。

讨论会不要在培训一结束就举行，在培训结束一段时间以后举行可能更为合适，比如一个月后。这时，培训的效果基本上体现出来了，过早的评估可能很难得到有效的信息。

2）观察法

观察法指评估者在培训结束以后亲自到受训者所在的工作岗位上，通过仔细观察，记录受训者在工作中的业绩与培训前的进行比较，以此来衡量培训对受训者所起到的效果。

这种方法由于要花很多时间，并不能大范围使用，一般只是针对一些投资大、培训效果对企业发展影响较大的项目。

3）比较法

比较法是一种相对评估法，包括纵向比较评估和横向比较评估两个方面。纵向比较评估是将评估对象放在自身的发展过程中，进行历史和现实的比较，看其发展的相对位置是进步了还是退步了，其效果是增强了还是削弱了。

横向比较评估是首先在评估对象中选择好培训组，接着选择对比组，然后分别进行测定，这两个测定结果应该是相似的，即工作表现、工作绩效以及个性特征（包括性别、年龄、教育水平、在职年限以及技能水平）相似，接着对培训组进行培训，而在同一时期对比组照常工作而不进行培训，最后在同一时间内对培训组和对比组分别进行评估，以此来判定培训是否达到了效果。

此外，比较法中有一种达度评估方法，就是在评估对象之外，确定一个客观的标准，评价时，将评估对象与客观标准进行比较，衡量评估对象达到客观标准的程度，并依照其程度分出高低等级来决定取舍。

4）问卷调查法

问卷调查法即以书面的形式，拟定若干问题请有关人员填写、回答。对一些评估指标可以通过问卷的方式直接向评估对象了解，有时还把答案按一定标准折合成分数。这种方法也是目前企业培训活动中运用非常普遍的方法。运用这种方法的关键在于设计一份优秀的问卷。一份优秀的问卷应该与培训目标紧密相连，并且与培训内容有关，问卷内容应包括培训的一些主要因素，如培训师、培训场地、培训教材等主要环节。

为了对不同对象或者培训活动的某一特定阶段进行重点评估，评估者可以专门就某一对象或培训活动的某一特定阶段设计问卷，以便及时获得有关信息，如专门对受训者进行评估，或专门对培训师进行评估，或专门对课程、教材进行评估。此外，评估者亦可专门就某一对象在培训活动的不同阶段的表现设计问卷进行评估。问卷评估的内容或范围可多可少、可大可小，但问卷上的每一问题应有一定的深意。总之，问卷设计是否得当，往往是这一方法能否成功运用的根本。

评估问卷没有统一的格式，问题也不固定。评估者可以根据评估目的、评估要求和评估重点等自行设计。对课程和培训师的评价调查见表5-5。

表5-5　　　　　　　　　　　　对课程和培训师的评价调查

劳驾您帮助完成此份问卷调查，您的评价对于改进培训工作非常重要。请您在认为适当的地方画"√"（5——优秀，4——良好，3——中，2——不理想，1——差），或者直接填写

一、学习活动总体情况

1.培训师能调动学员的积极性	5	4	3	2	1
2.学员在课堂上的参与性好，课堂反响热烈	5	4	3	2	1
3.本课程满足您需要的程度	5	4	3	2	1

二、课程目标

4.课程目标的明确程度	5	4	3	2	1
5.课程目标的实现程度	5	4	3	2	1

三、培训师

6.培训师的仪表、动作和举止	5	4	3	2	1
7.培训师对专业知识的掌握程度	5	4	3	2	1
8.培训师讲课速度与准确表达的能力	5	4	3	2	1
9.培训师组织和控制讨论与活动的能力	5	4	3	2	1

续表

四、教材及课程内容					
10.教材的适用性以及满足您需要的程度	5	4	3	2	1
11.课程内容的逻辑性、系统性	5	4	3	2	1
12.课程与工作内容的联系程度	5	4	3	2	1
五、环境和设施					
13.会场布置、座次编排	5	4	3	2	1
14.视听器材、噪声和温度控制	5	4	3	2	1
六、评论					
15.您对整个培训项目有什么意见或建议？					

填表人：　　　　　岗位：　　　　　时间：

◇◦◦◦ ➡ **知识链接 5-2**

态度测量的方法

1）表述法

向学员提供一系列的陈述，让他们按照自己真实的感觉进行画钩选择填写或回答。

2）观察法

根据学员在培训期间所表现出来的参训行为做出结论，即通过观察他们的行为来推断他们的态度。

3）生理现象判断法

通过生理反应做出判断，即通过诸如瞳孔扩张和收缩、呼吸和心跳频率、皮肤电反应等生理现象方法对态度进行测量。

4）报告法

通过学员提交的报告来了解和考查态度。报告可以书面形式，也可以口头形式来进行表述。

5.2.2　培训效果评估的定量分析方法

培训效果评估的指标包括受训者在工作中行为的改进和企业在培训中获得的成果。行为改进主要是软性指标，如工作习惯、沟通技能、对企业文化的认同感、自我管理能力等。这类指标无法收集直接数据，通常是问卷调查的结果或主管的观察印象。评估时可将指标划分为几个等级，如优、良、中、合格、不合格，然后给每一级一个描述，并与收集到的效果信息进行比较得出一个等级（水平）结果。企业在培训中所获得的成果主要是硬性指标，如时间节省、生产率提高、产量增加、废品减少、质量改进、成本节约、利润增加等。下面分别介绍几种定量分析方法：

1）成本–收益分析

通过成本–收益分析计算出培训的投资回报率（IR），是培训效果评估的一种最常见的定量分析方法。企业全部培训成本可分为两大类，即直接成本和间接成本。培训成本构成见表5-6。

表5-6　　　　　　　　　　　　　　　培训成本构成

成本分类	内部培训成本	外包培训成本
直接成本	1.培训讲师费（内请或外聘） 2.培训场地租赁费（如果培训地点在企业内部，此项费用可免） 3.培训设备、相关培训辅助材料费用 4.培训教材费和资料费 5.培训课程制作费用 6.为参加培训所支出的交通费、餐费、住宿费及其他费用	1.外包项目合同约定费用 2.培训设备、相关培训辅助材料费用 3.为参加培训所支出的交通费、餐费、住宿费及其他费用 4.选择培训机构时所发生的费用，包括估价、询价、比价、议价费用，通信联络费用、事务用品费用
间接成本	1.培训项目构想所花费的所有费用，包括工资支出、资料费支出及其他费用 2.培训学员工资福利等 3.参加培训而减少的日常所在岗位工作造成的机会成本 4.培训管理人员及办事人员工资、交通费、通信费等 5.一般培训设备的折旧和保养费用	1.培训学员、辅助培训人员工资等 2.培训管理、监督费用 3.其他相关费用

大部分培训带来的收益体现在以下五个方面：

（1）缩短工时，通过培训企业可以用更少的人力来完成工作，减少时间的浪费，提高工作效率。

（2）高效使用物料，提高员工工作计划能力和工作质量水平，减少存货等。

（3）高效使用设备，降低故障率，减少维修费用，减少停机损失等。

（4）降低员工流失率，从而降低招聘成本、培训成本，减少职位空缺损失等。

（5）减少事故的发生，降低事故的损失和处理事故的费用。

考虑到培训效果发挥的年限，我们可以用更一般的表达式来计算培训收益：

$TE=(E_2-E_1)\times TS\times T$

其中：TE——培训收益；

E_1——培训前每个受训者一年产出的收益；

E_2——培训后每个受训者一年产出的收益；

TS——参加培训的人数；

T——培训效益可持续的年限。

培训的投资回报率是指用于培训的每单位投资所获取的收益，也可以作为衡量培训成果的一个指标。当然，投资回报率和培训效果是成正比的。我们可以用下列公式表示培训的投资回报率：

$$IR=\frac{TE-C}{C}\times100\%$$

其中：IR——投资回报率；

TE——培训收益；

C——培训成本。

在运用成本-收益分析法评估培训效果时，要注意以下五个问题：

（1）只有具有可比性的培训项目才能相互比较，比较的口径和单位应一致。

（2）真实反映培训工作的质量。

（3）考虑培训项目的机会成本。

（4）计算培训项目的投资回收期，要考虑该项目对其他项目带来的收益。

（5）评估的依据只能是培训对公司生产经营实际起作用的费用和收益。

◆◆◆◆➡ **案例分析5-3**

某公司的投资回报率

某公司的某车间专门生产手机专用的滤波器，日产量为200件，产品单价为20元，现有60名工人，6名一线主管、2名监督管理人员和1名项目主管。

该车间生产活动中出现了一些问题：每天10%生产量的滤波器因性能测试不符合技术要求而报废；生产场所环境管理不善，如半成品堆放区域卫生条件差，影响了半成品的质量；工人常与主管或监督管理人员发生争执，工人因闹情绪导致缺勤率较高。为了解决这些问题，3月初公司培训部提出一项旨在提高管理人员管理水平的培训项目，经过主管领导批准后，该项目于4月开始实施，并在5月初完成，经过1个多月的实践，到6月底时，由于工人情绪等问题得到明显改观，工人的缺勤率明显下降，使该车间平均每天的日产量增加了40件。此次培训项目的成本见表5-7。

表5-7	培训项目成本	单位：元
直接成本	培训项目购买费用（视频资料及印刷品）	8 000
	咨询专家费用（工资、交通及食宿）	6 500
	培训场地租赁费用	3 000
	视听设备租赁费用	1 200
间接成本	培训组织者及辅助员工的工资和福利	7 250
	受训者的工资及福利（按照离岗时间计算）	36 250
	因联系培训相关事宜产生的电话费用	680
	企业的总体支持、高层管理人员的时间成本（直接成本+间接成本）×10%	6 288
总成本	合计	69 168

培训项目的收益分析。假定该公司每天生产的产品合格率大幅度提高，为100%，则该公司每日合格产品产量可以增加60件（200×10%+40）。

在产品单价不变的情况下，该公司每个工作日预计新增加和下半年预计新增加的收益分别为：

每个工作日预计新增加收益：60×20=1 200（元/天）

下半年预计新增加收益：1 200×125=150 000（元）

培训净收益：150 000-69 168=80 832（元）

培训项目投资回报率=80 832÷69 168×100%=116.9%

培训投资回收期=69 168÷1 200=58（天）

资料来源 中国就业培训技术指导中心．企业人力资源管理师（三级）［M］．4版．北京：中国劳动社会保障出版社，2020.

问题：该公司投资开展管理人员培训项目合算吗？为什么？

分析提示：合算。该公司通过培训需求分析开展了针对性的培训，解决了影响企业效益的问题，投资回报率比较高，所以本次培训项目投资是合算的。

2）等级加权分析

当培训效果的评估指标由多个指标组成时，需要给评估对象建立指标体系，确定各项指标的权重，如每个指标分为5级，由多名评估人员进行评估，然后根据统计结果进行分析。指标体系的总权重为100%（即1），各指标按其重要程度进行赋权，如某个指标按其重要程度被赋权15%（即0.15）。将培训效果的评估指标进行加权量化，获得评估结果以后，就可以与培训前的相应评估指标进行对比分析，以此评估培训效果。培训效果评估见表5-8。

表5-8 培训效果评估

等级指标权重	5分	4分	3分	2分	1分	单项指标得分
敬业精神 0.4	10%	60%	20%	8%	2%	1.472
工作能力 0.2	55%	20%	10%	8%	7%	0.816
专业知识 0.2	30%	20%	25%	15%	10%	0.690
职业道德 0.2	40%	25%	20%	10%	5%	0.770

表5-8中评估结果用百分数表示，如10%表示10%的评估人员认为该员工敬业精神得分为5分。

敬业精神的单项指标得分：

（5×10%+4×60%+3×20%+2×8%+1×2%）×0.4=1.472（分）

……

则该员工培训后的评估结果=1.472+0.816+0.690+0.770=3.748（分）

3）评估的可信度

按照上面介绍的定量分析方法，对受训者培训前后各测评一次，便可评估出培训的效果。由于企业的工作是多方面的，工作业绩是多维度的，评估人员的素质（成熟度、统计能力、品德等）也有高有低，因此培训活动是多因多果的。有的经营结果可能不是由于培训而是其他因素，如采用新设备产生的；有的行为结果是培训产生的，但难以衡量，如受训者的良好表现可促使其他员工努力学习以改善工作的这种辐射反应。为了让人更信服评估的结果，真正对管理者、决策者有借鉴意义，可采取前面所介绍的评估方案：前测–后测评估方案、后测–对照组评估方案和前测–后测–对照组评估方案，特别是前测–后测–对照组评估方案，能极有效地提高评估结果的可信度。

为了确保培训效果评估的有效性和全面性，评估人员还要注意几个问题：时刻牢记培训目标和评估的基本要求，不能把"全员参与、气氛热烈、领导重视、投资量大、教师有名气、媒体有报道"这些表象的信息当作培训的成果来收集；评估方案设计要科学、合理，操作方便，经济性好；评估要认真对待，但不是走向另一个极端，把评估变成科学研究，进行非常复杂的分析，分析的结果也让人难以弄懂，导致成本高、收效低；评估要坚持实事求是，客观、公正，这样的结果才能推动培训项目趋向实用、有效，帮助企业实现经营战略。除此之外，要注意评估方法的科学性和评估人员的素质。企业应尽量避免让培训组织者自己进行评估或评估人员与被评估对象间产生个人恩怨、权力斗争等情况。

知识链接5-3

关于信度和效度

信度指测量结果的可靠性或一致性。可靠性指的是在不同时间点重复衡量相同的事物或个人，然后比较两次衡量结果的相关程度；一致性指的是在同一维度中，各个项目之间具有同质性或内部同构性。

效度指测量结果对所测对象反映的准确、真实程度。举一个例子，假设培训者决定用实际操作的方法来检查受训者是否已经掌握了人事档案归档的程序。测验的效度取决于测验分数是否能反映员工对该程序的掌握程度。如果培训的内容是让员工了解人事档案的分类依据，而测验重点考查的是如何归档，那么测验分数反映的就不是员工对培训内容的掌握程度了。如果事实的确如此的话，那么这个测验只会导致错误的决策。

5.2.3　培训效果评估数据的整理与分析

对收集来的评估信息不仅要归类、登记、建立数据库，还要进行必要的统计分析。在对数据进行分析时，会用到一些统计方法。一般来说，有三种统计方法较为常用，即平均数差异检验、方差分析、相关趋势分析。

1）平均数差异检验

平均数差异检验指用平均数来检验两组数据之间的差异，如受训者前、后测验的分数上是否有差异，受训组和对照组在培训后测量分数上是否有差异。

平均数差异检验根据两个组之间的关系，可以分为相关样本和独立样本的差异检验。图5-2给出了平均数差异检验的分类。

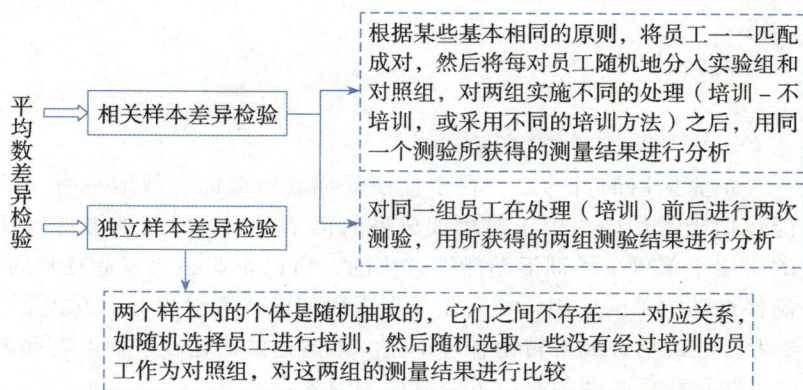

图5-2 平均数差异检验分类

通常通过 t 检验法来进行测量检验。其公式为：

$$t=\dfrac{\dfrac{X_d}{S_d}}{\sqrt{n-1}}$$

其中：X_d——两组差异的平均数；

S_d——差异的标准差；

n——样本数。

在进行检验时，还需要设定置信区间，即设定在多少概率范围内可以接受或拒绝两组数据有无差异的结论，通常称为 α 水平。一般设定 1-α 为 0.95 或 0.99，即结论有（1-α）100% 的可信度。参照 t 分布表，就可以做出统计推论。

2）方差分析

方差分析用于对多个变量组数据的差异进行检验。它与 t 检验法相比，具有评估两个以上变量的效应，进行多组数据比较时能较为准确地做出判断，具有更高的统计功效。采用方差分析时，要计算出组间变异和组内变异。

组间变异指由于接受了不同的处理方法，如培训–没有培训，课堂讲授–电脑辅助教学–互动等产生的不同小组之间的差异。

组内变异指发生在同一组内部、由个别差异或误差导致的变异。

进行方差分析的目的在于，看看发生的变化到底是由于实施了不同的处理所产生的，还是仅仅由于误差所导致的。具体计算可参考统计学方面的相关书籍。

3）相关趋势分析

相关趋势分析指利用相关性来显示培训项目中不同因素和学员业绩表现之间的相互关系。例如，将受训者在工作岗位上的业绩表现情况与参加培训后的测试业绩进行比较，就可以揭示两者之间的相互关系。如果排除了其他因素的影响，两者之间若存在显著相关，则可以认为培训是有效的。

在培训项目不同阶段收集到的数据往往会在当时的阶段就进行分析，以便为培训项目的调整提供信息。此后，可以继续收集后续跟踪数据，再将其与最初的数据组合在一起分析，对整个培训项目进行评估。

5.3　培训成果的转化

微课 5-1

培训成果转化

5.3.1　培训成果转化的含义

　　企业培训的目的之一在于促使受训者持续而有效地将所学的知识和技能运用于工作中。由于对培训成果的再学习、长时间的维持以及在工作中的应用不单单是培训活动能够解决的，所以企业必须创造有利的组织氛围，确保培训成果的应用，并防止受训者回到已经习惯的行为方式上。

　　有许多学者曾经对培训成果转化有过论述。虽然这些论述在字面上有些差别，但归根结底培训成果转化所要强调的是以下两方面的内容：

　　（1）在什么样的情景和什么样的行为中我们期望受训者运用他们在培训活动中所获得的知识、技能等。也就是说，培训者要确定三个方面的问题：我们期望受训者在培训之后必须改变什么行为；培训成果转化发生的频率和情景；受训者在面对变化的工作情景时能够应用所学内容的程度。

　　（2）我们期望受训者学习到的知识、技能和态度等能保持多久的时间，以及在工作中哪些因素能够加强知识和技能等的发展。也就是说，行为维持的问题和在转化环境当中新行为的保持问题。

　　综上所述，培训成果转化就是指受训者持续而有效地将其在培训中所获得知识、技能和态度等运用于工作当中，从而使培训项目发挥其最大价值的过程。当人力资源开发成为企业人力资源管理的核心环节时，培训如何转化成业绩就成为关键问题。当个人的知识、技能和态度等的转变与组织的需求紧密地联系在一起时，培训成果转化就成为核心问题。

　　▶ 知识链接 5-4

三种培训成果转化理论

　　同因素理论认为，培训转化只有在受训者所执行的工作与培训期间所学内容完全相同时才会发生。能否达到最大限度的转换，取决于任务、材料、设备和其他学习环境特点与工作环境的相似性。激励推广理论指出，理解培训转化问题的方法是建立一种强调最重要的一些特征和一般原则的培训，同时明确这些一般原则的适用范围。激励推广理论强调"远程转换"。远程转换是指当工作环境（设备、问题、任务）与培训环境有差异时，受训者在工作环境当中应用所学技能的能力。根据认知转换理论，转换与否取决于受训者恢复所学技能的能力。这一理论认为可通过向受训者提供有意义的材料来增加受训者将工作中遇到的情况与所学能力相结合的机会，从而提高可转换的可能性，同时向受训者提供对所学技能进行编码记忆的技能，这样他们就能轻而易举恢复这些能力了。在这里，我们给出了三种培训成果转化理论的比较，见表 5-9。

表5-9 三种培训成果转化理论的比较

理论	强调重点	适用条件	举例
同因素理论	培训环境与工作环境完全相同	工作环境的特点可预测且稳定	设备使用培训
激励推广理论	一般原则被运用于多种不同的工作环境	工作环境不可预测且变化剧烈	人际关系技能培训
认知转换理论	有意义的材料和编码策略可增强培训内容的存储与回忆	各种类型的培训内容和环境	鼓励员工思考培训

资料来源 佚名. 培训成果转化 [EB/OL]. (2012-02-16) [2024-12-12]. http: //www.doc88. com/p-792377206420.html.

5.3.2 培训成果转化的层面

成功的培训能提高员工的知识、技能，改善员工的工作态度，在实际工作中持续有效地进行培训成果转化，不断提高工作绩效以推动企业向前发展。为了分析影响培训转化的因素，首先来分析培训转化的四个层面。从受训者角度，培训转化的四个层面如图5-3所示。

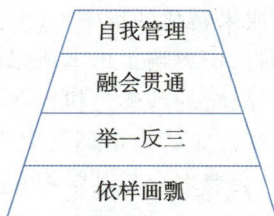

图5-3 培训转化的四个层面

培训转化的第一个层面是依样画瓢式的运用，即受训者的工作内容和环境条件与培训时的情况完全相同时才能将培训学习成果转化。培训转化的效果取决于实际工作内容与环境条件同培训时的情况相似性大小。比如，情景模拟培训在这个层面的转化程度就大。

培训转化的第二个层面是举一反三，即推广。受训者理解了培训转化的基本方法，掌握了培训目标中要求的最重要的一些特征和一般原则，同时明确了这些原则的适用范围。在工作环境（如操作设备、工作任务、实际问题）与培训时的环境特征有所差异时，受训者也能正确应用所学知识、技能等。这个层面的转化效果可通过培训师在培训时示范关键行为、强调基本原则的多种适用场合来提高。

第三个层面的转化是融会贯通，即受训者在实际工作中遇到的问题或状况完全不同于培训过程的特征时，也能回忆起培训中的学习成果，建立起所学知识、技能等与现实应用之间的联系，并恰当地加以应用。

第四个层面的转化是自我管理，即受训者能积极主动地应用所学知识、技能等解决实际工作中的问题，而且能自我激励进而去思考培训内容在实际工作中可能的应用。比如，能较为恰当地判断在工作中应用新掌握的技能可能会产生的正面或负面作用；为自己设置应用所学技能的目标；对所学内容的应用实行自我提醒、自我监督；对培训内容的应用加以自我强化，以实现扬长避短、熟能生巧，继而进入创新应用成果的良性循环。

5.3.3 影响培训成果转化的因素

培训有助于增加受训者的知识、提高受训者的技能、改变受训者的态度，不仅可以提升受训者的岗位胜任力和职业竞争力，还可以提高组织的绩效，实现受训者和企业的"双赢"，从而有助于组织目标的实现，但是前提是需要成功地将受训者的培训成果进行有效转化。所谓培训成果转化，也称培训迁移，是指受训者将培训中所学的理论、技能、行为方式等持续有效地应用到实际工作中。从某种意义上说，组织为受训者提供培训，也是一种吸引、激励人才的重要手段。然而研究发现，一些组织的培训成果转化率并不高，严重影响了受训者学习的积极性；受训者并没有真正把培训所学的知识与技能等转化为实际工作技能和工作效绩等，许多组织的培训成果转化率通常只有10%～20%，大部分培训成果都无法运用于实际工作中。因此，如何提高培训成果转化率是组织亟待解决的问题。那么，到底是哪些因素影响受训者培训成果的转化呢？

影响培训成果转化的因素包括受训者自身因素、培训体系因素以及工作氛围因素等。

1）受训者自身因素对于培训成果转化的影响

首先，受训者对培训重要性的认识影响了培训成果的转化。培训对受训者提高岗位技能、提升综合素质、加强对公司战略的理解与执行等起着重要的作用。若受训者对培训的认知不深刻，仅仅存在于表面，如认为培训是受训者的福利，培训是一种形式学习，只关注培训的期数与人数等，会严重影响其学习积极性与动机，受训者不会认真对待培训，进而影响培训成果的转化。

其次，受训者的特点也会影响培训成果的转化，如培训态度、文化水平、基本技能、自我效能感和成就动机等。有些受训者对待培训是一种无所谓的态度，或者更多的目的是通过培训获得相关的证书为晋升做铺垫，而没有思考如何将培训所获迁移到实际的工作中以改进工作；有些受训者发生了技能的遗忘，不懂得如何将培训所学应用于实践等。这些都严重制约了培训成果的转化。对以上问题，可以采取以下措施解决：

（1）在分析确定培训对象时应有所选择，要求受训者具备学习培训项目内容所需的基本技能，即认知能力和阅读、写作能力等。选择时，可以对候选人采用书面形式进行测试，测试结果不记入受训者个人档案以消除受训者对此形成恐惧心理而不愿意参加培训。

（2）要求受训者做好受训准备，端正学习态度和学习动机。

（3）如有必要还需要受训者就适当的基本技能进行自我学习和提高。

（4）明确告知受训者培训后将对学习成果和应用情况进行考核，而且是有奖有惩并与晋升等待遇挂钩。

（5）如果员工不具备基本技能又不得不参加培训，可以将基本技能指导融进培训计划中。

（6）培训实施前可将培训设计的一些资料印发给受训者，让他们事先阅读理解，这样对提高培训的有效性大有好处。

2）培训体系因素对于培训成果转化的影响

培训成果转化是培训管理的环节之一，组织在实施培训活动之时，必须给受训者创造有利于培训成果转化的条件。然而，有些组织的培训体系确实有培训需求分析、培训方案设计与开发、培训计划实施与培训成果评估等环节，却缺乏相应的培训成果转化保障体系；有些组织事先没有培训需求分析，甚至因为市场上的某种培训很流行，就盲目跟风或者照搬，培训内容与工作任务缺乏关联，导致所学无用武之地，造成培训成本的增大，从一开始就埋下了培训成果难以转化的隐患。另外，培训方法选择不当，造成培训成果难以甚至不能实现有效转化或迁移。

针对以上问题，在培训体系设计时应该考虑以下问题：

（1）在精准进行需求分析的基础上，根据组织、岗位以及受训者的实际情况明确受训者以及培训内容，并告知受训者，使受训者在受训前就非常明确培训目标和培训内容。

（2）根据培训目标和培训内容，选择更有针对性的培训方法，确保受训者的培训效果，并建立健全相应的培训成果转化保障体系。

3）工作氛围因素对于培训成果转化的影响

这里的工作氛围指能够影响培训成果转化的所有工作上的因素，包括管理者的支持、同事的支持、企业的学习氛围等。有利于培训成果转化的工作氛围应该具有以下特征：

（1）受训后员工的工作是按照让他们能够使用新知识、技能和行为等来设计的，这个工作特点能起到督促或提醒受训者应用在培训中获得的新知识、技能等的作用。

（2）受训者的直接主管及其他管理者能与受训者一起讨论如何将培训成果应用到工作当中，他们对受训者在工作中应用培训获得的新知识、技能等是持鼓励、支持的态度，而不是冷嘲热讽或漠不关心。

（3）管理者对刚接受培训就将培训内容应用于工作中的行为加以表扬，以进行正向强化。当受训者在应用培训内容出现失误时，管理者不会当众责难，而是个别指出并帮助寻找原因和解决方法。

（4）受训者若在工作中成功应用了培训内容，而且使用频率或改善绩效达到了某一规定标准，那么他们会得到加薪的机会，并将此记入受训者个人档案作为全年绩效考核和晋升的依据。

哈佛商学院认为，学习型组织会有意识地、持续地吸收、积累、分享与运用各种知识与技能，实现生产与学习的最大化。所以，在企业培训中优化培训成果转化的环境，构建好学习型组织，在一定程度上有助于培训成果的转化。企业可以建立鼓励和奖励个人及团队学习的工作氛围，支持员工学习，包括支持创造性的学习，将成功或失败都能视为学习的契机。

◀◀◀◀▶ 小思考5-3

培训后，怎样才能使培训效果更加有效

对培训课程进行巩固以使学习内容能应用到实际工作中是投资培训的决策者的最大

期望，但期待受训者主动把学习内容转化成新的管理行为，在大多数情况下，极少有受训者会那样做。而企业在培训之后，怎样才能使培训更加有效呢？

答：为巩固培训效果，可采取以下方法：（1）建立学习小组。（2）制订行动计划。（3）制订多阶段培训方案。（4）应用表单。（5）营造支持性的工作环境。

促进培训成果转化的技巧如下：（1）关注培训师授课风格。（2）在工作上迅速应用培训技能及相关内容。（3）培训师建立适当的学习应用目标。（4）在课程进行期间，讨论在工作中如何运用培训内容。（5）建立合理的考核奖励机制，包括：建立配套的合理考核机制；组织配套的评比活动；提供配套的奖励措施等。

▶ 价值引领

以职业技能培养铺展"技能中国"宏图

2021年12月，经国务院同意，人力资源和社会保障部、教育部、国家发展改革委、财政部联合印发《"十四五"职业技能培训规划》（以下简称《规划》）。《规划》明确提出，"十四五"期间，我国将组织实施政府补贴性培训达7 500万人次以上，其中农民工职业技能培训3 000万人次以上；新增取得职业资格证书或职业技能等级证书的人员达到4 000万人次以上，其中能够达到高级技工、技师、高级技师的高技能人才达到800万人次以上；新增公共实训基地200个。技能是强国之基、立业之本。职业技能培训是提升劳动者就业创业能力、缓解结构性就业矛盾、促进扩大就业的重要举措。"十四五"期间大规模多层次开展职业技能培训，以此铺展"技能中国"宏图。

资料来源　徐向东. 以职业技能培养铺展"技能中国"宏图［EB/OL］. （2022-01-10）［2024-01-12］. https://m.gmw.cn/baijia/2022-01/10/35437750.html.

▶ 基础训练

5.1　单项选择题

1）定性评估法指评估者在调查研究、了解实际情况的基础之上，根据自己的经验和相关标准，对（　　　）做出评价。

A.培训效果　　　　B.培训过程　　　　C.培训人员　　　　D.培训师

2）培训成果转化的四个层面依样画瓢、（　　　）、融会贯通、自我管理。

A.知识评估　　　　B.举一反三　　　　C.反应层面　　　　D.行为层面

3）培训效果评估的四个层次，即反应评估、学习评估、（　　　）、结果评估。

A.知识评估　　　　B.行为评估　　　　C.效益评估　　　　D.自我评估

4）正式评估具有（　　　），客观程度高等优点，但并不能完全排除了评估者的主观性。

A.方便易行　　　　　　　　　　　　B.几乎不需要耗费什么额外的时间和资源

C.在数据和事实的基础上做出判断　　D.从成本-收益的角度来看是很值得的

5）（　　　）是在培训过程中以改进而不是以是否保留培训项目为目的的评估。

A.正式评估　　　　B.非正式评估　　　　C.总结性评估　　　　D.建设性评估

6）影响培训成果转化的因素包括受训者自身因素、（　　　）以及工作氛围因素等。

A.正式评估　　　　B.非正式评估　　　C.培训体系因素　　D.评估模型因素

7）（　　　）就是指受训者持续而有效地将其在培训中所获得的知识、技能和态度等运用于工作当中，从而使培训项目发挥其最大价值的过程。

A.正式评估　　　　B.培训成果转化　　C.定量评估　　　　D.建设性评估

8）一般来说，有三种统计方法较为常用，即平均数差异检验、方差分析、（　　　）。

A.正式评估分析　　　　　　　　B.培训成果转化分析

C.定量评估分析　　　　　　　　D.相关趋势分析

9）（　　　）是指用于培训的每单位投资所获取的收益，也可以作为衡量培训成果的一个指标。

A.培训的投资回报率　　　　　　B.培训收益

C.直接成本　　　　　　　　　　D.间接成本

10）比较法是一种相对评估法，包括纵向比较评估和（　　　）两个方面。

A.立体比较评估　　B.平面比较评估　　C.横向比较评估　　D.斜向比较评估

5.2　简答题

1）培训效果评估有哪几个层次？

2）培训效果评估的形式有哪些？

3）正式评估和非正式评估的适用范围如何？

4）培训效果评估信息收集的方法有哪些？每种方法需要掌握哪些信息？

5）培训成果转化有哪几个层面？

➤ 综合应用

5.1　案例分析

麦肯锡的员工培训效果评估

麦肯锡是全球最大的战略咨询公司之一，为全球各行各业的客户提供战略、组织、运营、数字、分析等方面的咨询服务。麦肯锡经过多年的实践，形成了独特的培训体系。

1）培训目标

麦肯锡的培训目标是培养咨询顾问的问题解决能力、沟通能力、领导能力和专业能力，以及培养咨询顾问的职业素养和价值观。

2）培训内容

（1）入职培训：为新入职的咨询顾问提供为期两周的培训，介绍麦肯锡的历史、文化、价值观、业务范围、工作流程、员工职业发展等内容，以及教授麦肯锡的问题解决框架、分析方法、沟通技巧、项目管理等基本技能。

（2）项目培训：为每个咨询项目的团队成员提供为期一天的培训，明确项目的目标、范围、方法、工作计划、角色分工、风险管理等内容，以及根据项目的特点和需求，提供相关的专业知识和技能的培训。

（3）专业培训：为咨询顾问提供不同的专业领域的培训，包括战略、组织、运营、数字、分析、行业、功能等方面的培训，以及根据咨询顾问的兴趣和职业规划，提供不同的专业发展路径和培训计划。

（4）职级培训：为咨询顾问提供不同的职级阶段的培训，包括初级咨询顾问、资深咨询顾问、项目经理、合伙人等不同的职级，以及根据咨询顾问的职责和要求，提供相应的领导力、管理力、创新力等方面的培训。

（5）持续教育和终身学习：为咨询顾问提供持续的教育和学习的机会与资源，包括定期的内部培训、外部培训、在线培训、研讨会、论坛、导师制、教练制、反馈制等方式，以及鼓励咨询顾问参加高等教育、专业认证、社会服务等活动。

3）培训方法

（1）课堂教学：采用讲授、案例分析、小组讨论、角色扮演、模拟演练等方式，传授理论知识和实践技能，提高咨询顾问的认知和应用能力。

（2）在线学习：利用麦肯锡的在线学习平台，提供多种形式的在线课程、视频、音频、文档、测试等资源，满足咨询顾问的个性化和灵活化的学习需求，提高咨询顾问的自主和主动学习能力。

（3）在职辅导：利用麦肯锡的导师制、教练制、反馈制等机制，为咨询顾问提供个性化的指导、支持、建议、评价等服务，帮助咨询顾问解决工作中的问题，提高咨询顾问的解决问题的能力和自信心。

（4）实践锻炼：利用麦肯锡的项目机会，为咨询顾问提供实际的工作环境和挑战，让咨询顾问在实践中运用所学的知识和技能，提高咨询顾问的工作能力和效果。

4）培训评估

（1）培训反馈：通过问卷、访谈、观察等方式，收集咨询顾问对培训的满意度、意见、建议等信息，评估培训的质量、效率、满意度等，以及培训的优点、缺点、改进空间等。

（2）培训结果：通过考试、测试、评估、证书等方式，检验咨询顾问在培训后的知识和技能的掌握程度、应用程度、提升程度等，评估培训的有效性、效益、影响等。

（3）培训改进：通过数据分析、对比研究、经验总结等方式，识别培训的问题和障碍，提出培训的改进措施和建议，优化培训的设计、实施、评估等环节，提高培训的质量和水平。

5）培训效果

（1）咨询顾问的个人发展：通过培训，咨询顾问的问题解决能力、沟通能力、领导能力和专业能力得到了显著的提高，咨询顾问的职业素养和价值观得到了强化，咨询顾问的职业发展和满意度得到了保障。

（2）咨询项目的服务质量：通过培训，咨询顾问的工作效率和质量得到了提升，咨询项目的执行和管理得到了优化，咨询项目的客户满意度和忠诚度得到了增强。

（3）咨询公司的竞争力和声誉：通过培训，咨询公司的核心竞争力和创新能力得到了加强，咨询公司的市场份额和收入得到了增长，咨询公司的品牌形象和社会责任得到了提升。

资料来源　尚普咨询集团. 企业培训的最佳实践：咨询公司的六个案例分享［EB/OL］.（2024-01-24）［2025-01-02］. https://baijiahao.baidu.com/s?id=1788939487438860626.

问题：麦肯锡的培训体系有何特点？

分析提示：麦肯锡的培训体系是一个全面、系统的能力提升计划体系。它不仅关注员工的当前需求，还着眼于员工未来的发展；不仅注重制定明确的培训目标和计划，还非常重视培训效果的评估和改进。通过对员工持续的培训和开发，麦肯锡确保了员工始终保持竞争力和创新力，也为公司保持长期竞争优势奠定了坚实的基础。

5.2　实践训练

训练1：某企业刚刚完成 ISO 9000 质量体系课程培训。培训主管需要对培训内容和结构、培训师水平、培训对实际工作的作用、教材质量等问题进行综合评估，现在需要设计一套高质量的培训效果评估调查问卷。请根据以上情景，编制一份用于评估培训效果的调查问卷。

设计思路：确定评估项目；明确各评估项目的范围；设计问卷内容。

注意问题：设计尽可能严谨的评估方案；问卷语言尽量要准确、精练、易懂；问卷问题数量尽量要适中。

训练2：根据培训有效性评估的反应层面设计一个员工满意度测评表。

训练3：某公司对其新任的主管人员实施了为期5天的培训。该培训的核心包括8个方面的培训：①主管人员的作用和职责；②沟通；③工作的计划、分配、控制和评估；④职业道德；⑤领导与激励；⑥工作业绩问题的分析；⑦客户服务；⑧管理多样化。新任主管人员的直接上级表示，上述各方面所起的作用在新任主管人员的日常工作成功中所起的作用占80%。对于被评估的目标群体而言，每人每年平均工资加上福利为40 000元。将这个数字乘以80%，可计算出每名学员的货币价值为32 000元。如果在1年内某人在全部8个方面上都表现成功的话，那么他对于该机构的价值就应该是32 000元。直接上级采用0～9分数制，对新任主管人员在每个方面的技能进行了评定。在工作中取得成功所要求的平均技能水平被确定为7，而参加培训项目之前的技能评定分数为4.83，也就是7的69%（即学员的工作表现为在各方面取得成功所需要的平均技能水平的69%）；参加培训项目之后的技能评定分数为5.81，也就是7的83%（即学员的工作表现为在各方面取得成功所需要的平均技能水平的83%）。培训项目成本为1 400元/学员。

问题：试根据某公司培训的成本-收益分析资料计算该公司的培训投资回报率。

答：$投资回报率=\frac{培训收益-培训成本}{培训成本}\times100\%$

该公司培训项目收益=32 000×（83%-69%）=4 480（元）

该公司培训项目成本=1 400（元）

$投资回报率=\frac{4\,480-1\,400}{1\,400}\times100\%=220\%$

第6章　培训制度保证

学习目标

知识目标

在学习完本章之后，你应该能够：了解员工职业培训相关法规；明确起草、修订培训制度的要求；熟知企业培训制度的概念；掌握员工培训制度的基本内容。

能力目标

在学习完本章之后，你应该能够：能根据国家的相关政策要求和企业的实际情况起草员工培训制度。

素养目标

在学习完本章之后，你应该能够：将员工思想政治培训工作纳入培训制度中。

内容架构

微课 6-1

培训保证制度

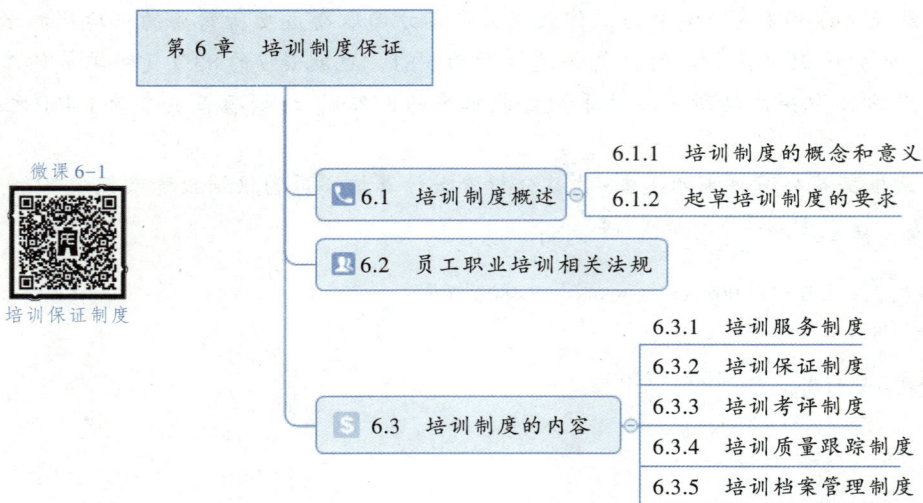

➡ 引例

京东公司培训管理制度

第一章　总则

为提升员工的综合素质和职业能力，促进员工的职业发展，京东公司制定了培训管理制度。本制度旨在规范公司内部培训活动，建立健全的培训体系，确保培训工作的顺利进行。

第二章　培训目标

（一）全面提升员工的专业技能和综合素质，提高员工的绩效水平。

（二）培养员工的创新意识和团队合作能力，促进员工的个人成长。

（三）加强企业文化建设，营造良好的工作氛围，提高员工的工作满意度。

第三章　培训范围

（一）新员工培训：对新入职员工进行入职培训，介绍公司的组织架构、文化理念、工作流程等，帮助新员工尽快适应新环境。

（二）岗位技能培训：针对不同岗位的员工，开展相应的技能培训，提高员工的专业水平和工作效率。

（三）管理能力培训：针对中高级管理人员，开展领导力、沟通技巧、决策能力等方面的培训，帮助他们更好地管理团队。

（四）企业文化培训：开展企业文化建设培训，让员工深入理解公司的核心价值观和文化理念，树立正确的企业观念。

（五）职业发展培训：为员工提供职业规划指导和职业素养提升培训，帮助他们实现个人发展和职业目标。

第四章　培训方式

（一）内部培训：由公司内部的专业人员承担培训任务，通过讲座、讨论、案例分析等形式进行培训。

（二）外部培训：委托专业培训机构进行培训，通过专业讲师授课、实战演练等形式进行培训。

（三）在线培训：利用互联网等技术手段，开展在线学习，让员工在任何时间、任何地点都能参与培训。

（四）集中培训：组织集中的培训活动，集中安排员工参加培训，提高培训效果。

第五章　培训管理

（一）培训计划：公司每年制订培训计划，明确培训项目、培训对象、培训时间等，确保培训工作有序进行。

（二）培训评估：对培训效果进行评估，及时调整培训方向和方式，提高培训的实效性。

（三）培训记录：建立员工培训档案，记录员工参加的培训内容、时长、成绩等信息，用于员工绩效考核和晋升评定。

（四）培训激励：公司设立培训激励制度，对参加培训并取得优秀成绩的员工进行表彰和奖励，鼓励员工积极参与培训。

（五）培训费用：公司承担员工的培训费用，包括培训机构费用、差旅费用等，确保员工参加培训的顺利进行。

第六章　培训管理责任

（一）人力资源部负责公司培训工作的统筹规划和组织实施。

（二）各部门负责推动培训工作的落实和具体执行。

（三）员工应积极参与公司组织的各类培训活动，不断提升自身素质和能力。

第七章　附则

本制度自颁布之日起生效，如有变动，须经公司领导同意后方可修改。未尽事宜，由公司人力资源部负责解释。

资料来源　编者根据百度文库相关资料整理。

这一引例表明：企业需要按照相关的原则和要求起草培训制度，根据公司的实际情况，对培训目标、范围、方式、相关部门的职责等做出相关规定和要求，规范公司内部培训活动，建立健全的培训体系，确保培训工作的顺利进行。

6.1　培训制度概述

6.1.1　培训制度的概念和意义

培训制度是组织为规范培训工作而制定的一系列条款、条例和程序。

俗话说没有规矩不成方圆，完善的培训制度建设对企业培训的有效开展起着至关重要的作用。科学完善的培训制度为培训活动的运作确立了准则，从根本上提高了培训的效果，避免了工作混乱，减少了摩擦和阻力，帮助企业顺利有效地进行培训。

培训制度不仅要包括针对员工层面培训纪律方面的要求，还要包括针对企业层面培训的相应规定。员工层培训基本纪律制度要明确规定员工所享有的基本权利和要履行的基本义务，明确规定针对员工迟到、早退、旷课等不遵守培训纪律行为所要进行的处理措施，同时要明确针对员工在培训中的出色表现的激励办法；公司层培训制度主要明确规定人力资源管理部门和各职能部门应当享有的权利与承担的义务，特别应当指出的是如果各部门间的培训发生冲突时，处理所应遵照的原则。

6.1.2　起草培训制度的要求

根据企业外部环境和内部条件发生的变化，应当及时提出培训制度的建立、修订方案。起草或修订企业员工的培训制度时，应体现以下几方面的要求：

1）培训制度的战略性

培训本身要从战略的角度考虑，要以战略的眼光去组织企业培训，不能只局限于某一个培训项目或某一项培训需求，因此制定和修订培训制度时应从战略角度出发，使培训与开发活动走向制度化和规范化。

2）培训制度的长期性

培训是一项人力资本投资活动，要正确认识人力资本投资与人才开发的长期性和持久性。要用"以人为本"的指导思想和管理理念制定培训制度，保证制度的稳定性和连贯性。

3）培训制度的适用性

培训制度是开展日常培训工作的指导方针，因此培训制度应有明确、具体的内容或条款，充分体现管理与实施的需要。这些内容或条款针对培训过程中的某些方面做出了明确的规定，保证在具体实施过程中出现问题时可以照章办理。

起草培训制度草案或对某项具体培训制度进行修订时，不但要坚持以上三条原则，还应当深入实际进行调查研究，掌握各种培训制度在制定之后以及在实施过程中的变化，解决了哪些问题，取得了什么样的效果，还存在着哪些困难和问题有待克服与解决。只有掌握真实、全面的信息，才能"对症下药"，切实保证企业培训制度的科学性和可行性。

◇◇◇▶ 知识链接6-1

我国企业职业培训制度现状

我国劳动者群体数量庞大，但职业培训率较低，企业虽是职业培训的重要主体，但企业职业培训未在实践中占据重要地位。我国2023年第九次职工队伍状况调查显示，目前全国职工总数为4.02亿人左右，其中95.3%的职工希望学习新的职业技能或知识。我国企业职业培训制度不完善，部分企业甚至还在培训行为中侵害普通职工的合法权益，企业未能发挥应有的主体作用。该现状在推行终身职业技能制度的背景下更值得深思。实践中一些企业开展不具备专业性、对口性、针对性的军训式入职培训、日常培训等，在侵害普通职工职业培训权、休息权等合法权益的同时，甚至损害职工的身体健康。职业培训未能有利于职工发展，反而成为企业等主体侵害职工合法权益的"噱头"，其背后反映了我国企业职业培训制度不完善的根本问题在于相关立法不完善，即我国相关政策重心转移、相关立法废止，出现了立法断层现象，且《劳动法》《职业教育法》等仅规定企业针对特定职工群体负有职业培训义务，针对普通职工则多规定鼓励或倡导性义务，对企业部分培训行为的主体责任及职业培训的具体内容要求并不明确。这种有着法律明文规定的"通行证"，企业在职业培训中应承担的具体义务及违反后的责任承担却不明确的现状，甚至使职业培训成为一些企业侵害职工合法权益的"利器"。

资料来源 王玉玲. 终身职业技能培训背景下企业职业培训的制度完善［J］. 山东工会论坛，2024（30）. 有改动.

6.2 员工职业培训相关法规

世界各国在第二次世界大战以后，特别是20世纪60—70年代，开始重视职业培训立法。比如，日本1958年的《职业培训法》，美国1963年的《职业培训法》，英国1964年的《工业培训法》（1973年改为《雇佣培训法》），法国1966年的《职业训练法》、

1976年的《终身培训法》和联邦德国1969的《职业训练法》等。国际劳工组织在1962年《社会政策（基本宗旨和准则）公约》〔第117号〕的第六部分"教育和职业培训"中规定："如当地条件许可，应采取适当措施，逐步推广教育、职业培训和徒工习艺计划，切实培养男女少年适应一项有益工作。"1974年通过了《带薪脱产学习公约》〔第140号〕，1975年通过了《人力资源开发公约》〔第142号〕。

我国一直十分重视有关职业培训的立法，早在1952年2月政务院就发布了《关于国营、公私合营、合作社营、个体经营的企业和事业单位的学徒的学习期限和生活补贴的暂行规定》，对学徒，这一传统的职业培训方式做出了规定。1994年7月通过的《中华人民共和国劳动法》（以下简称《劳动法》，分别于2009和2018年进行了修正）对"职业培训"进行了专项规定。1996年5月第八届全国人大常委会第十九次会议通过了《中华人民共和国职业教育法》（以下简称《职业教育法》，于2022年进行了修订）。2008年1月1日开始实施的《中华人民共和国劳动合同法》（以下简称《劳动合同法》，于2012年进行了修正）也对劳动合同中签订培训条款或者培训附件做出了详细规定。另外，国务院、原劳动和社会保障部（现人力资源和社会保障部）等有关部门还先后颁布了一系列法规和规章，如《就业训练规定》《企业职工培训规定》等。员工职业培训的相关法规可以从法律的层次上分为法律和法规两大类：

1)《劳动法》、《职业教育法》和《劳动合同法》的规定

《劳动法》第六十八条规定："用人单位应当建立职业培训制度，按照国家规定提取和使用职业培训经费，根据本单位实际，有计划地对劳动者进行职业培训。从事技术工种的劳动者，上岗前必须经过培训。"

《职业教育法》第十六条规定："职业培训包括就业前培训、在职培训、再就业培训及其他职业性培训，可以根据实际情况分级分类实施。职业培训可以由相应的职业培训机构、职业学校实施。其他学校或者教育机构以及企业、社会组织可以根据办学能力、社会需求，依法开展面向社会的、多种形式的职业培训。"第二十四条规定："企业应当根据本单位实际，有计划地对本单位的职工和准备招用的人员实施职业教育，并可以设置专职或者兼职实施职业教育的岗位。企业应当按照国家有关规定实行培训上岗制度。企业招用的从事技术工种的劳动者，上岗前必须进行安全生产教育和技术培训；招用的从事涉及公共安全、人身健康、生命财产安全等特定职业（工种）的劳动者，必须经过培训并依法取得职业资格或者特种作业资格。企业开展职业教育的情况应当纳入企业社会责任报告。"第二十五条规定："企业可以利用资本、技术、知识、设施、设备、场地和管理等要素，举办或者联合举办职业学校、职业培训机构。"第五十八条规定："企业应当根据国务院规定的标准，按照职工工资总额一定比例提取和使用职工教育经费。职工教育经费可以用于举办职业教育机构、对本单位的职工和准备招用人员进行职业教育等合理用途，其中用于企业一线职工职业教育的经费应当达到国家规定的比例。用人单位安排职工到职业学校或者职业培训机构接受职业教育的，应当在其接受职业教育期间依法支付工资，保障相关待遇。企业设立具备生产与教学功能的产教融合实习实训基地所发生的费用，可以参照职业学校享受相应的用地、公用事业费等优惠。"

《劳动合同法》第二十二条规定："用人单位为劳动者提供专项培训费用，对其进行

专业技术培训的，可以与该劳动者订立协议，约定服务期。劳动者违反服务期约定的，应当按照约定向用人单位支付违约金。违约金的数额不得超过用人单位提供的培训费用。用人单位要求劳动者支付的违约金不得超过服务期尚未履行部分所应分摊的培训费用。用人单位与劳动者约定服务期的，不影响按照正常的工资调整机制提高劳动者在服务期期间的劳动报酬。"

2）人力资源和社会保障部的相关规定

人力资源和社会保障部（原劳动和社会保障部、劳动部）作为国家在劳动领域政策的执行和实施者，在上述法律的指导下，颁布了相关的部门规章保障劳动者受培训的权利。

1994年颁布的《就业训练规定》（于2016年废止）第八条规定："就业训练应采取多层次、多形式、多渠道的培训方式，以实际操作技能为主，同时进行必要的专业知识和职业指导及其他内容的培训。"第九条规定："未接受过职业培训的求职人员，以及需要转换职业的城乡劳动者，应在就业或上岗前接受必要的就业训练。"

1996年颁布的《企业职工培训规定》（于2016年废止）第八条规定："企业应建立健全职工培训的规章制度，根据本单位的实际对职工进行在岗、转岗、晋升、转业培训，对学徒及其他新录用人员进行上岗前的培训。"

《就业服务与就业管理规定》自2008年1月1日起施行，其中，第八条规定："……国家鼓励劳动者在就业前接受必要的职业教育或职业培训，鼓励城镇初高中毕业生在就业前参加劳动预备制培训……"第二十一条规定："用人单位招用从事涉及公共安全、人身健康、生命财产安全等特殊工种的劳动者，应当依法招用持相应工种职业资格证书的人员；招用未持相应工种职业资格证书人员的，须组织其在上岗前参加专门培训，使其取得职业资格证书后方可上岗。"

各地也根据国家的相关政策结合当地的实际情况出台地方法规，如湖南出台《湖南省职业技能培训补贴实施办法》，明确了补贴对象、补贴次数、补贴职业（工种）范围、补贴标准等内容。在法定劳动年龄内，且有就业能力和培训需求的人员，可享受职业技能培训补贴。新疆也以需求为导向、以就业为目标，建立了覆盖城乡全体劳动者，贯穿从学习到工作各个阶段，适应劳动者多样化需求的终身职业培训制度。

6.3　培训制度的内容

培训制度的内容指在培训制度中规定每年的培训时间、培训费用支出比例、培训和接受培训的各个职能部门的工作职责等方面的内容。一般来说，企业的具体培训制度主要有培训服务制度、培训保证制度、培训考评制度、培训质量跟踪制度和培训档案管理制度。

6.3.1　培训服务制度

培训服务制度是培训管理的首要制度，虽然不同组织有关这方面的规定不尽相同，但目的是一样的，只要是符合企业和员工的利益并符合国家法律、法规的有关规定就应该遵守。

对于一些投入较大的培训项目，特别是需要一段时间的离职培训来说，企业不仅要投入费用让员工参加培训，还要提供给员工工资待遇，同时企业要承担因为员工离职不能正常工作的机会成本。倘若参加培训的员工学成后离开企业，企业投入成本尚未收回，这种培训就得不偿失。为了防范这种问题的出现，就必须建立培训服务制度来进行约束。培训服务制度包括培训服务制度条款和培训服务协议条款两个部分。

培训服务制度条款包括：

（1）员工正式参加培训前，根据个人和组织需要向培训管理部门或部门经理提出申请。

（2）在培训申请被批准后需要履行的培训服务协议签订手续。

（3）培训服务协议签订后方可参加培训。

培训服务协议条款包括：

（1）参加培训的申请人。

（2）参加培训的项目和目的。

（3）参加培训的时间、地点、费用和形式等。

（4）参加培训后要达到的技术或能力水平。

（5）参加培训后要在企业服务的时间和岗位。

（6）参加培训后如果出现违约的补偿。

（7）部门经理人员的意见。

（8）申请人与培训批准人的有效法律签署。

➡ **知识链接6-2**

公司培训协议书示例

甲方（培训单位）：

乙方（受训人员）：

根据《中华人民共和国劳动法》等的有关规定，甲乙双方在平等互惠、协商一致的基础上达成如下条款，以共同遵守。

第一条：培训服务事项

甲方根据企业发展的需要，由于乙方表现优异，同意出资送乙方参加培训，乙方参加完培训后，回到甲方单位继续工作。

第二条：培训时间与方式

（一）培训时间：自　　年　　月　　日至　　年　　月　　日，共　　天。

（二）培训方式：□脱产　□半脱产　□函授　□业余　□自学。

第三条：培训项目与内容

与公司原先岗位相匹配的专业知识和实际操作。

第四条：培训服务费用

（一）费用项目及支付标准。

1.培训期内甲方为乙方出资费用项目包括工资及福利费、往返交通费、住宿费、其他费用。

2.费用支付标准：

1）往返交通费：往返路线　　　　至　　　　　，乘坐交通工具　　　　，共计
　　元；

2）住宿费：住宿地点　　　　　　　，费用标准¥　　元/天，共计¥　　元；

3）其他费用项目：¥　　元；

4）培训费用合计：¥　　元。

（二）费用支付的条件、时间与期限。

1.满足本协议第四条各款约定，甲方向乙方应支付出资费用范围内全部培训费。

2.工资及福利费、往返交通费、住宿费、其他费用按月发放。

3.所有培训费用的报销支付在培训结束后一个月内办理完毕，过期后由乙方自行负担。

第五条：甲方责任与义务

（一）在培训前与乙方签订劳动用工合同，确立劳动关系；

（二）保证及时向乙方支付约定范围内的各项培训费用；

（三）保证向乙方提供必要的服务和条件；

（四）在培训期间，做好培训指导、监督、协调和服务工作；

（五）保证在乙方完成培训任务后，安排在甲方指定的工作岗位或职务，并给予相应的工资待遇。

第六条：乙方责任与义务

（一）保证完成培训目标和学习任务；

（二）保证在培训期服从管理，不违反甲方与培训单位的各项政策、制度与规定；

（三）保证在培训期内服从甲方各项安排；

（四）保证在培训期内维护自身安全和甲方一切利益；

（五）保证在培训期结束后，回到甲方参加工作，服从甲方分配，胜任公司安排的工作岗位，服务期限自　　年　　月　　日至　　年　　月　　日。

第七条：违约责任

（一）发生下列情况之一，乙方承担的经济责任：

1.在培训期结束时，未能完成培训目标和学习任务，或未取得相应证书证明材料，乙方向甲方赔偿全部培训费用。

2.在培训期内违反了甲方和培训单位的管理与规定，按甲方和培训单位奖惩规定执行。

3.在培训期内损坏甲方形象和利益，造成了一定经济损失，乙方补偿甲方全部经济损失。

4.培训中期自行提出中止培训或解除劳动合同，乙方向甲方赔偿全部培训费用。

5.培训期结束后不能胜任甲方根据培训效果适当安排的岗位或职务工作，乙方负担全部培训费用。

6.培训期结束回到甲方工作后，未达到协议约定的工作年限，按服务期尚未履行部分所应分摊的培训费用支付违约金。

（二）发生下列情况之一，甲方承担的经济责任：

1.甲方未按约定向乙方支付全部或部分培训费用，按协议向乙方支付培训费用。

2.因甲方原因提出与乙方终止培训协议，不需向乙方支付违约补偿金。

（三）发生违约情况时，除补偿经济损失外，另一方可提出解除培训协议或终止劳动合同。

第八条：法律效力

本协议作为甲、乙双方所签订劳动合同的附件，经双方签字后，具有法律效力，并在乙方人事档案卷宗中保存。

第九条：附　则

（一）未尽事宜双方可另做约定；

（二）当双方发生争议不能协商处理时，由当地劳动仲裁部门或人民法院处理。

甲方　　　　　　　　　　　　　　　　乙方

培训单位（签章）：　.　　　　　　　受训人员（签字）：

年　月　日　　　　　　　　　　　　　年　月　日

◇◆◆➡ **知识链接6-3**

关于培训服务期的约定

培训服务期是从培训开始时计算还是从培训结束时计算？法律对此并没有明确的规定。如果是短期的培训，差别不大；如果是较长期的培训，尤其是学历教育，明确约定培训服务期起算日期非常重要。比较合理的做法是约定从培训结束后开始计算服务期。

依据《中华人民共和国劳动合同法实施条例》第十七条的规定，培训服务期和劳动合同有效期都是关于劳动者为单位工作服务的时间，如果双方在培训协议中约定的培训服务期到期日晚于劳动合同中约定的合同到期日，劳动合同期自动延至培训服务期届满之日。

员工违反培训服务期约定，既包括员工在培训服务期内主动辞职，也包括因为员工过错而导致企业在培训服务期内辞退员工。如果有下列情形之一，且用人单位与劳动者签订合同的，应认定劳动者违反培训服务期约定：

1）劳动者严重违反用人单位的规章制度的；

2）劳动者严重失职，营私舞弊，给用人单位造成重大损失的；

3）劳动者同时与其他单位建立劳动关系，对完成本单位的工作任务造成严重影响，或者经用人单位提出，拒不改正的；

4）劳动者以欺诈、胁迫手段或者乘人之危，使用人单位在违背其真实意思的情况下订立或者变更劳动合同的；

5）劳动者被依法追究刑事责任的。

用人单位与劳动者在培训协议中约定的违约金额不得超过用人单位提供的培训费用，用人单位要求劳动者支付的违约金不得超过服务期尚未履行部分所应分摊的培训费用。

◆◆◆➡ **案例分析6-1**

如何计算违反培训服务期约定员工的违约金

田某是A公司员工，A公司指派田某参加计算机信息系统集成项目经理资质学习考试。田某如果能顺利通过该考试取得项目经理资质，则有助于A公司计算机信息系统集成业务的开展。该学习考试费用为12 000元，A公司与田某签订了培训协议，约定田某在考取项目经理资质后必须为公司服务满3年。田某取得项目经理资质后，收到多家公司的高薪邀请，遂于约定服务期满1年时向A公司辞职。

A公司为田某支付的培训费用总计12 000元，田某未履行的服务期为2年，占总服务期的2/3。A公司能够向田某主张的违约金最高为8 000元（12 000×2/3）。

资料来源　谢阳. 怎样做好HR：新版人力资源法律实务操作指引［M］. 3版. 北京：法律出版社，2021.

问题：培训协议约定培训服务期有什么作用？

分析提示：通过培训协议约定培训服务期，可以明确受训员工培训服务期以及违反约定需要支付的违约金，很好地保障员工和企业的利益。

6.3.2　培训保证制度

培训保证制度可以细分为以下几种：

1）培训奖惩制度

哈佛大学的詹姆斯教授在对激励问题进行了专题性研究后提出，如果没有激励，一个人的能力仅能发挥20%～30%，如果加以激励，则可发挥到80%～90%。可见，激励对员工能力的发挥有较大的促进作用。同理，通过建立健全员工培训激励机制，可以提高员工参加培训的兴趣，充分发掘他们的潜能为企业和社会多做贡献。企业的培训激励机制包括两方面的内容：

第一，将培训本身作为现代企业中激励员工积极向上的一种必要手段。给员工"充电"的机会，会使他们感觉企业对自己的发展是很重视的，而且在企业培训机会分配上，必须本着"公平竞争、择优培训"的原则，使真正有能力、有潜力的人获得应有的培训机会。经调查研究，对于企业人才来说，很具吸引力的培训有：到高等院校进一步深造，读取硕士或博士学位；到国外相关行业的大型企业进行技术培训或管理实习；与国内外大型企业或科研机构联合开发项目或产品，从实践中获得培训和提高。

第二，根据培训的效果对参加培训的人员进行物质、精神或晋升激励。把培训结果与奖惩挂钩，把是否接受培训以及受训结果好坏作为晋升、调薪的重要依据。例如，可以将培训考核的结果纳入个人奖金发放的岗位责任范畴，根据考核成绩确定奖金发放情况，做到培训结果与个人收入密切相关。对达不到对应培训要求的受训者给予一定的行政降级和经济处罚，对情节严重的给予辞退。同时，对培训工作的主管部门及执行部门要进行考核，把培训工作的好坏作为评价其工作实绩的重要依据。

一般来说，奖惩制度应包括以下几方面内容：

（1）制度制定的目的。

（2）制度的执行程序：①相关人员/部门对评估和跟踪调查结果进行记录；②培训

部对相关记录进行审核、汇总和上报；③相关部门对培训部上报的材料进行讨论并做出最终决定。

（3）奖惩对象说明。奖惩对象包括培训师（外部培训师、内部培训师、培训员和教练）、受训者、部门经理/主管等。

（4）奖惩标准。奖励标准具体包括奖金、晋升、表彰、提供培训机会、提供旅游机会、赠予物品等。惩罚标准具体包括口头警告、书面警告、降职、扣发奖金、无薪停职参加培训、辞退等。

（5）奖惩的执行方式和方法。

奖励制度的执行应以确凿的书面记录材料为依据，对于具体的优良表现应制定标准并尽可能量化，一般可根据以下表现综合考虑：

一是受训者嘉奖依据：不无故迟到或缺席；评估成绩优秀；受训后行为显著改善或运用培训学到的相关知识、技能等提高了工作业绩，如客户投诉量减少、产品数量提高、残次品率下降等。

二是培训师嘉奖依据：培训课时量（按小时统计）；受训者给予评价达优；部门经理/主管给予评价达优；受训者的考核及格率大于×%；受训者回到工作岗位上的工作表现（×%以上的学员评价良好）等。

三是部门经理/主管嘉奖依据：本部门培训工作完成情况（培训计划执行情况、受训时间、受训人数、受训者的工作表现）；认真执行组织制定的培训制度；从时间和人力上配合培训部开展组织的培训活动；下属的评价达优；培训部的评价达优。

惩罚制度的执行也应以确凿的书面记录材料为依据，对违纪行为进行具体规定和量化，一般可根据以下表现综合考虑：

一是受训者违纪行为：无故迟到（2次以上，含2次）；未经许可不参加培训（2次以上，含2次）；培训时经常（2次以上，含2次）做其他私事（看小说、听音乐等）；考试作弊；不能完成培训师安排的项目/任务（2次以上，含2次）。

二是培训师违纪行为：培训时使用私人手机（2次以上，含2次）；个人仪表不符合规定；无故迟到（2次以上，含2次）；对受训者不能一视同仁；不解答受训者提出的问题；在工作技能培训时不给予受训者指导或不进行示范；对受训者作业（任务）不予检查或不予反馈。

三是部门经理/主管违纪行为：无故取消部门培训活动；虚报部门培训时间和培训人数；不执行组织制定的培训制度；不支持部门员工参加组织规定的培训活动。

2）培训时间保证制度

企业要明确做出所有员工每年要参加多长时间培训的规定。根据员工的岗位特点、工作性质和要求的不同，制定不同的培训时间标准。同时，要保证员工在培训期间同上班期间待遇基本一样。

3）培训经费单列制度

对员工进行培训是企业的一种投资行为，跟其他投资行为一样，企业要考虑投入和产出的关系，关注培训的效益，寻求培训效益的最大化。培训效益是培训产生的货币收益与培训的成本相减之后的收入，即企业从培训项目中所获得的价值。培训成本分为直接成本与间接成本。直接成本包括参加培训的所有雇员，如受训者、培训者及培训方案设计者的薪资和福利，培训项目中所使用的原材料及其他培训用品，设备或教室的租赁或者购置费用等。间接成本包括培训项目构想的提出、开发的软性内容费用，与项目没有直接关系但又有支持性的管理人员的薪资等。培训收益是指受训者将在培训中所学到的知识、技能等应用到实际工作中去而产生的收益。员工培训的投入产出衡量具有特殊性，培训投资成本不仅包括可以明确计算出来的会计成本，还应将机会成本纳入进去；培训产出不能纯粹以传统的经济核算方式来评价，还包括潜在的或发展的因素。

企业要保证每年拨给培训项目一定的经费，并对员工的人均培训经费、培训经费占公司全部支出的百分比做出明确的规定。培训经费的投入必须得到严格的保证，严禁挪用或者无故减少。同时培训经费要随着企业的发展、利润的增长逐步提高。比如美国通用电气培训费达到其公司工资总额的 4.6%，我国有些大企业培训费占销售额的 2% 左右，一般规模在十几亿元的民营企业，其培训费就占销售额的 0.2%～0.5%。

▶▶▶▶ **小思考 6-1**

A集团下属公司的培训费用可以追加吗

A 集团下属公司每年都会有培训计划和一定培训费的投入。一天，L 部门经理找到人力资源部门要求追加培训费，参加一个新型的培训项目（费用较高的一次培训），理由是它能促进部门内员工提升团队精神，最终 L 部门经理在几次到 CEO 处阐述此项培训的优势后，CEO 终于在培训费用支出单上签了字，同意 L 部门在本月参加此项培训。L 部门经理将这个好消息通知了和他十分要好的 G 部门经理，并让他趁着这个机会去为自己部门申请此项培训。很快，G 部门的培训经费也批了下来。在第三个部门找到 CEO 要求参加此项培训时，人力资源部门应 CEO 要求发了一个文，大致意思是以后此种费用将不再追加。试评价一下该公司培训费用的做法。

答：该公司的培训经费应该作为单列制度明确下来，并根据制度要求决定是否需要追加。

6.3.3 培训考评制度

为了保证培训质量、提高培训回报率，培训后培训管理者要对受训者进行考核、评价。过去很多企业采用考试的方法，考查员工是否掌握了知识和技能等，但是考试只能考查员工是否记住了，而不能准确地判断员工到底会不会用。

再者，现在很多培训都不再是产品知识和技能培训，更多的是管理培训。这类培训不在乎向受训者提供多少新知识和新技能，更多的是强调启发思维。这就很难用标准化的试卷去测试受训者是否学到了东西，更多的是看受训者培训后在实际工作中是否改进了行为。

顺应这种形势的需要，越来越多的企业变更了用考试的方法测评，改用另外一种较为科学的方法——360 度反馈评估法。据调查，在《财富》排出的全球 1 000 家大公司中，超过 90% 的公司在人力资源开发和绩效考核过程中使用了 360 度反馈评估法。

6.3.4 培训质量跟踪制度

培训质量跟踪制度与考评制度是紧密相关的，考评要根据质量跟踪的结果进行。培训部对人员培训的质量负责，应采取各项措施对参加过公司培训的人员进行质量跟踪，将质量跟踪与继续培训有机结合起来。在受训者返岗工作后定期跟踪反馈，可发现受训者在各方面的进步，也可进一步发现工作中仍然存在的问题，为制订下一批人的培训计划提供现实依据，也为对该受训者的下一轮培训做好准备工作。

质量跟踪制度的方法有以下几种：

（1）普查法，包括员工自查、互查以及主管部门发表意见。

（2）抽样调查法，由培训部随机从受训员工中抽取员工并按照一定的标准进行质量调查，这样比较节省时间。

（3）匿名调查法，采用问卷调查的方式，一般是在内部员工中随机抽取样本。填卷人的姓名及所填内容是完全保密的。

6.3.5 培训档案管理制度

每一次培训工作结束之后，都要将本次培训的所有资料及总结归案建档，形成培训档案。这些培训档案对于总结培训工作的成效和不足，以及做好下一次培训工作都有重要的作用。培训的档案管理工作包括建立培训档案和对各类培训资料进行分类归档，以方便决定今后的培训以及为企业人力资源部进行人员考核、晋升、奖惩提供重要依据。

培训档案一般包括以下三方面的内容：

1）培训部的工作档案

（1）培训工作的范围。

（2）如何进行岗前培训。

（3）如何进行晋级升职培训。

（4）如何进行纪律培训。

（5）如何进行其他技术性专项培训。

（6）如何进行对外培训。

（7）如何进行考核和评估。

（8）全公司员工已参加培训、未参加培训的情况。

（9）列入培训计划的人数、培训时间、班次、学习情况。

（10）特殊人才、重点人才、急需人才的培训情况。

表6-1为通常使用的培训部培训记录表。

表6-1　　　　　　　　　　　　　培训部培训记录表

评分标准：5分=极好　　　4分=很好　　　3分=好　　　2分=一般　　　1分=差

编号

培训类别	培训内容	受训人数		培训小时		培训师		备注
		计划	实际	计划	实际	计划	实际	
常规培训	1							
	2							
	3							
	4							
	5							

续表

评分标准：5分=极好		4分=很好	3分=好	2分=一般	1分=差		
特殊专项培训	1						
	2						
	3						
	4						
	5						
合计							

部门经理_____

填表日期_____

未执行培训计划的原因：

增加培训内容的原因：

2）受训者的培训档案

（1）员工的基本情况，包括学历、进公司年限、所经历的岗位、现有岗位工作情况等。

（2）上岗培训情况，包括培训的时间、次数、档次、成绩等。

（3）晋级升职培训情况，包括任职时间、任职评价、任职晋升等。

（4）专业技术培训情况，包括技术种类、技术水平、技能素质以及培训的难易程度等。

（5）其他培训情况，比如在其他地方参加培训的经历、培训的成绩等。

（6）考核与评估情况，包括考核定级的档次、群众评议情况等。

表6-2为通常使用的员工个人培训记录表。

表6-2 员工个人培训记录表

姓名： 性别： 学历：

部门： 职位： 入职日期：

评分标准：5分=极好 4分=很好 3分=好 2分=一般 1分=差

编号

序号	培训内容	培训时间	评分	受训人签字	培训师签字	备注
1						
2						
3						
4						
5						
6						

3）与培训相关的档案

（1）培训师的教学及业绩档案。

（2）培训所用财务档案。

（3）培训工作往来单位档案。

企业在制定员工培训制度时，应同时设计员工培训合同范本，其内容应注意以下几个方面：一是要明确培训时间与期限；二是要明确受训员工的资格与条件；三是确定受训员工的待遇安排；四是确定受训员工的评估标准。

▶ **知识链接6-4**

深化评价制度改革，畅通技能人才的成才通道

一要深化教学技能评价制度改革。注重学历教育与终身教育并进，充分发挥院校教师、合作企业、用人单位等评价主体作用，完善评价标准，构建科学长效的技能人才评价机制；构建以职业资格评价为核心、职业技能等级认定与专项职业能力考核为两翼的技能人才评价体系；建立职业技能提升与学历教育学分贯通机制，推进"1+X证书"制度实施，推动职业资格、技能等级与学历的双向认定，构建与国家职业资格制度相衔接、与终身职业技能培训制度相适应的技能人才评价机制。

二要打造"学分银行"服务平台。推动学习成果认定、积累与转换，搭建培训、评价、就业一体化的终身学习服务平台，建立终身职业技能培训档案，存储个人学习经历、技能证书、竞赛获奖等信息，构建贯穿学习工作终身、覆盖职业生涯全程的技能培训制度；制定技能学分认证、转换标准，对职业技能培训、技能竞赛获得的学分、证书、经验进行认定，推动构建适应终身职业技能培训制度的数字化服务体系。

三要完善技能人才奖励制度。促进人才培养与职业成长同步，深入开展"铸工匠心·立报国志"教育、"未来工匠"读书行动等活动，厚植工匠文化，营造劳动光荣、技能宝贵、创造伟大的良好氛围；健全以世界技能大赛为引领、全国职业技能大赛为龙头、全国行业和地方各级职业技能竞赛以及专项赛为主体、企业和院校比赛为基础的技能竞赛体系，完善竞赛表彰奖励制度。

资料来源　龚茂．为健全终身职业技能培训制度贡献职教力量［N］．重庆日报，2024-11-25．

▶ **价值引领**

思想政治工作制度化

思想政治工作制度化就是将思想政治工作整体的运行程序纳入制度框架内，从而以制度效能实现思想政治工作有序化的系统变迁过程。思想政治工作的复杂性和价值的潜在性决定了思想政治工作的良性开展既需要工作主体政治觉悟和思想情操的支持，也需要靠共同价值观念的感召，更需要建立和巩固一整套便利、管用、有约束力的规则和制度体系，从而通过完善的制度供给提供可靠的关联性回馈。从思想政治工作运行过程中的关联对象来看，其制度化主要表现在以下方面：一是内容设置的制度化。教育内容要符合规范要求，以取得教育实效为目标，既有时代彰显，又有差异体现，既与时俱进，又因人而异。二是活动程序的制度化。通过设置活动制度性要求，规范活动流程，保障活动实效，强化活动的可操作性与权威性。三是组织管理的制度化。对思想政治工作组织和个人的分工与责任予以制度化确认，并在制度执行中形成系统组织合力。四是评估

监督的制度化。规范评估主体，优化评估方式，使监督、考核、评价、调整规范有序，形成思想政治工作评价的良性循环系统。五是环境建设的制度化。以制度形式保障各类组织、主体、资源的平稳运行，积极构建有序和谐的思想政治工作生态。总之，思想政治工作制度化是一个综合过程，多维度、多要素密切联系、相辅相成，实现其有效配合及有机统一的程度决定了思想政治工作制度化的程度。

资料来源 郑敬斌. 提升思想政治工作科学化、规范化、制度化水平论析［J］. 思想理论教育，2021（10）.

基础训练

6.1 单项选择题

1）制定和修订培训制度时应从（ ）角度出发，使培训与开发活动走向制度化和规范化。

A.时代 B.理论 C.战略 D.战术

2）（ ）是组织为规范培训工作而制定的一系列条款、条例和程序。

A.培训方法 B.培训制度

C.培训信息管理 D.培训的组织管理

3）（ ）应当建立职业培训制度，按照国家规定提取和使用职业培训经费，根据本单位实际，有计划地对劳动者进行职业培训。从事技术工种的劳动者，上岗前必须经过培训。

A.非营利组织 B.政府 C.国家 D.用人单位

4）职业培训包括从业前培训、转业培训、学徒培训、（ ）、转岗培训及其他职业性培训。

A.初级培训 B.中级培训 C.高级培训 D.在岗培训

5）从事技术工种的职工，上岗前必须经过培训；从事特种作业的职工必须经过培训，并取得（ ）。

A.特种作业资格 B.技术等级证书 C.知识合格证书 D.理论作业资格

6）用人单位为劳动者提供专项培训费用，对其进行专业技术培训的，可以与该劳动者订立协议，约定（ ）。

A.服务费 B.服务期 C.培训费 D.培训期

7）未接受过职业培训的求职人员，以及需要转换职业的城乡劳动者，应在就业或（ ）接受必要的就业训练。

A.下岗前 B.下岗后 C.上岗前 D.上岗后

8）企业的具体培训制度主要有培训服务制度、（ ）、培训保证制度、培训质量跟踪制度和培训档案管理制度。

A.培训考评制度 B.培训管理制度

C.培训计划制度 D.培训组织制度

9）根据培训的效果对参加培训的人员进行物质、精神或（ ）激励。

A.旅游 B.晋升 C.期权 D.荣誉

10）培训效益是培训产生的货币收益与培训的（　　）相减之后的收入，即企业从培训项目中所获得的价值。

A.成本　　　　　　　B.机会成本　　　　　C.直接成本　　　　　D.间接成本

6.2　简答题

1）请简述培训制度的概念以及起草培训制度的要求。

2）企业具体的培训制度包括哪几方面的内容？

3）请简述培训服务协议条款要明确哪些内容？

4）制定奖惩制度应包括哪几方面的内容？

5）培训档案一般包括哪几方面的内容？

▶ 综合应用

6.1　案例分析

腾讯公司依靠完善培训管理制度培养人才

腾讯公司以成为"互联网行业最受尊敬的企业大学"为愿景，通过设计职业发展通道和完善培训管理制度，努力成为腾讯公司员工的成长顾问与业务团队的发展伙伴，为腾讯公司的现在和未来培养人才。

第一章　总则

为提高员工的综合素质与专业能力，增强组织的竞争力，确保培训工作的规范化与系统化，特制定本培训管理制度。该制度旨在明确培训的目标、范围、规范及执行流程等，确保培训活动的有效性与可持续性，为公司的人才发展战略提供有力支持。

第二章　培训目标

1）提升员工能力：通过系统的培训，提高员工的专业技能和综合素质，使其能够更好地适应岗位需求。

2）促进团队协作：加强团队建设，通过团队培训提升员工之间的协作与沟通能力，增强团队凝聚力。

3）支持公司发展：通过培训与发展，确保员工能力与公司战略目标相匹配，支持公司长远发展。

4）激发员工潜力：为员工提供发展机会，鼓励其在工作中不断学习与进步，激发其职业潜力。

第三章　适用范围

本制度适用于腾讯公司所有部门及员工，包括新员工培训、在职培训、专业技能培训及管理培训等各类培训活动。

第四章　培训管理规范

1）培训需求分析：各部门应定期对员工的培训需求进行调查与评估，提出培训计划；根据需求分析结果，制订年度培训计划，并报人力资源部审核。

2）培训内容与形式：培训内容应结合公司战略目标及员工职业发展需求，涵盖专业技能、管理能力、团队合作等方面；培训形式可包括课堂培训、在线学习、实地考察、工作坊等，以适应不同员工的学习风格。

3）培训师资：优先考虑公司内有丰富经验和专业知识的员工担任讲师；必要时可邀请行业专家或外部培训机构进行专业培训。

第五章　培训执行流程

1）培训计划审批：各部门需在年初提交培训计划，并附上相关需求分析报告；人力资源部对各部门计划进行审核，确保其符合公司战略方向。

2）培训组织实施：培训计划获批后，各部门负责组织实施，确保参与员工按时参加培训。记录与反馈：培训过程中应记录培训内容、参与人员及反馈意见，为后续培训改进提供依据。

3）培训评估：培训结束后，须对培训效果进行评估，包括参与员工的反馈与实际效果的对比。改进建议：根据评估结果提出改进建议，作为下次培训计划的参考。

第六章　培训记录与档案管理

1）记录保存：各类培训记录应完整保存，包括培训内容、参与人员、培训效果评估等。

2）档案管理：人力资源部负责培训档案的集中管理，并定期进行数据分析，汇总培训成果。

第七章　监督机制

1）定期检查：人力资源部应定期对培训工作进行检查与评估，确保各项培训活动的落实和效果。

2）反馈机制：建立员工反馈机制，收集员工对培训活动的意见与建议，以持续改进培训质量。

第八章　附则

本制度由人力资源部负责解释；本制度自发布之日起生效；如需修订，须由人力资源部提出修订方案，经公司高层审批后实施。

第九章　培训激励措施

1）培训津贴：参与培训的员工可根据培训效果获得一定的津贴或奖金，以鼓励其积极参与学习。

2）晋升通道：表现优秀的员工可优先考虑晋升，作为对其培训成果的认可与激励。

资料来源　腾讯公司.腾讯公司依靠完善培训管理制度培养人才［EB/OL］.［2025-01-16］.https：//www.tencent.com/zh-cn/employees.html#staff-con-1.有改动.

问题：腾讯公司的培训管理制度有哪些启示？

分析提示：人才是腾讯公司最宝贵的财富。腾讯公司一直高度重视员工的发展，不仅为员工设计专业和管理的双通道职业发展路径，让员工的能力得到更聚焦、更清晰的发展，还让每个人的成长贡献能够通过职级体系得到及时明确的体现。

6.2　实践训练

训练1：收集某企业培训方面的制度、档案资料等，分析该企业在培训制度方面是否存在问题。

要求：（1）全体同学，以5～6人为一个小组；

（2）每个小组提交一份不少于1 000字的调查报告。

　　训练2：由于中小企业中大多没有专门的培训管理部门，因此在培训管理制度建设方面较为薄弱，表现为：有的企业缺乏规范的培训管理制度，无法开展规范的员工培训管理；有的企业培训管理制度不完整，有的企业培训管理制度制定后基本不实施；在培训工作中，有的企业缺乏完整流畅的培训工作流程；有的企业培训管理缺乏计划性，经常是为了培训而进行培训，使得培训成效不明显，对企业经营管理所起的作用十分有限。如何解决以上问题？

第7章 培训课程设计与开发

学习目标

知识目标

在学习完本章之后，你应该能够：了解培训课程的类型；明确培训课程设计的原则；熟知培训课程设计应包含的要素；掌握培训课程设计的程序。

能力目标

在学习完本章之后，你应该能够：运用科学的程序和方法设计培训课程的大纲和课程内容；根据课程内容准备培训材料；选择适合的培训师资。

素养目标

在学习完本章之后，你应该能够：设计培训课程内容必须符合国家法律法规基本要求，符合国家大政方针，时刻保持政治的敏锐度和先进性；选择培训师资和培训机构时不仅要注重其专业能力，更要注重其思想政治能力。

内容架构

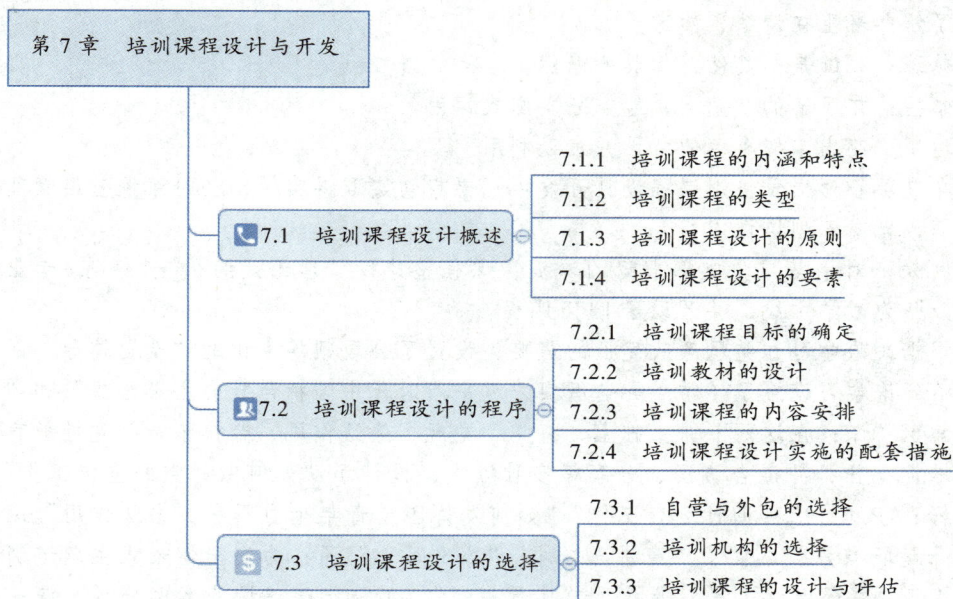

⟩⟩⟩ 引例 ⟩⟩⟩

茂名石化公司基层管理岗位培训课程开发的实践

为推动习近平新时代中国特色社会主义思想在中国石化茂名石化公司大学习、大普及、大落实，公司依据员工教育培训工作5年规划措施清单，对基层管理岗位的教育培训课程设计开发进行了探索和尝试，着力提升基层管理者的政治理论素质、工作能力和履职本领，同时为其他岗位/专业的教育培训课程开发提供了示范。

1）能力维度转化为课程要素表

依据基层管理者工作职责、岗位工作流程、关键核心业务等，组建受访基层管理者专家团队，运用"专家+头脑风暴"的访谈形式，对履职所需的知识、技能和态度等充分发表意见，反复推敲，归纳提炼形成岗位关键能力要素。例如，紧紧围绕基层管理人员需要掌握的决策类型（程序性的，又分为例行的、重复的、确定的；非程序性的）和基层主管所需具备的能力（专业能力、计划能力、指导能力、沟通能力、理解能力等）来进行课程转化。注重引导受访的基层管理者专家团队对开发的课程所需掌握的知识、业务和态度等意见进行罗列讨论：

提炼：先做加法式的集思广益，再做减法式的提取精华。

归纳：根据应知、应会、全覆盖原则，通过受访的基层管理者专家团队研讨，归纳课程名称、课程要点、培训时长、培训师资等信息。

再次头脑风暴：将归纳的信息对照访谈内容信息再次深入研讨。

2）编制培训课程内容要点表

结合现行岗位知识体系、履职工作实际、公司党建工作发展规划等，将培训课程要素进行模块化整合归类，编制成为岗位培训课程要点。

将要素表提炼出的课程开发内容根据掌握程度分为4个不同层次：

了解：着重在清楚、知道。

熟练：关键是知其然，知其所以然。

掌握：在了解的基础上，能充分支配或运用。

运用：突出掌握事务的特性并加以利用。

在基层管理岗位培训课程设计开发中，要想切实取得实效，必须深挖基层管理者履职所需，靶向策划培训内容。

例如，对于基层党支部书记的培训，课程整体以"理论武装+党性锤炼+专业化能力提升"为教学主线，共开设了13门课程。

根据政治学习和党风廉政建设的需要，设置了公司领导主讲的"专题辅导"课；基于政治理论学习设置了"学懂弄通做实习近平新时代中国特色社会主义思想"和"党务管理知识"课；在这两节课基础上，将党章党规、廉洁作风、劳模精神等党性教育内容融入培训全程，并混合访谈、分享等多种方式，设计了"如何做好党的宣传工作""如何做好EAP（员工帮助计划）工作""如何发挥团员青年生力军和突击队作用"课；为了提升履职能力，设置了"演讲与口才""公文写作"课；为突出情景式主题培训，设置了4节"主题研讨"课，开设了"情景模拟""加强纪律建设的案例分析"课；为深化"强理论·筑信念"，设置了读书分享和知识竞赛。

　　资料来源　杨国强. 国有企业基层管理岗位培训课程开发的实践［J］. 中国培训，2022（11）.

　　这一引例表明：企业在开发培训课程时，一方面，要聚焦企业实际，更深入地了解企业现阶段对培训工作的需求，想要学员通过培训学习什、掌握什么、达到什么程度；另一方面，要反映学员真实需求，明确学员需要什么、关注重点有哪些、希望培训能解决什么问题等。要做到：一是将先进的管理理论与公司经营的实际、公司的发展战略相结合；二是将履职能力与职业道德、政治素养提升相结合，强化课程开发的思想性与示范性。

7.1　培训课程设计概述

7.1.1　培训课程的内涵和特点

　　现代培训是一个复杂的系统，培训课程设计是其中重要环节，因为进行课程设计实际上就是制订培训战略和计划。

　　1）培训课程的内涵

　　"课程"的英文是curriculum，可译为课业及进程，即在一定时间内应完成一定量的学业。我国著名课程论学者施良方教授将国内外教育界对课程的定义归纳后分为六类，即课程是教学科目、课程是有计划的教学活动、课程是预期的学习结果、课程是学习经验、课程是社会文化的再生产、课程是社会改造。他认为，上述定义从不同角度或多或少地涉及了课程的某些本质，但都存在明显的缺陷。

　　根据专家定义，培训课程是："适应环境与输入条件的要求，有明确的教学目标，选择翔实的教学内容，准备匹配的教学条件，明确可操作的转换手段，保证学习者能达到输出目标，并能及时进行反馈评价的教学系统。"

　　由此可以看出，广义上的培训课程设计应该包括多方面的内容，不仅包含课程本身的相关内容（课程目标、课程科目或内容、课程活动、学习转化手段等），还包含培训需求调查与预测、培训组织和环境、课程评价等。因此，培训课程不仅是对一门课程的设计，实质上是对一个培训系统的设计。

　　2）培训课程的特点

　　（1）培训课程设计的基点——社会环境与学习者的需求。

　　第一，适应社会环境的需求。培训课程最突出的特点是时间短，培训周期比起学科课程来说短得多，这种快节奏就是为了适应社会对人才需求的快速变化。由于培训课程的周期几乎要与社会环境变化的频率同步，这就要求培训课程设计要对社会的需求变化能及时了解、适时调整、同步适应。正是由于培训的这种时效性，社会环境对培训课程的功利性要求就比较明显。如果普通教育是一种长期投资的话，培训就是一种短期投资。绝大多数投资者正是为了解决当前的急需，才投资开发培训课程的。总之，时效性和功利性是对培训课程的基本要求，也是培训课程设计的基本特点。

第二，适应学习者的需求。接受培训课程的大部分对象是成年人。许多人来接受培训是为了弥补技能等差距，提高工作能力，他们急于通过培训来改变现状，所以主动接受培训。学习者的主动性是培训的最本质的特征。正是因为学习者的目的是尽快提高某些方面的技能或改变某种观念等，培训课程设计就要设法满足他们的需求。适应学习者需求是培训课程设计的最大特点，也是对培训课程设计的最基本要求。

（2）培训课程的目标大多是具体性的、短期性的、单一性的和有针对性的。

（3）培训课程的执行模式要遵循成年人认知规律。由于培训课程的主要接受者是成年人，他们有自己的经验和学习经历，也有自己惯用的学习方法，因此培训课程的执行要尽量地遵循成年人的认知规律，注意选择那些能调动他们学习积极性的培训方法，提高学习的效果。

（4）培训课程评价的主要标准是质量和效益，而不应当是考试分数。

总之，培训课程是一个直接用于为社会、为企业、为社会中的其他组织和成员服务的系统。培训课程的宗旨和目标，既有突出的服务性，又有鲜明的经营性；培训课程的内容，具有特殊的实践性和针对性；培训课程的执行模式，更具经验性和权变性；而培训课程的评价标准，则有必然的功利性和实效性。

7.1.2   培训课程的类型

由于企业的培训受个体、组织和社会等多种因素的影响，因而培训课程的设置也应该适应培训性质、对象和社会的发展。在企业培训课程设计中的课程类型大体可以分为五种。

1）学科课程

学科课程是以学科知识为中心设计的课程，分别从各门学科中选择部分内容，确定一定教学时间和学习期限来完成。此类课程充分地注意到各门学科本身的内在联系，在学习中侧重各学科领域所使用的基本概念的研究及其运用。在学习方法上，严格按教育学和心理学的规律来组织教学，既注重学员思维能力发展，又注意知识的积累、储备。因而，学科课程具有很强的科学性、系统性、连贯性，适合于正规的学校教育与培训。

2）综合课程

综合课程也称合科课程或广域课程，是将几门相邻学科知识进行合并，既保留学科课程分科教学的长处，又克服了学科课程过细的问题，最适合以提高综合素质为目标的企业培训。

3）活动课程

活动课程亦称经验课程，是一种与学科课程相对应的课程，该课程的特点是：

（1）以学员的兴趣和动机为基本出发点。

（2）以学员自身发展为中心来组织教学内容。

（3）它不预先规定应该学习的内容。

（4）教师在教学活动中的作用仅仅是参谋和顾问。

（5）学员基本知识和基本技能的学习主要围绕各种活动进行，提倡从"做"中"学"。该课程适合以发展个性、特长为目标的各类教育与培训。

　　4）核心课程

　　核心课程是以人类的基本活动为核心而组织的课程，以一个学术领域主题为核心重新组织有关学科材料，从而形成学科之间的新联系。它介乎于学科课程与活动课程之间，也类似于小综合课程，不同的只是以一个核心主题为中心进行综合。该课程适合以研究型为目标的教育与培训。

　　5）集群式模块课程

　　集群式模块课程又称活动中心课程，是在借鉴 MES（模块式技能培训法）、CBA（以能力为基础的教育模式）和"双元制"等国际职业教育课程模式的基础上，根据市场经济特点和成人教育的内在规律，研究开发出来的一种培训课程模式。该课程以提高受训者素质为目标，以岗位技能培训为重点，既强调相关职业通用知识与技能的传授，又强调特定职业、岗位的知识与技能的培养。集群式模块课程适用于我国目前的职业教育和职业培训。

7.1.3　培训课程设计的原则

　　培训课程是一个直接用于为企业服务的课程系统，具有服务性、经营性、实践性、针对性、经验性、功利性、时效性等特性。培训课程的特性源于培训活动的本质属性，即培训既属于一种教育活动，又是企业的一种生产行为。设置培训课程应体现以下基本原则：

　　1）符合企业和学习者的需求

　　培训课程首先要满足企业和学习者的需求，这是培训课程设置的基本依据。培训课程设置不同于学校课程设置，要把学习者作为占主导地位的或唯一的依据，也就是以学习者的需求、兴趣、能力以及过去的经验作为课程要素决策的基础。

　　2）培训课程设置要符合成人学习的认知规律，这是培训课程设计的主要原则

　　由于成人学习方式的特点，例如成人学习目的非常明确，他们参加培训的原因就是为了提高自己某一方面的技能或补充新知识等，以满足工作的需要，因此培训课程就要有一个明确的目标，而且在培训课程教学内容的编排、教学模式与方法的选择、教师的配备、教材的准备等方面要有利于受训学员的学习。

　　3）体现企业培训功能的基本目标

　　企业培训的基本目标是进行人力资源开发。培训是人力资源开发三个重要组成部分（职业开发、培训和组织提高人力资源质量）之一，除了体现培训功能之外，还是实现其他两个部分的手段。培训课程正是实现培训功能的具体体现。

7.1.4　培训课程设计的要素

　　在进行培训课程设计时，根据课程总体的宗旨要求，通过对课程要素的不同选择和不同的处理方式，就可以设计出各种不同的课程。常用的课程要素有：

　　1）课程目标

　　课程目标根据需求而定。课程目标提供了学习的方向和学习过程中各阶段要达到的标准。最常用的有"记住""了解""熟悉""掌握"等认知指标，以及"分析""应用""评价"等较高级的认知行为目标；在情感领域中的目标有价值、信念和态度等。

2）课程内容

课程内容以实现课程目标为出发点去选择并组合，顺序和范围尤其重要。顺序指对课程内容在垂直方向上的组织；范围指对课程内容在水平方向上的安排。课程内容可以是职业领域内的概念、判断、思想、过程或技能等。

3）教材

教材要切合学习者的情况，提供足够信息，并且以精心选择或组织的有机方式将学习的内容呈现给学习者。

4）课程模式

课程模式主要指培训活动的安排和教学方法的选择。这些安排和选择要与课程明确的或暗含的目标和方向直接相关。好的执行模式能有效地体现课程内容，并采用配套的组织与教学方法。

5）课程策略

课程策略也就是教学策略，常常作为学习活动的一个内在部分，与学习活动有同样的目标，注重教学程序的选择、教学资源的利用。

6）课程评价

课程评价指对课程目标与实施效果进行评价，用来确定学习者在多大范围内和程度上掌握了学习内容、在什么程度上达到了课程的行为目标等。学科课程的评价重点放在定量的测定上，衡量可以观察到的行为等。

7）组织

组织指课程的教学组织形式，应体现"因材施教"的个性化教学。

8）时间

时间要体现短、平、快，课程设计者要巧妙地配置有限的课程时间并充分利用。

9）空间

空间主要就是指教室，也可超越教室的空间概念，如各种培训现场。

10）学员

这主要就是考查学员的学习背景与学习能力。

11）执行者

执行者主要指理解课程设计思想的主持人和教师。

7.2 培训课程设计的程序

7.2.1 培训课程目标的确定

培训课程目标是指培训课程结束时，希望学员通过课程学习能达到的知识水平、技能水平或者态度水平等。目标描述是培训的结果，而不是培训的过程，所以重点应放在学员该掌握什么上，而不是愿意被教什么上。明确的目标可以增强学员学习的动力，也可以为考核提供标准。

确定课程目标是一项具有创造性的工作，经过需求评估以后，如何把培训目标转化为课程目标，来指导整个课程编制过程，是课程设计者的一项重要任务。

具体来说，培训课程目标包括三个要素。

1）操作目标

操作目标是课程目标最主要的要素，描述了受训者在培训结束时要会做什么。在制定这一目标时，要避免使用含义不清的词，而要使用意义非常明确的词，如对于认识目标，使用列出、分类、定义等词；对于技能目标，使用制造、安装、装配等词。

2）条件

条件指员工完成工作任务所需的设备、材料、操作手册等，也就是说，学员达到目标规定的要求，需要哪些条件。

3）标准

规定一个标准，是为了能够更有效地测量培训结果。比如，对操作速度、准确率等的测量，在对目标陈述中，要明确地列出这些标准。

在定出目标后，要问自己："是否有足够的时间让学员实践，以达到这些目标？"如果有好几个目标，最好把它们分在不同的培训课程中。如果目标很大，最好分成几个小目标，然后在不同的课程中实现。另外，目标要避免以下两点：

（1）仅是培训者想做的，而不是受训者想做的；

（2）听起来成就很大，但实际意义含混不清。

课程目标必须具有明确性和可验证性。课程目标只有定得明确、具体，才能对于达到目标的进程有清晰的认识，才能有利于正确地选择课程内容、妥善地组织课程实施，也才能真正地为课程评价提供可验证的依据。制定的课程目标如果仅仅是设计者的假设和愿望，而不能确切表达受训者应有的学习结果，就缺乏质和量的具体规定性，这样可测性和可比性就差。

➡ **知识链接 7-1**

课程介绍的"四要"和"三不可"

课程介绍的"四要"

（1）要说明学员的现状；

（2）要说明学员存在的问题；

（3）要说明课程产生的原因；

（4）要说明问题持续存在会造成的影响。

课程介绍的"三不可"

（1）不可直接说明要解决哪些具体问题；

（2）不可直接说明要如何解决这些问题；

（3）不可以有举例等技巧性素材。

7.2.2 培训教材的设计

培训教材是大家比较熟悉的一个概念，能否为培训对象提供一套与课程内容相呼应的教材，是影响培训效果的一个重要方面。

现在的误区是，一提到教材，就认为是教科书，培训课程的教材建设往往被理解为要组织编写一套适合学员实际的、先进的、实用的教材。这个想

微课 7-1

培训教材的
设计

法是美好的，但缺乏可操作性。所以，现在的培训教材常常不是借用普通高校的教科书，就是仅有一个简单的授课提纲，很少听到培训学员对培训教材有好的评价。建设一套合适的培训教材，这对一些大型的培训项目来说，是必须认真投入的重要环节，而对于一些短、平、快的培训课程来说，要从头开始设计并编写一套与之相适应的教材，就不是那么简单的事情了。

下面从培训手段、印刷材料以及视听材料三个方面来介绍培训课程设计中的教材设计。

1）设计合适的培训手段

在课程开发时，要问自己的一个重要问题是："进行这项培训时，我需要哪些培训手段来实现培训目标？"回答这个问题需要从课程内容和培训方法、培训对象的差异性、培训对象的兴趣和动力，以及评估手段的可行性几个方面来考虑。

（1）课程内容和培训方法。不同的课程内容需要利用不同的培训方法进行培训。比如，知识的传授多以课堂讲授或讨论等方法为主；技能学习以示范模拟、角色扮演等方法较为有效；态度培训则以情景模拟、测量工具和个人及小组成长等方法为主。不同的培训方法需要不同的教学材料，要在确定培训方法的基础之上，选择相关的培训材料。

（2）培训对象的差异性。在选择培训手段时，还要考虑培训对象的差异性。一般员工、基层主管、中高层管理者由于工作性质有所区别，所以培训的内容不同，在接受程度、学习方式等方面也会有所不同。这样，就要从培训对象需求的调查出发，设计出适合的培训手段。

（3）培训对象的兴趣和动力。要想课堂教学取得比较好的效果，必须使用有效的培训手段来提高培训对象的兴趣和动力。教学媒体的先进性和多样性，是现代培训课程设计的一个很重要的特色。唯有把培训对象的听觉、视觉、触觉等器官功能都调动起来，才能得到最好的学习效果。

（4）评估手段的可行性。在选择培训手段时，需要评估这种手段是否具有可行性。可行性评估主要从培训手段的经济成本–收益角度进行，尽量开发企业已有的培训教材或自己可制作的材料，如果要从外面购买培训材料，则要仔细考虑其价值的大小。

2）设计和使用印刷材料

在培训所使用的各种媒体中，印刷材料是最常用、最可靠（不存在设备出故障的问题）、最易携带、最便宜的教学材料。培训中使用的印刷材料主要有：

（1）培训任务表。培训任务表的作用如下：①强调所讲的重要内容。例如，可以发给学员有关重点内容的大纲，这样他们在课堂上就不用花过多的时间记笔记了。②提高学习效果。例如，可以发给学员复习思考题，让学员更好地表达他们的观点，更好地进行小组活动、案例研究、角色扮演等，也可以发给学员有关活动的介绍，让他们先做好准备。③有助于收集对活动的反馈信息。例如，可以发给学员问卷调查表，促使他们对活动更仔细地进行观察，在活动之后可以收集到反馈意见。

（2）岗位指南。岗位指南是对最常用、最关键任务的描述，简化包含许多步骤的复杂任务，减少遗忘，不像技术手册内容那么多，用起来很方便。岗位指南在培训中的作用：①迫使有关专家必须对理想的操作下定义，可以使培训目标进一步得到明确。②有助于记忆在学习中学到的操作规程，也便于在以后工作中随时查阅。③有时可以代替培训或减少培训时间，节约成本。

（3）学员手册。学员手册是培训中的指导和参考材料。在课程开发时，要决定哪些印刷材料可以进入学员手册，哪些印刷材料最好不要提前发给他们，如测试题、调查问卷等。

（4）培训者指南。如果只是教师用，可以很简单；如果要发给学员或其他人使用，就应该多一些注解。当培训者着手一个新的培训项目时，或者这个培训项目在很长时间以后又要进行或要修改时，编制培训者指南就很有必要。

（5）测验试卷。在培训开始时，利用测验试卷，既可帮助培训者了解学员的知识和经验水平，以对培训内容做最后的调整，又可以让学员知道培训的作用，引起其对培训的重视，使其更积极地参与到培训中。在培训结束时，也可以进行试卷测验，分数的类别可使教师和学员准确地知道学员的掌握程度。

3）设计视听材料

在学校教育课程中，教师传授知识的主要手段就是"一支粉笔，一张嘴"，但在企业培训课程中，培训方法和培训工具要丰富得多。从以前利用录像、幻灯等到现在利用网络等进行培训，这些新型的培训方法与培训工具大大提高了培训效率。视听材料趣味性较强，能吸引学员的注意力，增强培训效果，但要注意视听材料的适用性。学员一般认为准备了视听材料的教员比没有准备视听材料的教员更专业、备课更认真、课程更清晰、更有吸引力。培训中常用的视听材料有大的活页纸、幻灯片、视频等。

除了以上三个方面之外，在设计培训教材时，应该考虑培训教材设计的总要求。

（1）培训课程设计中的教材，必须是事先精心准备的，必须是切合学习者实际需要的，而且必须是足够能反映该领域内最新信息的材料。

（2）资料包的使用。许多课程为适应培训快节奏的高要求，除精心地用教学大纲说明课程意图外，可采用建设教材资料包的方法。比如，选用报纸杂志的论文与案例、同行的经验与教训、专家学者的论文与报告等作为教材，并配有音像教材、参考读物等，组成一个资料包。这些经设计者精心选择并加工的信息资料，来源面宽，新鲜生动，再配之以详细的课程大纲，学习者对全部课程内容及其重点就可以有清晰的认识，也可以作为其以后继续学习的依据。

（3）利用一切可开发的学习资源组成"活"的教材。例如，在班级之中，每一个学习者本人都是课程内容的教材携带者，他们各自的经验就可能是他人的一本很好的活生生的案例教材。课程设计者可以配合教学模式与方法的设计，设法调动全体学习者的主动性，使这种"活"的教材开发成为可能。

（4）尽可能地开发一切所能利用的信息资源，打破传统的教科书的体系，而且充分利用现代科学技术的先进成果，把单一的文字教材扩充到声、像、网络以及其他各种可利用的媒体。

➡ 知识链接 7-2

PPT 制作

PPT 软件是美国微软公司演示软件 PowerPoint 的缩写，也是目前普遍使用的一种电脑演示制作软件。PPT 是一些集声音、图像、文字等于一体的电脑演示文稿，它最大的好处是能激发学员的学习兴趣，并对培训师的讲课起着提纲挈领的作用。为了在课堂中给学员放映演示大纲和主要步骤，培训师可以将其罗列出来，完成 PPT 的制作。

PPT 的制作中主要包含下列一些元素：界面、颜色、文字、图表、声音、动态效果和备注页。

（1）界面。界面的设计要求美观，比例恰当，图文均匀分布，整体整洁连贯。界面一般分为标题区、图文区两部分。标题要求简洁明了，是整页的主要思想内容。图文区的内容是对标题的说明和讲解，要求紧扣标题。图文安排要疏密得当、赏心悦目。

（2）颜色。在颜色的选择上，主要有红、蓝、黄、白、青、绿、紫、黑 8 种颜色。背景色宜用低亮度或冷色调的颜色，而文字宜选用高亮度或暖色调的颜色，以形成强烈的对比。例如，可以用黑白色作为背景色，用蓝色和绿色作为主基调色，用黄色和白色来强调某些内容。

（3）文字。不要把所有的内容都搬到 PPT 中，屏幕中满是文字，很难让人产生看下去的欲望。把授课的提纲列在 PPT 中，再添加一些辅助说明的文字就足够了。

标题和关键文字字号可以在 42~48 磅之间。重点语句可采用粗体、斜体、下划线或色彩鲜艳字，以示区别。

（4）图表。在 PPT 中出现的图表分为两种：一种是作为图形、图案来点缀界面的；另一种是用来对文字内容做辅助说明的，比如说流程图、柱状图等。

点缀的图形、图案，可以通过绘图软件、扫描、拍摄、网络下载等途径获取。在做辅助说明的图表中：引用非数字论据时，可以使用流程图等图形；引用数字论据时，可采用柱状图、线形图等图形。

（5）声音。在 PPT 中加上背景声音，比如在切换幻灯片、提示学员注意时，可以起到渲染气氛、提请注意的作用，要选择轻柔悦耳的声音，不要选择刺耳的噪声。

培训师还可以将用软件制作的声音文件添加到 PPT 中，比如添加自己朗读的案例、其他声音等，这些"额外"的声音可以使培训变得生动有趣。

（6）动态效果。使用电脑制作演示文稿的好处之一就是能让所有的元素活动起来，培训师可以在 PPT 中给每一张幻灯片设置切换效果和停留时间，甚至每一行的文字都可以不同的形式出现。动态效果包括飞入、飞出、闪过、伸展、消失等。

（7）备注页。PPT 有一个很有用的"备注"功能，即每一张幻灯片都对应一个 word 形式的备注页。毕竟 PPT 只是培训内容的一个提纲，究竟该怎么讲，该讲些什么还需要培训师按照逻辑顺序牢记在脑中。这个时候不妨在备注页中记上一些关键步骤和提醒自己的内容，以防在培训现场突然卡壳。

制作 PPT 注意事项有：

（1）简单。

（2）清楚明了。

（3）每一页只表达一个主题。

（4）每一页的讲解逐渐深入。

（5）用卡通或者其他图片来强调重点。

（6）利用不同的颜色来增强效果并活跃气氛。

（7）每一页不要超过 10 行文字。

（8）每一行不要超过 10 个字。

（9）不要采用模糊不清的文字或图片。

（10）根据投影的距离，合理采用不同字体、线条以及屏幕上的空间位置。

7.2.3　培训课程的内容安排

　　培训课程的内容安排是要决定哪些内容是实现培训目标所必需的以及如何对它们进行安排。根据培训目标，要区分受训者"必须知道"的信息。信息超载即一次提供的信息超过了受训者的吸收能力，会给培训造成不利的影响。这种情况在岗前培训或入门培训中经常遇到，培训者认为应该在尽可能短的时间内教给受训者尽可能多的内容。

　　在内容的安排上，要决定先介绍哪些内容、哪些内容做详细讲解、哪些内容用于应用或实践活动、哪些用于最后的总结。通常的安排顺序原则是，由熟悉的到不熟悉的，由简单的到复杂的，由易的到难的，从某项技能的第一步到最后一步等。考虑为激发学员的兴趣和学习动力，在课程开始时，可以安排稍微有些难度的内容和活动，使培训更有挑战性，使大家更有兴趣。

　　决定什么人以何种方式来讲解课程内容。除了培训师以外，输入知识还可以是受训者（有些知识可以由他们说出），各种媒体（阅读材料、录像、电影等）或案例研究和角色扮演等能够总结出经验的活动。为增加课程的趣味性，使受训者更积极地参与到学习中来，建议使用多种不同的教学方法，如可以采用"讲授–活动–总结"这样一个循环。

◆◆◆◆➡ **案例分析 7–1**

　　某公司根据培训的需要制定了"高效沟通"课程大纲（见表 7–1）。课程单元设计见表 7–2。

表 7–1　　　　　　　　　　　　　　　　"高效沟通"课程大纲

课程名称	高效沟通		培训对象	公司各职能部门的负责人
课程目标	1.了解沟通的方式、沟通的心理和沟通的礼仪 2.熟练掌握沟通中必要的技巧，具有良好的沟通心态 3.针对培训师设置的沟通情景，提出相应的沟通技巧			
课程特点	1.培训师的角色是教练和促进者 2.培训师以大量的现实生活和工作中存在的问题为主线进行讲授			

续表

	单元	培训内容	培训方法	培训时长
课程内容	第一单元 沟通概述	1.1 错误沟通的影响 1.2 沟通能力的诊断 1.3 沟通是什么 1.4 听/说体验活动 1.5 阻碍沟通的因素	讲授 案例分析 研讨 团队训练	2学时
	第二单元 沟通心理和沟通礼仪	2.1 性格与沟通方式的关系 2.2 沟通心理 2.3 沟通礼仪	讲授 案例分析 情景模拟	4学时
	第三单元 积极倾听的技巧	3.1 确认事实 3.2 换一种对话方式 3.3 共鸣三阶段 3.4 感情（感觉）确认练习	讲授 案例分析 角色扮演 管理游戏	4学时
	第四单元 有效表达的技巧	4.1 有效的表达方法 4.2 我的信息/你的信息 4.3 有效提问的要领 4.4 封闭型/开放型提问	讲授 案例分析 角色扮演 观看视频	6学时
培训时间	培训时间为3天，2021年6月7—9日，课时为16学时			
培训地点	公司培训教室A-903			

表7-2   课程单元设计

课程名称	高效沟通	培训师	王××
课程单元	第三单元 积极倾听的技巧	单元学时	4学时
培训对象	公司各职能部门的负责人	培训人数	30人

知识目标：了解倾听过程中确认事实的方法
技能目标：培训对象能够应用倾听技巧修正不良的倾听习惯
态度目标：愿意倾听，具有同理心

培训资料：PPT、测试表
培训用具：电脑、投影仪、白板笔、挂图

培训内容	培训活动	培训方法	时间分配
3.1 确认事实	游戏：小林家有多少只羊？ 确认事实的概念和意义 确认事实的方法	管理游戏 讲授	60分钟
3.2 换一种对话方式	（略）	角色扮演	60分钟
3.3 共鸣三阶段	（略）	案例分析	60分钟
3.4 感情（感觉）确认练习	（略）	角色扮演	60分钟

资料来源　崔夷修.员工培训管理［M］.北京：北京大学出版社，2021.

问题：该公司培训课程单元设计表有何特点？请详细说明。

分析提示：培训课程单元设计表目标明确、设计科学、内容完整。该公司根据培训对象以及培训目标设计了有针对性的培训内容，并根据培训内容选择了合适的培训方法。

7.2.4　培训课程设计实施的配套措施

1）培训教师的选择

（1）确定培训教师的选择标准：①具备经济管理类和培训内容等方面的专业理论知识；②对培训内容所涉及的问题应有实际工作经验；③具有培训授课经验和技巧；④能够熟练运用培训中所需要的培训教材与工具；⑤具有良好的沟通能力；⑥具有引导学员自我学习的能力；⑦善于在课堂上发现问题并解决问题；⑧积累与培训内容相关的案例和其他资料；⑨掌握培训内容所涉及的一些相关前沿问题；⑩拥有培训热情和教学愿望。

（2）培训课程对教师的能力要求。一般课程设计要素中并不包括教师，因为认为教师只不过是课程的执行者，于是不可能在设计中考虑教师的因素。而在培训课程设计中，教师是可以根据课程的目标和需求提出标准，进行选择的。

“能者为师”是一个基本原则，但是这里的“能者”并不是指课程内容的专家学者，而主要说的是有能力去驾驭课程、去引导学习者达到课程目标的人。当然，如果两方面的能力都具备，则是最理想的。正是由于这种选人标准，培训课程的执行者往往打破了传统的一个教师上一门课的概念，而经常是由课程主持人来组织、挑选在课程内容的各个方面拥有不同优势者来组成课程组，执行“上课”的职能，而且课程执行者的可选人群范围，可以远远超出职业教师的领域。课程设计中执行者的主要任务是作为课程实施的主导。

培训教师能力的高低以及培训教师的能力结构对培训效果起着至关重要的影响。所有的培训课程执行要素设计能否得到很好的实现，取决于培训教师是否熟悉培训内容、是否具备良好的交流技巧等方面。培训教师要在个人素质和资历两方面都达到一定的水准，能够将深厚的专业理论功底和丰富的实践经验结合起来，还要具备良好的交流能力和沟通技巧等。因此，培训管理者一定要重视对教师的选择与开发工作。

（3）确定培训教师的来源。选择培训教师常常是被企业培训管理者忽视的一个重要问题，为实现预期的培训效果，企业培训主管应亲自参与到培训教师的选择过程中去。

一般来说，培训教师主要有两大来源：企业外部聘请和企业内部开发。企业培训管理者应根据实际情况，确定适当的内部和外部教师的比例，尽量做到内外搭配、相互学习。

企业外部聘请。从企业外部获取培训教师资源是大多数中小型企业采取的做法，而对于一些涉及比较深的专业理论方面问题或前沿的技术问题的培训项目，企业也常从外部聘请教师。

企业内部开发。对于培训已经处于成熟期的企业或一些需要定期开展的培训项目来说，企业一般从内部开发教师资源。内部开发的教师与外部教师相比，在某些方面有着很大的优势，如他们对企业文化、企业环境、培训需求等方面比较了解，而且他们可能与培训对象熟识，这样也有利于相互之间的交流。

（4）外部聘请师资的优缺点。①外部聘请师资的优点：选择范围大，可获取高质量的培训教师资源；可带来许多全新的理念；对培训对象具有较大的吸引力；可提高培训档次，引起企业各方面的重视；容易营造气氛，从而增强培训效果。②外部聘请师资的缺点：企业与其之间缺乏了解，加大了培训风险；外部教师对企业以及培训对象缺乏了解，可能使培训适用性降低；学校教师可能会由于缺乏实际工作经验，导致培训只是"纸上谈兵"；外部聘请教师成本较高。③外部培训资源的开发途径：从大中专院校聘请教师；聘请专职的培训师；从顾问公司聘请培训顾问；聘请本专业的专家学者；在网络上寻找并联系培训教师。

（5）内部开发师资的优缺点。①内部开发途径的优点：对各方面比较了解，使培训更具有针对性，有利于提高培训的效果；与培训对象相互熟识，能保证培训中交流的顺畅；培训相对易于控制；内部开发教师资源成本低。②内部开发途径的缺点：内部教师不易于在培训对象中树立威望，可能影响培训对象在培训中的参与态度；内部选择范围较小，不易开发出高质量的教师队伍；内部教师看待问题受环境影响，不易上升到新的高度。

▶▶ 知识链接7-3

德国企业培训师制度

德国企业培训师是指经过行业协会考核认证，获得培训师或师傅证书的人员。他们的职责是，能够结合经济、技术发展和所在公司产品研发、生产的需要，研究开发针对新职业（工种）的培训项目，以及根据企业生产、经营需要，掌握并运用现代培训理念和手段，策划、开发培训项目，制订、实施企业学徒培训计划，并从事培训咨询和培训教学活动。

企业培训师是职业教育和双元本科教育实践教学培训的承担者，其来源主要有两类：一类是企业根据培训需要聘请的外部培训师；另一类是符合条件的企业内部员工。外部来源的渠道是指经过德国手工业协会（HWK）考试的师傅或德国工商业总会（IHK）考试的职业培训师，内部来源的渠道是指企业选聘通过HWK或IHK考试的员工担任培训师。

资料来源　庞子瑞. 德国企业培训师制度的实践及启示［J］. 教育与职业，2022（6）. 节选.

◀◀◀▶ 案例分析7-2

M公司选择外部实战派培训师的经验

对于培训管理者来说，如何甄选合适的外部培训师是一项极有挑战性的工作。M公司在选择外部培训师上的做法是：纯理论知识的培训选择学院派培训师；软技能培训，特别是管理技能和营销技能培训则选择实战派培训师。培训管理者的主要挑战在于如何选择实战派培训师。

第一，实战派培训师要有经过自己实践检验的理论体系。

实战派培训师自己讲的内容，自己一定要相信；自己相信的内容，自己一定要认真地做过；自己做过的，自己一定要做明白、做透。这样，实战派培训师才能具备经过自己实践检验的理论体系，而不仅是具备丰富的理论知识。

第二，实战派培训师要具备解决问题的能力。

在每一次培训课程之前，实战派培训师都要明确培训的具体目标，要知晓培训对象待解决的主要问题。在培训课程实施过程中，实战派培训师应具备现场解决培训对象实际问题的能力。

第三，实战派培训师要对核心的概念有清晰的阐述。

每一个概念的背后都隐含着一套理论，有效沟通始于统一的概念。如果实战派培训师对核心的概念阐述不清晰，那么培训对象对同一个概念的理解会有所不同，就会产生冲突、误解，不能有效沟通。

第四，实战派培训师要让培训对象成为培训的主角。

实战派培训师要让培训对象把注意力都集中在自己的身上，关注自身的学习，而不是观看实战派培训师的表演。这就要求实战派培训师一方面具备深厚的教练技能，另一方面具备一定的师德修养。

第五，实战派培训师要具有一定的现场点评的功底。

实战派培训师不一定要在具体的业务实践上水平高于培训对象，但一定要具有基于实战经验的比较系统的理论总结，能抓住培训对象在培训中的精彩观点给予深度点评，以点带面。实战派培训师的点评对培训对象的实际工作要有所帮助。

问题：M公司选择外部实战派培训师的经验有何启示？

分析提示：管理者选择外部培训师尤其是实战派培训师时需要一定的技术和技巧。

2）培训设施建设与管理

（1）培训中心建设。这具体包括：

一是独立培训教室建设。企业应有自己独立的培训教室，可容纳培训计划所需培训的学生人数，并要求设施完善，比如投影仪、白板、电脑、优质学生桌椅等配备齐全并保证维修和维护的及时有效。除此之外，还应由专门管理、清洁、维护人员定时对教室进行管理维护，保证培训使用。

二是内部培训中心建设。内部培训中心指企业为培训工作建设的专业化培训中心，一般见于需要进行大量培训的企业内。内部培训中心的管理可列入人力资源部管理，也可相对独立。

三是外部授权培训中心建设。外部授权培训中心一般是企业与某咨询公司、管理培训公司或相关大学建立合作关系进行培训的培训中心，培训教师一般由咨询公司、管理培训公司专职培训师或相关大学专业资深教授担任，讲授专业深入，知识性强，培训场所也不局限于企业内，可以使用管理培训公司的场所等。

（2）培训设备。对所有设备按设备的技术状况、维护状况和管理状况分为完好设备和非完好设备，并分别制定具体考核标准。

各单位的培训设备必须完成上级下达的技术状况指标，即设备的综合完好率指标考核达标。专业部门要分别制定出年、季、月度设备综合完好率指标，并层层分解逐级落实到岗位，使各级维护与管理人员能牢牢掌握住设备的运行情况，依据设备运行的状况制定相应措施。

7.3 培训课程设计的选择

7.3.1 自营与外包的选择

微课7-2

企业自营培训

自营培训指企业自己拥有培训中心和相应的管理与培训师队伍，可以自主举办培训，一般由企业人力资源部门设计课程，确定培训师和授课对象。一般而言，有关企业内部规章制度、产品和技术知识、业务流程、行销技巧等，大都以自营培训为主。

外包培训是由社会上的培训机构来实施培训，主要领域是各种专业管理领域，例如生产管理、现场管理、采购管理、品质和体系管理、财务管理、设备管理等。

企业培训的最终目的主要是满足企业自身发展的需要，而且某些特殊需要只能以企业自身组织的培训来满足，因此培训首先应立足企业自身来进行。但是，以自营培训为主的培训模式，主要适用于培训力量强、专业培训多的大企业和部分成熟外企。容易存在的问题是，企业培训的模式陈旧，观念不新，不利于受训人员开拓思路，全方位地接受新知识。

企业自营培训虽然具有方便和适用性强等特点，但是由于大多数中小企业受到人力、资金、时间等限制以及企业面临内部变革等因素的影响，对要求多、层次广的培训需求，绝大多数无法有效应对，特别是当这些企业对存在的问题还缺乏准确把握时，更应该借助外部力量解决问题。因此，为了在激烈竞争的市场环境中生存和发展，提升员工的素质和企业的竞争力，外包培训正在成为一种潮流。

外包培训专业化水平较高，技术手段先进，宏观视野开阔，但是无论培训机构具有多么丰富的经验，由于和企业接触时间较短，很难在培训中提供非常富有针对性的培训课程，所以需要在深入细致地了解企业的状况和培训需求后，才有可能提供量身定做的培训服务，协助企业通过提升人员素质和管理方法的实战性、可操作性等，提升企业的竞争力。

在当今国际化市场竞争的大环境下，分工和合作都日益明显，既要有精细化的分工，又要有广泛的合作。培训也是同样，企业应该确定以内部自营培训为主、外包培训为辅的方针，先进行内部培训，再根据需要，把本企业难以独立完成的培训外包出去，通过外包培训来加长木桶理论中的短板，使内外培训两者有效结合，优势互补，两条腿走路，真正达成良好的培训效果，通过培训改进和解决现存问题，确保企业的可持续发展。

7.3.2 培训机构的选择

1）选择培训机构应考虑的因素

选择培训机构，受设计者对资源依据的选择或对重点选择的影响，或者说取决于设计者对可选资源的价值取向。有三种基本的资源依据已被人们用来作为进行培训机构选择决策的基础：培训内容、接受课程培训的学员、企业自身特点。

选择哪一种资源依据作为选择培训机构决策的主要的或唯一的基础，基本上取决于设计者对于培训要面对谁、要达到什么目标、要起什么作用的价值取向。

企业拥有的培训经费、培训时间及与培训相关的专业人士的情况，将使企业面临三种选择：

第一，企业可根据自身拥有的人员和专业水平及预算约束，利用内部培训师培训所有企业相关人员。

第二，企业为节约成本可通过测试和抽样的办法来考核哪些雇员属于培训的目标人群，让那些没有通过考核的人或者在样本平均水平之下的人调动工作。这种选择说明企业更愿意将资源分配到人员甄选和安置上，而不是用于培训。

第三，由于缺乏时间或专业能力，企业可选择从外部培训机构那里购买该项目的培训服务。

2）培训供应商的甄选与评价

如果企业打算从培训供应商那里获得培训项目而不是自行开发，那么选择一个能够提供高质量产品的供应商十分重要。培训供应商包括咨询人员、咨询公司或研究所、培训组织等。企业可通过征询建议书来选拔能够提供培训服务的供应商。

征询建议书包括以下内容：

（1）概括说明企业所寻求的服务种类。

（2）所需参考资料的类型与数量。

（3）接受培训的人员数量。

（4）项目资金。

（5）评价满意度。

（6）服务水平的标准和流程。

（7）预期完成项目的时间。

（8）公司接收建议的截止日期。

征询建议书提供了评价培训服务的一整套规范的标准，而且能使企业免去对那些不能提供满意培训服务的供应商进行评估的必要。通常，征询建议书可以帮你找出符合标准的几家供应商，公司可以将征询建议书通过邮寄的方式传到潜在的供应商手中或者通过网上站点来发布信息。下一步就要选择你所青睐的提供培训服务的供应商了。

3）选择培训供应商应考虑的有关问题

（1）该供应商在设计与实施培训方面有多少和哪些类型的经验。

（2）该供应商的人员构成及对员工的任职资格要求。

（3）该供应商曾经开发过的培训项目或拥有的客户。

（4）该供应商为所服务客户提供的参考资料。

（5）可说明所提供的培训项目是卓有成效的证据。

（6）该供应商对本行业、本企业发展状况的了解程度。

（7）咨询合同中提出的服务、材料和收费等事宜，例如，允许供应商保留培训资料、手册和辅助材料等。

（8）培训项目的开发时间。

（9）该供应商以前的顾客及专业组织对其声誉、服务和经验的评价。

当由咨询人员或其他的供应商来提供培训服务时，很重要的一点就是要考虑其培训项目是针对本企业的特定需要，还是只准备根据以往在其他组织中应用的培训的基本框架来提供服务。供应商只有在对本企业进行了深入细致的研究之后，才能提供符合需要的因地制宜的培训项目。

知识链接7-4

培训合同

甲方：××××有限公司　　　　　乙方：×××培训师

联系方式：　　　　　　　　　　联系方式：

一、培训项目

××××有限公司2025年度中层管理人员管理技能培训项目。

二、培训内容

（略）

三、培训时间及学时

____年____月____日至____年____月____日，共____学时。

四、培训形式

培训形式为面授。

五、培训地点

培训地点为甲方的总部，由甲方具体安排。

六、甲方的责任和义务

1.向乙方提出明确的培训要求，并提供实施培训所需的条件和材料。

2.按要求向乙方支付培训费，因培训所发生的交通、食宿等费用由甲方承担。

3.负责对公司内部受训人员进行组织协调，保证培训的正常实施。

七、乙方的责任和义务

1.接受甲方的委托，按要求为甲方进行培训方案设计，并提供相应的教材、考核试题等。

2.按时实施培训，并达到培训效果。

3.遵守职业道德，保守甲方的商业秘密。

八、费用及结算方式

培训费用按课时计算，每课时为____元，共____元（大写_____元），其中不含交通食宿费用。费用结算方式为分期支付，授课前支付50%，授课后支付50%。

九、违约责任及处理方式

违约责任由违约方承担，双方本着友好协商的原则解决出现的问题，协商不成可通过法律诉讼的方式解决。

十、附则

1.本合同一式两份，甲、乙双方各执一份。

2.本合同自双方签字（盖章）之日起生效。

甲方：　　　　　　　　　　　　乙方：

签字（盖章）：　　　　　　　　签字（盖章）：

日期：　　　　　　　　　　　　日期：

资料来源　崔夷修.员工培训管理［M］.北京：北京大学出版社，2021.

7.3.3 培训课程的设计与评估

1）培训课程设计的基本环节

（1）课程定位：确定课程的基本性质和基本类别。

（2）确定目标：明确课程的目标领域和目标层次。

（3）注重策略：充分注重培训教师的培训观念与学习者的学习风格。

（4）选择模式：优化教学内容，调动教学资源，遴选教学方法。

（5）进行评价：检验目标是否达到。

2）培训课程设计模式的选择

培训课程的设计通常依据三个主要原则：培训课程在改变学员知识、技能、态度方面的重要性；培训课程在知识、技能和态度方面的常用性；培训课程在知识、技能、态度方面的风险。综合这三个原则，大致可以分出三种课程设计的模式。

（1）必须学习模式。该模式在知识、技能和态度方面具有高重要性与高常用性，或中重要性与高常用性，或高重要性与中常用性，但风险很低。

必须学习①=高重要性+高常用性+低风险

必须学习②=中重要性+高常用性+低风险

必须学习③=高重要性+中常用性+低风险

（2）应该学习模式。该模式在知识、技能和态度方面具有高重要性、高常用性和高风险，或低重要性、高常用性和低风险，或高重要性、低常用性和低风险，或中重要性、中常用性和低风险。

应该学习①=高重要性+高常用性+高风险

应该学习②=低重要性+高常用性+低风险

应该学习③=高重要性+低常用性+低风险

应该学习④=中重要性+中常用性+低风险

（3）最好学习模式。该模式在知识、技能和态度方面具有低重要性、低常用性及低风险，或中重要性、中常用性和高风险，或低重要性、高常用性和高风险，或高重要性、低常用性和高风险，或中重要性、高常用性和中风险。

最好学习①=低重要性+低常用性+低风险

最好学习②=中重要性+中常用性+高风险

最好学习③=低重要性+高常用性+高风险

最好学习④=高重要性+低常用性+高风险

最好学习⑤=中重要性+高常用性+中风险

课程设计的原则可优先考虑"必须学习"，其次是"应该学习"，最后是"最好学习"。若用加权方式，则"必须学习"是10分，"应该学习"是7分，"最好学习"是4分。

在选择不同的模式时应注意以下两点：

首先，充分利用培训资源。对一切能利用的培训资源充分加以开发和利用，是课程设计艺术发挥的一个重要舞台。课程设计的资源包括人、财、物、时间、空间和信息等方面，这些资源的有效协调和利用对增强培训效果有着举足轻重的作用。比如，培训者和受训者的相互适应，也就是说，要"因材施教"。由于受训者的个体差异很大，学习风格不同，培训者不可能做到面面俱到，不可能适合各种类型的受训者，所以在进行课程设计时，培训者的选择是很重要的。不同类型的培训需要选择不同的培训者，以便达到培训效果的最优化。对时间和空间的设计也会对培训效果产生很大的影响。时间设计上最重要的是如何充分利用时间，在有限的时间里最大限度地调动受训者的学习积极性；空间的设计如教室座位的排定等直接影响培训方法的采用和培训者角色的确定等。在教材的选择上，要考虑为受训者提供实际的、先进的、实用的教材。

　　其次，发挥最新科技手段。教学媒体的多样性和先进性，是现代培训课程设计的一个很重要的特色。许多研究表明，只有使学习者听觉、视觉、触觉等各个感觉器官功能综合利用，才可能取得最好的学习效果。设计者的任务就是要设法利用一切有利于学习者吸收与理解的手段和媒体，充分地调动学习者各个感觉器官的功能，从而达到课程效果最优。多媒体技术可以提供画面、图表、音乐、对话等视觉、听觉材料，多方位地刺激和调动学习者的学习兴趣，有利于增强培训效果。

　　3）培训课程设计的具体操作过程

　　（1）前期准备工作。在开始课程设计之前，培训工作的领导人或培训项目的负责人首先要进行相关准备工作。这些准备工作将对以后的课程设计产生重要的影响，准备工作做得越充分，课程设计也就越容易。这些工作包括：决定由谁进行课程设计工作；为课程设计初步收集尽可能多的信息；课程设计小组成员职责分工；制订课程设计工作计划。

　　（2）设定课程目标。课程目标指在培训课程结束时，希望学员通过课程学习能达到的知识、技能和态度水平等。目标描述是培训的结果，而不是培训的过程，所以重点应放在学员该掌握什么上，而不是愿意被教什么上。明确的目标可以增强学员的学习动力，也可为考核提供标准。培训要达到什么样的目标，首先，在课程设计工作之前就被提出来，在需求调查的基础之上分清主次，主要目标和次要目标要区别对待；然后对这些目标进行可行性分析，根据企业培训资源状况，将那些不可行的目标做适当的调整；最后，要对目标进行层次划分，也就是哪些目标要先完成，其余的目标在此基础之上才有可能实现。

　　（3）信息和资料的收集。目标确定以后，就要开始收集与课程内容相关的信息和资料，可以从企业内部资料中查找所需要的信息，征求培训对象、培训相关问题的专家等方面的意见，借鉴已开发出来的类似课程，也可以从企业外部可能渠道挖掘可利用资源，资料收集的来源越广泛越好。

　　（4）课程模块设计。培训课程设计涉及很多方面，可以将其分成不同的模块，分别进行设计。具体的课程设计包括课程内容设计、课程教材设计、教学模式设计、教学活动设计、课程实施设计以及课程评估设计等方面。

　　（5）课程演习与试验。培训课程模块设计完成以后，有时需要对培训活动按照设计进行一次排练，以确保做好充分的准备。这是对前一阶段工作的一次全面检阅，不仅包括内容、活动和教学方法等，还包括培训的后勤保障。预演中可以让同事、有关问题的专家或培训对象的代表作为听众，在演习结束后，对整个安排提出意见。

　　（6）信息反馈与课程修订。在课程演习和试验结束以后，甚至在培训项目开展以后，要根据培训对象、有关问题专家以及同事的意见等对课程进行修订。课程需要做出调整的内容视存在的问题而定，有些可能只需要对一小部分课程内容做出调整，有些甚至可能要对整个培训课程进行重新设计，但不管如何，存在的问题一定要及时解决。表7-3是一般培训课程表，表7-4是骨干人员培训课程表。

表7-3　　　　　　　　　　　　　　　　一般培训课程表

编号	课程内容	新进人员岗前教育	一般培训				
			一般人员	班长级	组长级	科长级	管理级
1	公司介绍、产品介绍、参观工厂	√					
2	人事管理制度	√					
3	考试制度	√	√				
4	工资、考核制度、绩效奖金制度	√	√				
5	目标管理制度	√					
6	提案制度	√	√	√	√	√	√
7	预算制度		√	√	√	√	√
8	会计制度		√	√	√	√	√
9	成本概念	√	√				
10	成本会计实务		√		√		
11	成本控制、成本分析		√	√	√	√	√
12	电脑概念		√	√	√	√	√
13	标准成本制度	√	√	√			
14	电脑化介绍					√	√
15	质量管理		√	√	√		
16	文书管理		√	√	√		
17	内部控制检查					√	√
18	企业筹资管理					√	√
19	利润中心制度				√	√	√
20	问题与决策分析						√
21	企业诊断与经营分析						√
22	系统分析与工作简化			√	√	√	
23	标准化管理						√
24	基层管理工作			√			
25	激励员工士气			√	√	√	√
26	抱怨处理			√	√		√
27	工作效率管理			√	√	√	√

表7-4　　　　　　　　　　　　　　　　骨干人员培训课程表

分类	对象	目的	内容	形式	时间
骨干人员基础训练课程（A）	工龄为3~5年的员工	为管理队伍培养储备军	骨干人员的任务与作用；骨干人员的成本意识和盈利意识；工作的合理化、效率；对新员工的指导；对经营管理者的辅佐和协作	讲座、小组讨论、案例研究	6小时
骨干人员基础训练课程（B）	工龄为5~7年的员工	对骨干人员、初级管理者的实际业务能力进行培养	基本素质要求；指令、汇报规划；会议组织	讲座、授课、演练	6小时
领导能力培养课程	工龄为3~7年的管理人员、新任管理人员	提高领导能力的基本方法与途径	如何提高领导能力；指示、汇报的基本规划；领导者的条件；如何调动下属的积极性；领导者自我开发	讲座、授课、小组讨论	6小时
解决问题能力课程	同上	培养分析问题与解决问题的能力	问题的出现与原因分析；解决问题的方法；解决问题的过程	讲座、演练	6~12小时
创造力培养课程	同上	提高主动性与创造力	思维转换；自我开发和创造力；提高创造力；挖掘潜力	讲座、小组讨论	6小时
开拓创新能力培养课程	管理者、监督者	提高领导能力，培养创新能力，提高企业活力	管理者的作用和职责；管理者的工作内容；管理者的素质要求；管理者的业务知识；企业目标和领导能力	讲座、小组讨论、授课	2天

4）培训课程的评估

培训课程评估指研究课程价值的过程。评估在培训课程中的作用包括诊断课程、修改课程、比较各种课程的相对价值、预测培训需求、确定课程目标达到的程度等。

对培训课程的评估主要从五个方面进行：

（1）课程评估的设计。对培训课程的评估并不是在培训结束时才做，而是在课程总体设计时就做好方案，并在整个培训过程中一直进行。培训者不断从各方面得到反馈，对培训效果进行评价，对培训课程进行改进。

（2）学员的反应。向学员发调查表，通过这种方式可以快速、简便地了解到学员对培训的反应。这种方式的缺点是，会造成培训者过多地迎合学员，而不重视培训目的。

（3）学员的掌握情况。这可以通过培训结束时的考试和论文来了解，关键在于如何设计考题，能否全面反映学员对培训内容的掌握情况。

（4）培训后学员的工作情况。这需要到学员的工作地点进行跟踪调查，进行这项工作还有助于增强学员对培训工作的信任，而且可以使学员在培训结束时仍然能够得到帮助，但这项工作要花较多的人力和物力。

（5）经济效果。这指培训为整个公司带来的经济效益。比如，劳动生产率的提高、产品质量的改进、顾客满意度的提高等。但这些效益中哪些是由培训带来的很难确定，因此通常不对这项进行评估。

◆◆◆◆➡ **案例分析7-3**

华为新员工培训课程清单

华为新员工培训课程清单见表7-5。

表7-5　　　　　　　　　　　　　华为新员工培训课程清单

项目	新员工		时间
文化培训课程	1.致新员工书 3.团结合作、集体奋斗 5.创业、创新与严谨做事 7.客户化服务	2.服从组织规则 4.责任心与敬业精神 6.自我批判与不断进步	3天
工作基本常识培训课程	1.电信技术基础 3.公司组织人事制度介绍 5.成本意识 7.企业礼仪	2.公司产品介绍 4.办公软件常识 6.保密意识 8.沟通技巧	5天
行为规范培训	1.每日早操 2.集体活动：①旱地龙舟　②拔河　③接力赛　④跳绳　⑤排球比赛　⑥义务服务/种树　⑦篮球比赛　⑧校外活动 3.视频资料：①《中国华为》　②《被告山杠爷》　③《甲午风云》/《鸦片战争》　④《极度恐慌》/《山崩地裂》　⑤《孔繁森》/《焦裕禄》　⑥《离开雷锋的日子》　⑦《九九迎新春大合唱》 4.辩论赛 5.新老学员联欢晚会		3周内进行

职业技能培训课程	研发新员工	营销新员工	管理新员工		技术支援新员工	时间
	1.中国公网 2.产品一体化流程 3.项目管理 4.BOM知识 5.产品可生产性常识 6.文档意识 7.产品物流管理简介	1.中国公网 2.演讲技巧 3.营销体系介绍 4.市场人员行为规范 5.个人成长 6.营销卡拉OK（一）（二）演练	1.计划管理 2.时间管理 3.流程与信息技术初步 4.业务性工作常识 5.建立良好的合作关系 6.MRP Ⅱ普及知识	秘书课程： 1.计划管理 2.时间管理 3.文档管理 4.公文写作 5.会务管理 6.考勤管理 7.秘书任职资格	1.中国公网 2.产品一体化流程 3.项目管理 4.市场人员行为规范 5.个人成长 6.营销卡拉OK（一）（二）演练	3天

问题：华为新员工培训课程有何特色？

分析提示：可以从新员工特点、成人培训特点以及岗位特点等几个方面进行分析。

▶ 价值引领

以思政课数字化推动思想政治教育现代化

习近平总书记对学校思政课建设做出重要指示，强调新时代新征程上，思政课建设面临新形势新任务，必须有新气象新作为。教育数字化是我国开辟教育发展新赛道和塑造教育发展新优势的重要突破口。思政课作为落实立德树人根本任务的关键课程，面对新形势新任务，需要运用数字技术赋能思政课改革创新，不断提升思政课的针对性和吸引力，以思政课数字化推动思想政治教育现代化。

资料来源 谢俊.以思政课数字化推动思想政治教育现代化［N］.重庆日报，2024-07-18.

▶ 基础训练

7.1 单项选择题

1）培训课程的目标大多是（　　）的。

A.长期性　　　　　　B.复杂性　　　　　　C.策略性　　　　　　D.有针对性

2）设置培训课程应体现的基本原则不包括（　　）。

A.符合企业和学习者的需求　　　　　　B.符合成人学习的认知规律

C.控制成本　　　　　　D.体现企业培训功能的基本目标

3）在培训所使用的各种媒体中，（　　）是最常用、最可靠（不存在设备出故障的问题）、最易携带、最便宜的教学材料。

A.印刷材料　　　　　　B.视听材料

C.网络材料　　　　　　D.AR设备

4）（　　）对培训效果起着至关重要的影响。

A.培训内容的设计　　　　　　B.培训教师能力的高低

C.培训时间的安排　　　　　　D.培训地点的选择

5）内部开发师资明显的优点是（　　）。

A.对培训对象具有较大的吸引力

B.可提高培训档次，引起企业各方面的重视

C.容易营造气氛，从而增强培训效果

D.对各方面比较了解，使培训更具有针对性

6）外部聘请师资的缺点不包括（　　）。

A.企业与其之间缺乏了解，加大了培训风险

B.对企业以及培训对象缺乏了解，可能使培训适用性降低

C.不易于在培训对象中树立威望，可能影响培训对象在培训中的参与态度

D.外部聘请教师成本较高

7）培训课程设计的具体操作过程顺序是（　　）。

（1）前期准备工作　　　　　　（2）信息和资料的收集

（3）设定课程目标　　　　　　　　　（4）课程演习和试验

（5）课程模块设计　　　　　　　　　（6）信息反馈与课程修改

A.（1）（2）（3）（4）（5）（6）　　　　B.（1）（3）（2）（5）（4）（6）

C.（1）（2）（4）（3）（5）（6）　　　　D.（1）（3）（4）（2）（6）（5）

8）培训课程设计模式有三种，分别是"必须学习""应该学习""最好学习"，原则上，应优先考虑（　　）。

A.必须学习　　　　　B.应该学习　　　　C.最好学习　　　　D.以上都可以

9）对培训课程的评估不包含（　　）。

A.学员的反应　　　　　　　　　　　B.学员的掌握情况

C.培训师的感受　　　　　　　　　　D.培训后学员的工作情况

10）培训课程介绍中不可以包含的内容是（　　）。

A.学员的现状　　　　　　　　　　　B.学员存在的问题

C.课程产生的原因　　　　　　　　　D.要如何解决这些问题

7.2　简答题

1）培训课程设计的原则是什么？

2）培训课程设计的要素有哪些？

3）制作PPT注意事项有哪些？

4）外部聘请培训师的优缺点是什么？

5）内部开发培训师的优缺点是什么？

6）选择培训机构应考虑哪些因素？

7）如何进行课程设计和评估？

▶ 综合应用

7.1　案例分析

基于真实工作情景的体验式课程设计

1）培训要求

（1）一组一课题、最多5组，每组4~6人，请培训前确定好开发的课题和参与开发的人员。

（2）各小组成员由3类人组成（课程开发组长1名、内容专家2~3名、方法专家1~2名）。

（3）开发组长要求：协调能力强，能领导小组完成整个项目，具备一定的项目管理能力。

（4）内容专家要求：对开发的内容提供支持，对内容有绝对的权威。

（5）方法专家要求：对培训技术有深入研究，特别是案例教学、互动培训方面见长。

（6）每个小组最少配备3台笔记本电脑、1台摄像机、10张大白纸、白板笔（黑蓝红）各3支。

2）培训目的

通过本次职业训练学员能够有效运用思维导图开发标准课程，掌握体验式课程开发的流程，熟练掌握体验式课程开发的技术和技巧，有效处理课程开发过程中的难点、疑点和重点，做到科学合理地开发和配置企业的各类型课程，同时能运用各种训练方法和演绎形式，让企业课程精彩纷呈。

3）培训方式

本课程从课程体系建设思路入手，全程采用行动学习法，学员提前选定课题，带着任务来学习，老师现场讲解加辅导，有针对性地给予反馈，保证学员在两天内掌握国际通用的体验式课程开发方法、工具以及核心流程，以及最终使学员带着自己开发的课程走出课堂。

4）课程特色

国际通用：国际领先的体验式课程开发标准教程。

内容权威：采用国际通用标准模板，被国际著名跨国公司广泛应用。

实用性强：提供国际通用体验式课程开发的标准流程、内容权威化设计的行动指南、大量实用性开发工具和表格，配合内容演绎形式选择的标准化模型，使训练方法具有有效性、适切性、针对性、高弹性。

有效训练：采用标准教程展示，学员现场问题解决，学员自主开发课程现场点评，互动研讨，促进提升。

5）课程概述（见表7-6）

表7-6 课程概述

	Topics/题目	Contents/内容
追本溯源 0.5h	导论：课程开发思考	1.从建构主义视角思考：什么是有意义的学习？ 2.如何让每一部分内容都能解决学员工作中的实际问题？ 3.如何保证你的内容都是学员需要的？ 4.培训师如何从讲授知识转化为建构学员的心智模型？ 5.你的教学策略设计是否与真实工作过程对接？
拨云见日 1h	一、真实培训需求挖掘	1.解构岗位工作任务 2.根据工作任务确立末端工作过程 3.搜集工作过程中的问题 4.分析问题（低难度、中难度、高难度） 5.确认要解决的问题
有的放矢 1h	二、确定培训目标	根据要解决的问题，设计课程目标： 1.理论与知识类内容的目标 2.技能技巧类内容的目标 3.观念态度类内容的目标 案例：技术类、销售类、管理类培训目标分析 提供工具：课程目标标准词汇库、目标等级分类法

	Topics/题目	Contents/内容
千锤百炼 4h	三、课程内容规划提炼	1.起名字（打破常规）：形象命名法、结构命名法、创新命名法 2.搭框架：课程整体结构化设计 确定课程进度：时间分配与进度安排 编排课程内容：时间顺序、结构顺序、程度顺序 设计课程大纲：打造稳若磐石的课程结构 3.定内容：单元内容设计 单元内容构成：是什么（知识）、为什么（态度）、怎么做（技巧） 单元内容编排：必须了解、应该了解、可以了解 4.找概念：同字压缩、同音替代、同性相连 5.赋生命：赋予课程灵魂 6.强视觉： PPT精华提炼设计：赏心悦目 逻辑清晰化：一级、二级、三级、四级 内容视觉化：合缩炼转、创意图表 播放动态化：3D视觉、动画设计、动画播放
匠心独运 6h	四、移情教学策略设计	1.成人学习原理：主动学习的革命、全感官学习、思维导图的魅力 2.激发全脑智能：打开智慧的魔盒 认识大脑：拆掉思维墙、活出真自己 如何调动学员左脑：逻辑思维——意识脑、语言脑、学术脑 如何调动学员右脑：形象思维——创造脑、音乐脑、艺术脑 3.经典五星教学法：聚焦问题、激活旧知、论证新知、学以致用、融会贯通 4.让学员在课堂获得直接体验：微世界虚拟真实、漫润学习情脉 体验式教学方法理论指导：库伯学习圈、加涅九大教学事件、建构主义 体验式教学策略设计的3个真实：真实情景、真实任务、真实事件 体验式教学案例设计5步骤：搜集、梳理、论证、选择、制作 体验式教学案例编写制作：书面案例编写、视频案例拍摄、动画案例制作 5.不同内容设计不同培训方法 理论知识类培训方法选择：举例与案例分析 技巧类培训方法选择：示范、练习、反馈 观念态度类培训方法选择：参与体验、正反对比、反思总结

续表

	Topics/题目	Contents/内容
智慧结晶 5h	五、课程文件包制作	1.编写课程说明书：课程描述、课程大纲、授课计划 2.编写演示文件 PPT设计的基本原则：结构化思考、图表化表达、动态化呈现 PPT逻辑设计 PPT模板的使用：母版、模板 PPT用图表说话：图表数字 文字排版：对齐、聚拢、降噪、统一、对比、留白 PPT动画设计 PPT禁忌：word搬家、堆积图表、五颜六色、逻辑不清 3.编写案例手册：案例目的、案例背景、案例操作步骤、案例讨论问题、案例讲评要点 4.编写学员教材 5.编写讲师手册：导入、展开、收结 6.编写考试题：纸笔测试、操作测试 7.创建素材工具箱：音乐库、视频库、动画库、图片库、案例、标准课程展示、手册制作练习 8.提供国际通用标准模板：课程说明书、演示文件、练习手册、学员教材、讲师手册、考试题、素材工具箱
1h	课程评审	1.每组做好的课程上台进行8分钟的介绍 2.各个评委打分 3.选择优秀课程，并进行奖励

资料来源　范国玉.基于真实工作情景的体验式课程设计［EB/OL］.（2021-12-11）［2024-01-07］. http://www.cnbm.net.cn/course/kc1590368942.html.

问题：此课程体系创建有哪些特点？

分析提示：从培训目的和要求入手，选择合适的培训方式，然后设计有针对性的课程。

7.2　实践训练

训练1：组织学生分组，5~6人一个小组，以小组为单位就近调查一家企业，了解该企业不同层次人员的培训课程、培训目的、培训方法、培训时间等信息，用表格形式完成。

训练2：公司HR或者培训部门安排的新员工入职教育、交叉培训以及与公司优秀老员工学习交流等一系列环境适应性培训很常见。然而，现在企业常见的培训模式往往以单向的教育为主，员工被动接收，参与性不强，而且培训师的培训是重复作业的，培训课程设计单一老套，所以常常难以起到良好的效果，甚至变成无效的培训。这也是令公司HR或者培训部门真正感到头疼的事情。请结合实际为新员工设计一个为期两天的培训课程。

学习目标

知识目标

学习完本章之后，你应该能够：了解管理人员开发的意义；了解骨干员工的价值及特点；熟知梯队式人才开发的基本工作流程；熟知管理人员、骨干员工、新员工培训与开发的方法。

能力目标

学习完本章之后，你应该能够：运用一定的方法和程序组织开展管理人员、骨干员工、新员工等不同类型人才的开发工作。

素养目标

在学习完本章之后，你应该能够：加强核心员工的思想政治教育，增强核心员工对企业文化的认同感，强化核心员工的忠诚度。

内容架构

```
第8章 核心员工开发
├─ 8.1 管理人员开发
│   ├─ 8.1.1 管理人员开发的意义
│   ├─ 8.1.2 管理人员开发的类型
│   └─ 8.1.3 管理人员开发的方法
├─ 8.2 骨干员工开发
│   ├─ 8.2.1 骨干员工的确认
│   ├─ 8.2.2 骨干员工的角色意识培养
│   └─ 8.2.3 骨干员工开发的方法
└─ 8.3 新员工开发
    ├─ 8.3.1 新员工培训的内容
    ├─ 8.3.2 新员工培训的方法
    ├─ 8.3.3 毕业生的开发
    └─ 8.3.4 梯队式开发
```

引例

腾讯的"飞龙计划"

腾讯是我国一家著名的互联网公司,由于企业的快速成长,越来越多的经理岗位需要新人来填补。这就需要对这些新人进行大量的培训,而很多经理没有太多时间投入到培训中,特别是由于业务的性质,很难做到经理或者员工长时间集中培训。根据人才培养中的"二八原则",腾讯制订了以行动学习法为核心的"飞龙计划",即专门针对储备干部、部门经理级别人群的领导力培训计划。"飞龙计划"每期选几十位优秀人才作为未来中层干部的储备,每期差不多持续半年时间。

除了对管理序列发展通道人员的领导力培训外,腾讯对专业序列发展通道人员的培训也非常重视。比如腾讯的研发技术人员占到公司总人数的60%~70%,他们很多人不是经理,但在公司发挥着骨干作用。针对研发技术人员,腾讯推出了"攀登计划",针对产品经理制订了"大雁计划",这些计划都是以"飞龙计划"为模板做出来的。

资料来源　编者根据相关资料整理。

这一引例表明:企业对员工的培训与开发是企业人力资源战略的重要组成部分,是保证企业人力资源连续性的重要方法,尤其对于后备管理人员和核心技术人员要制订专门的培训与开发方案。

8.1　管理人员开发

微课8-1

管理人员开发

管理人员开发是企业为了提高其生产力和盈利能力,确定和持续追踪高潜能员工,帮助组织内部管理人员成长和提高的一系列项目,覆盖了从初级主管到高级管理人员的所有管理岗位。需要说明的是,管理人员开发不仅是一些正式的培训项目,还包括企业内部与管理人员培养和提升相关的政策与惯例,如在职培训、绩效评估、工作轮换、接班人计划和骨干员工确认系统、特别项目以及职业发展和咨询等,已经成为关系组织命运、前途的综合性人力资源开发战略的重要组成部分。

8.1.1　管理人员开发的意义

彼得·德鲁克曾经说过,没有一个管理者是天生的。这意味着管理技能是可以通过培训获得的,而有效的管理人员开发可以帮助企业各级管理人员掌握管理的技能和方法,改善他们的绩效,提升其管理下属的能力,还可以提高他们的自信心,使他们承担更多的责任,加速他们的成长,满足组织和个人成长的需要。管理人员在企业中特殊的地位和角色,决定了管理人员开发的重要意义。

1)管理人员在组织中的地位决定了管理人员开发的作用

管理人员包括企业的领导者和其他各级管理人员,是组织活动的主导力量。管理人员工作水平的高低直接决定着组织活动的成败,特别是在当今多变的市场环境下,市场、产品与技术不断变化，企业要掌握变化的方向，应付多变的不确定未来，就需要优秀的管理者。今天，对于组织的评价，已经不只着眼于眼前的一时的胜利，更要看组织持续发展的能力；对于管理者好坏标准的判断，不光看经营决策与行动的好坏，还要看这个管理者能不能教导他人也成为管理者，以建立永续成功的组织。管理人员开发满足了管理人员成长的需要，对企业当前及未来发展都有重要的意义。

2）现代经营管理方式决定了管理人员开发的作用

现代企业经营管理日益复杂，企业与客户、供应商、雇员还有政府、社会团体等的关系都发生了很大的变化，加上日益复杂的技术发展和全球化的影响，对优秀管理人员的要求不断提高，要求他们能够对快速多变的环境迅速做出反应和做出正确的应对决策。事实证明，提高经理和其他管理人员的经营管理能力，是使企业获得较高生产能力和竞争能力最理想的、最根本的方法。据美国通用电气公司的统计，通过增强发电机能力方法，使企业的总发电能力提高5%，要花费相当多的时间和金钱，但通过培训以改进经营管理的方法，无须花费太多，就可以达到提高企业总发电能力5%的目的。管理人员的开发是提高企业经营管理水平的一种有效方法。

3）管理人员角色的转变决定了管理人员开发的作用

俗话说，"学而优则仕"，在许多企业中这种情况也普遍存在。那些业绩好的员工通常被选拔到管理岗位上来，如最好的销售员被提拔做销售经理、最好的工程师被提拔做工程总监，这些人业务能力强，有实干经验，对业务管理具有一定的价值，但新的管理岗位需要更多的计划、组织、协调和控制能力。在过去，人们认为即使不具备这些管理技能、知识等，也能够在实践工作中自然而然地培养和锻炼，可以凭经验慢慢地去学习，但在今天，要求这些新提升的管理人员以更快的速度来适应新岗位，而且他们通过自己尝试开发的管理技能、知识等，存在着很大的不确定性和风险，因此最好的方法就是企业对那些被提升到管理岗位上的人提供培训和帮助，使其尽快获得新岗位所需要的技能、知识等，并为他们将来的职业发展做好准备。

4）管理人员开发是留住核心人才的手段之一

优秀的管理人员是企业重要的人力资源，也是企业持续发展的保障，自然也就成为企业间争夺的对象。这些优秀的管理人员在选择企业的时候不仅关注企业的前景和职位本身的薪酬、待遇，还喜欢那些具有更多的参与性、开发性的组织氛围，看重个人成长的空间，考查企业能否为其提供个人成长和职业发展的机会，其中就包括企业提供的学习、培训的条件和机会。因此，管理人员开发不仅能提升企业管理人员的能力，也是吸引和留住优秀核心人才的手段之一。

5）管理人员开发具有示范和带动效应

一般来讲，企业管理人员的行为方式对企业的其他员工会有很大的影响，同样，对管理人员的培训与开发的成效会对企业整体培训效果产生影响。企业各级管理人员既是被培训者，也是培训者，他们有对其下属进行培养和训练的职责。作为被培训者他们能体会到培训的作用，这会使他们更好地履行作为培训者教育培训本企业或本部门员工的职责，对培训项目予以更多的重视和支持。同时，管理人员开发往往与内部晋升相结合，管理者个人成功的经历是许多年轻员工的榜样，管理人员在管理开发项目中所被教授的那些价值观、技能和技术等会被其他员工模仿与借鉴，并被组织所鼓励，因此在员工眼中，良好的培训晋升制度是他们参加培训的理由之一。

8.1.2 管理人员开发的类型

企业中管理人员广泛分布在各个部门各个层次的岗位上。我们知道作为管理人员，需要专业方面的知识和技能，也需要学习和训练诸如计划、组织、领导、控制、沟通、协调、激励等管理方面的知识和技能，但因为工作层面和具体岗位的差异，管理人员开发的内容和方法也有所不同。根据不同的分类方法，我们把管理人员开发分为不同的类型。

1）按管理者在任时间分类

（1）在任管理人员开发。在任的管理人员在企业中已经承担着一定的管理职责，有一定的管理经验和技能，对这类管理人员开发主要是帮助他们学习与掌握管理的新观点、新方法和新技术，重点提高其现有的素质和能力。需要指出的是，对于这些在任的管理者，人们往往认为培训对象应该是较低层的管理人员，认为他们从事管理时间不长，缺乏管理经验和技能，这种观点是片面的。每一个在任的管理人员，无论是高层，还是中层或者是基层，为了更好地履行职责，做好本职工作，都有提高自己各方面素质和能力的必要，特别是高层管理人员，他们不仅担负着企业决策的重大问题，还负有培养下属的责任，他们必须率先学习与运用管理中的新观点、新方法和新技术，这样才能培养好下级主管人员。

（2）候任管理人员开发。候任的管理人员可能是刚刚选拔出来的准备出任管理职位或者是作为后备管理人员企业要重点培养的，还有可能是那些现在已经任职的但准备提升到更高的职位上的管理人员，这些人即将离开熟悉的现任职位，奔赴新的、责任更重大、风险和机会更多的陌生职位。因此，候任管理人员开发的重点是应尽快地让他们了解和熟悉新环境，了解新的工作内容，培养他们掌握新职位所要求的工作技能，以便迅速地胜任新的工作，对于没有管理经验的还要特别加强管理技能的培养和训练。

2）按管理人员的层次分类

（1）高层管理者开发。高层管理人员一般是企业的最高责任者，他们负责整个组织战略规划、发展方向、目标制定、经营方针、组织结构和流程的设计，掌握着公司规章制度、政策的制定以及决定组织重要的人事变动等，也就是说，凡关系到公司全局、长远发展的重大问题，凡与外部协作和市场竞争有关的重大问题，均由高层管理者做决策。他们重点关注组织整体的绩效和经营结果，而不是个别部门或功能性的事务。对于高层管理者的开发重点是领导力的开发，包括对未来敏锐的洞察力、经营战略思考与决策能力、经营指挥能力、培养后继者的能力等。高层管理者开发的主要形式是自我开发与企业培训相结合的形式，企业要为其能力开发创造更多的条件。

（2）中层管理者开发。在组织中，作为中间层次的管理者虽然权力不是最大的，却是企业的中坚力量，对上承担着企业决策、战略的执行，对下负责目标和策略的制定等。他们的工作是承上启下的桥梁和纽带，又具有独当一面的特点。中层管理者现场管理水平的高低直接影响着企业管理的效率和竞争力，直接关系到企业服务质量、成本、安全生产和员工士气等，需要较高的管理与沟通艺术。中层管理人员开发的重点内容包括对企业内外形势的认识、业务管理能力、管理团队及下属的能力等，例如领导艺术、沟通技巧、如何转变管理方式、制订计划等。

（3）基层管理者开发。基层管理人员是一线员工操作技术传授者和督导者，他们不仅要很好地执行上级的命令，更要在此基础上提出改进和创新的建议。同时，由于他们与一线操作人员最接近，其工作能力、工作作风及工作态度能否被手下的员工接纳与认可，会直接影响企业一线人员工作的积极性，进而影响着公司形象、产品质量、服务品质。如何做好基层管理工作，促进企业健康发展，也就显得尤为重要。一般来说，基层管理者都是由一线人员提拔起来的，没有经过系统的管理技能的学习和训练，对其开发的重点内容包括：提供与实务工作相配的基本管理方法、有效处理第一线日常工作的各种问题的技巧和专业知识，扩大视野，增强工作欲望，培养踏实敬业的工作作风。

◇◆◇▶ **知识链接8-1**

管理者的技能

美国管理学家卡茨在《管理者的技能》（1955）一文中提出，一个有效的管理者应具备三方面的技能：

技术技能，即使用经验、教育及训练所得到的知识、方法、技能去完成任务的能力。这主要指把专业的知识、技术应用到管理中去的能力。

人文技能，即与人共事的能力。这主要指管理者善于通过各种激励措施，对下属施行有效领导的能力。

观念技能，即了解整个组织及自己在组织中的地位和作用的能力。这种认识使一个管理者随时都能按照整个组织的目标行动而不是只从自己的目标出发行动，这就要求管理者有战略眼光和全局观念，有较高的决策能力。

卡茨认为，对不同层次的管理者应有不同的技能组合（如图8-1所示）。

管理者的阶层		所需的技能		
	上层	技	人	观
	中层	术技	文技	念技
	下层	能	能	能

图8-1　管理者不同的技能组合

8.1.3　管理人员开发的方法

管理人员岗位职责大多直接涉及企业的生产经营活动，因此在设计管理人员开发项目时，最好能结合企业的实际工作，在工作中学习和提高。作为管理人员本身，还要注意通过日常的自我开发，养成良好的学习习惯，通过不断学习来实现自我能力的提升。在管理开发培训中，常见的培训开发方法主要有：

1）工作轮换

工作轮换是将有培养前途的管理人员轮流调任到其他岗位任职，以使其全面了解公司生产经营状况和整个组织的不同工作内容，得到各种不同的经验，获得更多的锻炼机会，培养沟通、协调和适应能力，从而具备多个岗位的工作经验，以开发多种管理技能，为职位晋升奠定良好的基础。工作轮换如果是在公司多个部门之间进行，由公司人力资源部统筹安排；如果是在一个部门内部的多个岗位进行，由该部门领导安排。轮换的职位一年内不得少于两个，一个职位的任职时间不应少于3个月。

工作轮换适合于培养、激励和保留优秀员工，培养高素质的综合管理人员。采用这种方式需要注意的事项：要有缜密的计划，对轮换的人员、岗位和时间都要做详细的计划，由于轮换可能导致缺少责任心，影响部门的工作，所以在轮换过程中要加强与其所在部门的沟通。

2）替补训练

替补训练指管理人员被指定为替补训练者，除原有责任外，还要熟悉本部门的上级管理者职责。一旦上级离任，替补训练者即可按预先准备，接替其上级管理者的工作，如果其他上级职位出现空缺，替补训练者也可填补这一空缺。

这种替补训练的优点是有利于管理的连续性，并且训练周密，管理人员在预定接替的工作环境和职位上工作，为其指明了一条明确的晋升路线，具有很强的针对性。其缺点是容易造成内部冲突，容易引起渴望晋升又没有成为替补训练者的不满，也容易造成某些上级害怕被下属所取代而引发冲突。

3）行动学习法

行动学习法指由受训者组成团队或工作小组，为团队或工作小组布置一个实际工作中面临的问题，让他们合作制订一个解决的方案或计划，并由他们负责组织实施的培训方法。行动学习法一般由6~30名员工组成团队或工作小组，其成员中还可以包括客户和销售商。团队或工作小组的构成有3种类型：①可以将一位与需要解决的问题有关的顾客吸收到团队或工作小组中来；②团队或工作小组中可以包括一些与需要解决的问题有一定关系的跨职能团队或工作小组成员（也就是说，来自公司其他部门的成员）；③团队或工作小组由来自多种不同职能领域的成员组成，他们都集中在与自己职能有关的问题上，却共同为解决所发现的问题做出贡献。

行动学习法是一种在欧洲得到普遍使用的培训方法，适用于管理人员培训，尤其适用于接班人的领导能力（尤其是跨部门领导能力）、解决问题的能力的培养和训练。

4）管理顾问

由企业邀请有关专业人士就企业存在的问题特别是企业战略管理、资本运营、企业文化、企业信息化、公司治理、流程再造等进行全面的分析和评估，在调查分析的基础上以顾问形式进行引导、咨询、答疑，并结合企业的实际情况给予企业个性化、特色解决方案。这种管理顾问式培训模式的特点是在顾问咨询中结合了培训，在培训中进行顾问咨询，培训直接针对企业的实际问题，整个培训过程就是一个咨询过程。

这种培训方式主要适用于高级管理人员、企业家的开发创新能力、领导能力、现代管理知识、经营决策能力等培养和训练。但是这种方法对培训师要求较高，企业需要与外部管理顾问建立长期的关系，才能使培训师对企业有深入的了解，展开全面的咨询和有针对性的培训。

5）沙盘模拟

沙盘模拟是体验式学习的一种方法，即将整个企业的运营方式展示在沙盘之中，使得企业的现金流量、产品库存、生产设备、人员编制、银行贷款等指标显得清晰、直观，并把受训者分成 3～5 个管理团队，每队要亲自经营一家有一定规模的企业，通过参与各种形式多样、生动有趣的互动式游戏和体验项目，互相竞争，通过分析讨论，把枯燥的管理理论贯穿于活动中，令每一位参加者通过亲身体验，从中得到经验的一种学习方法。

沙盘模拟便于受训者了解自己如何贡献于企业的财务表现，解读财务报表，增进与财务部门的沟通，学习制订有效的并具有前瞻性的商业计划，学习多方面、系统思考问题，学习运用财务原则考虑问题，改变对财务枯燥难懂的传统看法。沙盘模拟这种方式适用于企业中层管理者、高层决策者、财务人员和非财务人员的培训。

6）敏感性训练

敏感性训练法，又称 T（T 代表 training，训练）小组法、恳谈小组法或者领导能力训练法。敏感性训练法就是通过团队活动、观察、讨论、自我坦白等程序，使受训者面对自己的心理障碍，并重新构建健全的心理状态的一种训练方法。

敏感性训练的做法是把不同单位、不同级别、互不相识的管理人员、普通员工组成不超过 15 人的小组，进行 1～2 周的训练。开始敏感性训练时，没有领导、没有权威、没有权力地位。受训者开始谈话之前要处于一种真空状态。通过对话，人们开始深入认识自己和他人。最后由主持人做评价、总结，并鼓励、赞许受训者面对自己的勇气。

敏感性训练法的目的是：使每个人能更好地洞悉自己的行为，明白自己在他人心目中的"形象"，更好地理解群体活动的过程，同时提高其判断和解决问题的能力。敏感性训练法适用于管理人员人际关系与沟通技能的训练，特别适用于培养管理人员跨文化的敏感性，但是这种方法因经常要使人处于焦躁的状态以促进学习，承受很大的心理压力，甚至造成心理伤害而受到怀疑和批评。

以上列举的是几种管理人员开发常用的方法，这些方法与通用的员工培训与开发方法相比针对性更强，当然通用的员工培训与开发方法如案例分析法、角色扮演法、小组讨论法、管理游戏法等，也大量使用在管理人员的培训与开发中。

8.2　骨干员工开发

根据"二八法则"，20% 的员工掌握了企业 80% 以上的技术，创造了 80% 以上的财富和利润。这些员工有着优秀的业务能力，掌握着企业核心技术，从事企业骨干业务，对企业业绩贡献最大，对企业的发展有着深远影响，他们是企业的骨干和灵魂，是企业生产运营和发展壮大的动力源，因此对骨干员工的管理对企业关系重大，直接关系到企业的未来。在培训与开发管理中，也应该把更多的资源投入到这 20% 的骨干员工身上。

微课 8-2　骨干员工的角色意识培养和培训方法

8.2.1　骨干员工的确认

1）骨干员工的价值及特点

骨干员工之所以被称为骨干员工，是因为与普通员工相比具有劳动力稀缺性和高度的企业价值性。具体来说，稀缺性表现为劳动力市场上同类人才的数量相对较少，可替代性差，招聘成本和重置培训成本高于普通员工；而高度的企业价值性则表现在骨干员工创造的价值远远大于获取骨干员工的成本，骨干员工对于企业战略目标实现作用更大。骨干员工与普通员工价值比较见表8-1。

表8-1   骨干员工与普通员工价值比较

特点指标		员工类别	
		骨干员工	普通员工
劳动力稀缺性	可替代性	弱	强
	招聘成本	高	低
	重置培训成本	高	低
企业价值	收益/成本	高	低
	实现战略目标重要性	高	低

　　根据骨干员工的特点，一般可将其分为3类：第一类，具有专业技能的骨干员工，他们拥有企业某一方面或领域的专业技能，其工作效果关系着企业的正常运转；第二类，具有广泛外部关系的骨干员工，他们拥有企业所需的广泛外部关系资源，是企业与外部组织交流的桥梁，如关键的销售人员和业务人员，企业需要通过他们获取所需的资源和产品的输出；第三类，具有管理技能的骨干员工，他们能够帮助企业抵御经营管理风险，节约管理成本，其工作绩效与企业的发展密切相关。这些骨干员工与普通员工相比，具有如下特点：

　　（1）具有较高的知识或技能。骨干员工之所以称为"骨干"，主要是因为这部分员工拥有与企业生存和发展需求相配的知识或技能，而且他们在这些领域的研究比普通员工更为透彻、深刻，其所掌握的知识或技能是企业的核心竞争力之一。

　　（2）对企业的发展至关重要。企业发展的关键是以人才为依托，骨干员工由于掌握着企业所需要的关键资源，不仅对整个企业发展的速度、效率、规模等有着重大的影响，他们的离开甚至关系到企业的生死存亡，因此骨干员工对企业的发展至关重要。

　　（3）有较强的不可替代性。骨干员工一般在其工作岗位上经过了较长时间的教育和培养，具备较高的专业技能，往往利用其所处的特殊位置把企业积累起来的关键资源，如技术、信息、顾客关系等个人化，他们的转移（升迁、跳槽、退休、死亡等）极有可能使企业在短时间内难以找到一个合适的替代者，就算是找到了，其招聘成本和培训费用也会很高，严重的可能使企业业务停滞，技术支持断档，使企业的运营受到很大影响。

　　（4）具有较高的流动性。企业的竞争主要表现为人才的竞争。骨干员工作为企业参与市场竞争、保持或提高竞争优势的法宝，也就必然是各大企业之间争夺的对象。骨干员工自身的特点决定了他们有能力接受新工作、新任务的挑战，拥有远远高于普通员工的职业选择权，容易寻求新的发展机会，所以骨干员工比普通员工有更高的流动性。

2）确认骨干员工

一般来说，骨干员工从总体上看占员工总数的10%～20%，却对企业发展起至关重要的作用，因此如何留住和培养骨干员工就成了企业人力资源管理的一项重要工作内容。对于骨干员工的确认，需要根据员工从事的工作对企业战略发展的价值，以及和企业核心竞争优势的关联度，并参照工作评价体系，例如工作责任、工作强度、工作复杂性、所需资格条件等进行综合评价，先确定岗位的相对价值，找出企业的关键岗位，然后结合员工个人绩效考核结果，最后确认骨干员工的候选人。那些所在岗位相对价值较高、个人工作绩效高的员工，可以确认为企业的骨干员工。

在确认骨干员工时还需注意：

（1）骨干员工的技能要体现企业的核心竞争力。骨干员工可以是技术专家、管理人才或者是业务精英等，他们一定有着较强的技能并在其所从事的岗位上做出优秀的业绩，但是并不是有着较强技能的员工一定就是企业的骨干员工，其所具备的技能必须体现了企业的核心竞争力，能够帮助实现公司战略和提高公司的竞争优势。需要注意的是，不同类型的企业的核心竞争力不一样。例如，一个优秀的司机在一般的企业很难被归为骨干人员，而在邮递行业里则是骨干人员，因为司机是公司与客户关系的枢纽，具有在速递业务中所需要的重要技能，他们了解线路的特征，也主导着与客户的关系。

（2）要注重骨干员工的忠诚度。对于企业来讲，员工有着企业所需的核心技能是一回事，能为企业所用又是另一回事。因为骨干员工其本身也是众多企业争夺的对象，他们本身所具有的隐含于其头脑中的知识、技能、经验、信息等使其有能力接受新的工作，所以作为骨干员工首先要忠诚，他们的价值观要与企业价值观趋同，对企业有着较强的认同程度，忠诚于组织的文化理论和行为规范。这样，企业才能加大对他们的投入和培养，他们也才能很好地、长久地为企业服务。因此，挑选和确认骨干员工除了要考查业务能力和专业特长等外，也要考查其价值观和忠诚度。

（3）骨干员工的动态性。企业在建立骨干员工的管理体系时，往往碰到一个问题：很多员工今天是骨干员工，但因其技能衰退或是企业战略调整等因素，明天就不是骨干员工了。如何把过时的骨干员工从名单中剔除，同时加入新的骨干员工，对于保持骨干员工的适时性是非常关键的。但是，骨干员工的身份具有刚性，一旦确定就很难改变。要想解决这个问题，一是要建立骨干员工定期清理机制，二是要在员工中树立一种骨干员工能上能下的文化。

▶ **知识链接 8-2**

二八法则

19世纪意大利经济学家帕累托发现：社会约80%的财富集中在20%的人手里，而80%的人只拥有20%的社会财富。这种统计的不平衡性在社会、经济及生活中无处不在，这就是二八法则，即80%的结果（产出、酬劳），往往源于20%的原因（投入、努力）。

二八法则又称作帕累托法则、帕累托定律、二八定律、最省力法则和不平衡原则。二八法则向人们揭示了这样一个真理，即投入与产出、努力与收获、原因和结果之间，普遍存在着不平衡的关系。小部分的努力可以获得大的收获，起关键作用的小部分，通常就能主宰整个组织的产出、盈亏和成败。

二八法则适用于人力资源管理，实践证明，一个组织的生产效率和未来的发展往往取决于少数（20%）关键性人才。人力资源管理者在管理过程运用二八法则应该做到以下五个方面：

第一，精挑细选，发现"少数关键"成员。

第二，千锤百炼，打造核心成员团队。

第三，锻炼培训，提高"少数关键"成员的竞争力。

第四，有效激励，强化"少数关键"成员的工作动力。

第五，优胜劣汰，动态管理"少数关键"成员团队。

资料来源　孟庆伟. 人力资源管理通用工具［M］. 北京：清华大学出版社，2007.

8.2.2　骨干员工的角色意识培养

骨干员工一般具有很强的业务能力和自我管理能力，个性较强，很多人还有着较强的个人魅力与影响力。他们往往进取心强，勇于承担责任，追求卓越，希望在企业中获得更多的发展空间，对企业和个人未来的预期都比较高。他们为企业创造了更多的价值，企业也给予他们更多的回报。但是他们容易对自己的境地和待遇不满，遇到挫折会认为得不到团队的支持，他们对工作环境的影响、人际关系冲突、市场诱惑力都比较敏感，如何留住骨干员工一直是企业人力资源管理的一项重要内容，因此在建立对骨干员工激励和管理机制的同时，必须加强对骨干员工的培养，明确其骨干员工的角色意识和责任，继续提升其核心价值能力，帮助他们与其他员工建立起和谐的人际关系，提高其对企业的忠诚度，让其更好地在组织中发挥作用。

1）帮助骨干员工进行职业规划和职业管理

在骨干员工当中，一部分人希望通过努力晋升为管理者，另一部分人更希望在专业上获得提升。因此，组织应该建立针对不同需求的职业管理机制，来满足不同价值观员工的需求，有助于帮助骨干员工确认自己的角色和价值。例如微软采用的双重职业路径：为了留住技术人才，微软公司曾采取将技术过硬的技术人才推到管理者岗位上的方法，但该方法对于那些只想待在本专业而不愿担负管理责任的技术人才来说并没有什么吸引力，于是微软在技术部门建立了正规的技术升迁途径，承认他们并支付相当于一般管理者的报酬。同时，为了使不同的职业在部门之间建立起可比性，微软还在各个专业设立起"技术级别"。这些级别既反映了技术人才在公司的表现和基本技能，也反映了其经验阅历。这一职业管理方案的推行迎合了那部分核心技术人才的需要，也提高了他们的忠诚度。

2）加强骨干员工对企业文化的认同感，强化骨干员工的忠诚度

企业文化指企业员工共同的价值观体系，是企业长期形成的共同理想、价值观念和行为准则。对企业文化的认同，可以强化员工的向心力和凝聚力，提高员工的忠诚度，激发员工的工作热情。骨干员工自身的特点决定了他们具有很高的流动性，因此要想留住骨干员工，除了提供公平、合理且具有激励作用的薪酬、福利，尊重骨干员工的个性外，也要加强对其进行企业文化灌输，让骨干员工更多地参与企业的决策，了解和接纳

企业文化与价值标准，化企业愿景为个人愿景，使企业文化得到骨干员工的认同，从而激发企业骨干员工自发、长久的奉献精神。

3）适当下放决策权

通常骨干员工具有较强的自主性，他们往往强调工作中的自我引导，而不愿意过多地受制于外力，因为他们认为自己有能力做出正确的决策。因此，给予骨干员工一定的经费、人员、资源等管理支配权和发展、研究方向的决策权，就如同为骨干员工提供了一个宽广的平台，方便他们施展才华、发挥专长，亦满足了骨干员工的成就感，有助于促进他们的忠诚度和工作热情。当然，权力是把双刃剑，对骨干员工下放权力，也需要科学和适度，对于技术决策权下放的程度可以高一些，而管理决策权和战略决策权下放的程度应该低一些。适度主要是防止部分骨干员工居功自傲，防止企业对某个骨干人才过分依赖，对企业发展造成危害。

4）建立企业与骨干员工之间的"契约"关系

骨干员工自身的能力和特点决定了他们的个人价值，如果处理不当，往往造成企业对骨干员工的过分依赖，也容易使骨干员工产生骄傲自满的情绪，使企业的雇用成本过大，甚至造成骨干员工因个人意志膨胀而做出有损于企业利益的事。因此，对于骨干员工角色意识的培养在强调其核心作用的同时，要防止负面影响，包括建立相关的骨干员工替代机制和利用相关的法律手段加强对骨干员工的约束，譬如企业与骨干员工事先签订"竞业禁止"协议和保守商业秘密的协议等，这些约束和限制同样有利于骨干员工明确自己的角色与责任。

8.2.3　骨干员工开发的方法

对骨干员工开发，可以增强企业的核心竞争力，促进企业战略目标的达成，也有利于将骨干员工个体目标与企业战略目标进行整合和统一，满足骨干员工个体的自我发展的需求，提高骨干员工的组织归属感。同时，骨干员工开发与员工继任计划相结合，还可以有效地降低因骨干员工流失给企业造成的风险。骨干员工开发的方法与普通员工开发方法大体一致，在作为管理人员候选人时，还可以采用管理人员的开发方法，这里主要介绍骨干员工角色意识培养的方法。

1）授课与讨论相结合的训练法

授课与讨论相结合的训练法是指将公司内的骨干员工集合起来，5人一组，采用3天集体住宿、共同上课、共同讨论的方法明确骨干员工的行为准则、目标定位，最后从中级（部门）经理层至高级经理层中收集其对骨干员工职责、任务的期待，与骨干员工个人的想法相协调，整合成团体性的结论，让骨干员工了解组织对他们所担任角色的期待和标准。为了将骨干员工训练成高效型的企业目标的执行者，应重点培养他们具备以下几方面的基本素质：

（1）较强的自我控制和约束能力。

（2）对公司和公司的发展目标要有明显超过其他普通员工的较强烈的使命感和责任感，并在工作中敢于承担风险、责任，敢于接受富有挑战性的工作。

（3）能形成一种市场竞争能力并凝聚全部力量去求得最好的工作效果。

（4）有威信，有勇气，有魄力，有能力，忠诚而且可以信赖。

2）脑力激荡法

脑力激荡法是指将参加者根据职务的不同，分为几个小组，每组以5人为限，以"骨干员工应如何配合工作的顺利开展"为题，开展讨论，从各个角度提出解决问题的方案，明确要达到的目标，然后根据不同的目标，由不同的小组通过个人或小组的脑力激荡，产生解决问题的思路，具体步骤如下：

（1）明确自己的角色和承担工作的责任、使命。

（2）分析企业要实现的战略目标、明确自己要努力的方向。

（3）分析目前市场状况、顾客需要、竞争对手情况，以便做到心中有数。

（4）分析本人工作部门存在的问题和不足，以便提出解决问题的对策。

（5）你如何工作才能实现企业目标？你计划要取得什么样的工作成果？

（6）你如何选择最适合企业和个人发展的行动方案？

要求每位参加培训的骨干员工，都运用脑力激荡法想出行动方案来，再由培训指导者协助并做出评估。

8.3　新员工开发

微课8-3
新员工培训

党的二十大报告指出："深化人才发展体制机制改革，真心爱才、悉心育才、倾心引才、精心用才，求贤若渴，不拘一格，把各方面优秀人才集聚到党和人民事业中来。"企业招聘来的新员工是经过各个环节的筛选后进入企业的，也将是企业发展的重要力量。他们在上岗前一般都会有一些问题和担忧，比如担心自己能否胜任新的工作岗位，能否被群体接纳，公司能否兑现当初的承诺，工作环境怎样等。为了让新员工尽快熟悉环境，迅速进入角色，企业都会为新员工进行培训。新员工培训（new employee orientation）也称定向培训，指为新员工提供了解公司和工作的基本情况的培训活动，目的就是减少新员工的焦虑和困惑，帮助新员工养成良好的习惯和积极的工作态度，帮助新员工迅速融入新的团体中，适应组织环境，同时，让新员工了解企业对其的期望，定位自己的角色，充分发挥自己的才能，从而增加新员工工作满意感，提高员工保留率。

8.3.1　新员工培训的内容

新员工培训主要是通过培训让新员工明确企业对其的要求、期望以及企业的传统、管理政策和行为规范，从而明确工作的技术或技能要求、工作交往和沟通方面的行为方式，同时向新员工传授企业精神，培养其对企业的感情和集体主义、团结合作的作风。因此，新员工培训的内容主要包括以下几个方面：

1）企业概况介绍

企业概况介绍主要包括：向新员工介绍企业的创业、成长、发展过程，企业的经营战略和目标，企业的活动范围，企业的优势和面临的挑战，企业的企业文化和价值观、行为规范和标准，企业的产品和服务，主要客户情况，企业的组织结构和重要人物，企业的各种标志性的物品等。

　　2）企业的主要政策、制度及工作程序介绍

　　向新员工介绍有关企业经营管理活动的各项政策、制度及工作程序，这些政策、制度及工作程序是企业经营活动的规范和准则，如日常行政管理制度、工资福利制度、员工培训和职业发展政策及相关的工作程序、绩效管理政策及其程序、社会保障的内容、生产劳动安全制度和劳动关系制度等。

　　3）企业设施和部门参观

　　企业设施和部门参观主要是让新员工了解企业的工作环境和设施，主要包括：①企业内外环境、工作场所设施参观，如用餐地点、急救站、员工出入口、停车场、禁区、部门工作休息室、个人物品储藏柜、火灾报警设施、主管办公室等；②参观企业的生产车间，了解生产流程，了解企业的产品、设备、品牌及其声誉和含义；③了解厂旗、厂徽、厂标、厂服及其含义；④了解企业标志性建筑和纪念品及其反映的企业精神与企业传统。

　　4）结合企业文化进行的专项技能训练

　　每个企业都有自己独特的文化，基于企业文化形成了一定的思想观念和行为规范，因此企业在进行新员工培训时，针对本企业的这些思想观念和行为规范进行培养与灌输，让新员工清楚地了解到，企业提倡什么、反对什么，应该以什么样的精神面貌投入工作，应该以什么样的态度待人接物，怎么看待荣辱得失，怎样做一名优秀员工等。

　　5）结合业务进行的专项训练

　　根据新员工的不同岗位，分类学习与其岗位有关的业务知识、工作流程和工作要求及操作要领。例如，销售人员主要进行有关销售方面的知识和技能训练。生产线上的操作人员主要进行生产操作和安全管理方面的训练。在此期间还要帮助新员工获取有关职业生涯方面的知识，确定自己的职业发展方向。

　　6）部门职能和岗位职责介绍

　　新员工经过集中的培训，最后要回到部门进行上岗试用，在试用前还要帮助新员工了解本部门的工作目标及优先事项，了解本部门与其他职能部门的关系、部门结构及部门内各项工作之间的关系、工作职责说明、工作绩效考核标准和方法、常见问题及解决办法、工作时间和合作伙伴或服务对象、加班要求、规定的记录和报告、设备的领取和维护等。

　　上岗试用期一般为一个月到半年不等，在试用期期间要派有经验的老员工开展对新员工的"传、帮、带"活动，不但要教技术、工艺、服务技巧、办事方法等，而且要言传身教帮助新员工树立敬业精神、职业道德。

8.3.2　新员工培训的方法

　　不同企业新员工培训的内容、方式和时间长短都不一样，采用的方法也各不相同。一般来说，常用的方法有：

　　1）讲授法

　　讲授法是最常见的培训方法，也称课堂讲授法，是一种将大量知识通过语言表达，使抽象的知识变得具体形象、浅显易懂，一次性传播给众多听课者的教学方法。在讲授过程中常常可以辅之以回答、讨论或者案例分析等形式。这种培训方法最适用于以获取知识为目标的培训，在新员工培训中对于企业的规章制度的讲解、产品知识介绍等内容均可以采用。

2）自学法

企业通常都会把有关企业概况的介绍、企业的各项管理制度以及员工的行为规范编制成员工手册，由于内容比较多，在重点讲解的同时，可以要求新员工进行自学，然后组织新员工进行讨论，由专人对有疑问的地方进行解答。

3）多媒体教学

多媒体教学是采取多样化的媒体视听教学设备（电视机、录像机、投影仪、电影放映机等）进行教学的方法。多媒体教学法可用于新员工培训中的企业概况介绍、传授技能的培训，包括企业实务操作规范、操作程序、行为规范等内容，也可用于概念性知识培训。企业一般都有有关本企业的发展历史、企业文化的音像资料，这些资料可以直接应用于新员工培训中，内容直观、生动，比直接的讲授效果要好。

4）情景模拟

情景模拟是提供给受训者一定的情景，然后由每个受训者承担一定的任务和角色，其他学员观看，在扮演过程中由培训者对受训者随时加以指导，并在扮演结束后组织大家讨论，让每个人就某一个角色发表自己的意见，从而达到培训目的的一种培训形式。由于很多新员工刚刚走出校门，缺乏工作经验，因此采用情景模拟的方法，事先设计一定的情景和角色，对于培训新员工的沟通能力、电话应对、销售技巧、业务会谈等基本技能比较有效。

5）拓展训练

拓展训练以其独特的体验式训练方式，集思想性、挑战性和趣味性于一身，特别适合培养人们积极进取的人生态度和团队合作精神，因此近年来，很多企业把拓展训练应用于新员工的适应能力和团队意识的训练，可以让新员工通过训练迅速融于团队。

6）师带徒

师带徒是一种最古老的培训方法，又称"学徒制法"。最早在手工艺领域中使用较为广泛，后来作为一种在职培训方法，一般在操作技能要求较高的岗位上使用，由具有比较丰富的技术知识和实践经验且行为道德较好的员工在技术上对受训者进行指导，并进行关键行为示范、实践、反馈和强化，以达到培训的目的。随着师带徒在实践工作中的应用，这种培训方法已从操作领域扩展到管理等其他领域，导师对学徒的指导不仅包括知识、技能的指导，也包括品行、态度等方面的指导。对于刚刚上岗的新员工特别适合这种培训方法，新员工在导师的指导下除了可以学习技术和技能等外，可以学习良好的工作传统和工作作风。

➡ 知识链接 8-3

韩国学徒制的类型

韩国学徒制是在参考德国和瑞士的学徒制模式基础上并结合国情设计而成的。在韩国学徒制中，学徒接受企业内部培训师的培训，同时在国家能力标准（national competency standards，NCS）的基础上，开展在职培训和脱产培训。韩国NCS是一个用来界定成功的工作表现所需岗位能力的标准，能够将现场培训、职业资格、企业的人事管理和员工的职业生涯规划系统地联系在一起。在完成学徒制培训后，学徒可以获得韩国人力资源开发局（Human Resource Development，HRD）颁发的职业资格证书。

韩国学徒制主要有两种类型：新员工学徒制和学生学徒制。

根据管理学徒制的主体，新员工学徒制分为企业主导型和培训中心主导型两类。如果企业主导所有培训流程并提供在职培训和脱产培训，则属于企业主导型；如果企业与培训中心签订合同并将脱产培训部署到培训中心进行，则为培训中心主导型。根据结果认证的形式，新员工学徒制又可分为"资格"和"资格+学位"两类。"资格"类型是一种基于 NCS 的学徒制培训，学徒完成培训后会获得国家认可的职业资格证书；如果学徒制培训与大学的学位课程一起提供，学徒在完成培训后不仅可以获得职业资格证书，还可以获得学士学位，这类学徒制属于"资格+学位"类型。

学生学徒制有三种类型：高中学徒制、综合性技术（Uni-Tech）学徒制、行业专业实践（IPP）学徒制。

1）高中学徒制

高中学徒制分为四种类型：行业主导型、联合实践型、多元学校型、单独学校型。高中学徒制的学生在新生一年级的第二个学期被招募，并在未来两年接受培训。学徒完成培训课程后有三种选择：成为培训企业的正式员工、成为高级学徒、在多科技术学院继续学习。

2）综合性技术（Uni-Tech）学徒制

综合性技术（Uni-Tech）学徒制整合了二级和三级职业教育与培训，旨在通过联结高中、大学和企业，共同培养一支以服务本地经济发展需求为导向的技能人才队伍。综合性技术（Uni-Tech）学徒制体系允许学徒从高中升入大学，学徒通过接受学校和企业共同开发的综合性课程，同时获得理论知识和实践技能。

3）行业专业实践（IPP）学徒制

行业专业实践（IPP）学徒制在大学三年级和四年级的全年对学徒进行四至十个月的培训，期间学徒获得的学分可以与大学学分进行等值互认。

资料来源　郭达，邢少乐. 韩国学徒制的发展现状、运行机制及启示［J］. 职业技术教育，2022（15）.

◆◆◆➡ **案例分析 8-1**

腾讯的新员工培训

腾讯是我国著名的互联网公司，公司成长非常迅速，员工非常年轻，平均年龄只有29岁，而且每年腾讯会从大学校园招聘几百名应届毕业生。要让这些新员工迅速融入公司文化，让他们尽快地从一个刚毕业的学生成为职业人，这给培训部门带来了很大的压力。

腾讯的新员工培训有两类：一类是应届毕业生的培训，公司会带他们到外面进行10天封闭式的集中培训；另一类是社会各行业新招员工的培训，这类培训时间会短一些，公司会在深圳总部和北京做3天的面授式培训，辅以 e-learning。

除此之外，每个事业部自己都有针对本部门新员工的培训计划，而腾讯学院会对这些事业部的培训进行相应支持。另外，腾讯几乎所有的新员工在进入公司后，公司都会配备一个老员工做他的导师，在新员工入职后的头3个月帮他了解和融入这个公司；腾讯学院会进行定期回访，询问导师的辅导效果。

资料来源 编者根据相关资料整理。

问题：腾讯的新员工培训有什么特色？

分析提示：（1）新员工培训的制度化；（2）新员工培训内容的实用性；（3）新员工培训方法的创新。

◆◆◆➡ 案例分析8-2

中国中铁加强新入职员工思想政治引领的实践探索

新入职员工是企业发展的新鲜血液，是企业持续发展的未来和希望。中国中铁成员单位以中共中央、国务院《关于新时代加强和改进思想政治工作的意见》为指引，基于思想政治引领的目标任务和工作基础，向前延伸、向上提级、向"厚"聚势、向下筑基，对新入职员工思想政治工作进行了四个方面的实践探索。

1）向前延伸，走进校园埋下企业"种子"

尚在校园中的学生属于成长型群体，他们所处的年龄阶段是世界观、人生观、价值观最为重要的形成塑造期。中国中铁主动向前延伸，提供适合他们偏好的"思想政治套餐"，校企合作搭建思想政治教育大课堂。

2）向上提级，顶格打造"青员"示范培训

从2023年开始，由集团人力资源部和党校共同打造新员工示范培训班，围绕精神文化传承、职业发展引导、综合素养提升设计课程，设置先锋故事会、青春分享会、未来畅想会等形式的培训内容，并由集团团委书记现场答疑解惑，提供辅导。

3）向"厚"聚势，系统集成汇聚思想政治合力

新员工思想政治引领工作是系统工程，要妥善处理纵向衔接与横向贯通的关系，形成相互协作、共同发力的格局，积厚成势。一是开好两级见面会，形成上下呼应。二是实施百日复盘会，促进相互匹配。三是迭代传统师带徒，推行多师共育。中国中铁成员单位在师带徒制度上大胆创新，形成了"双导师""三导师""两阶段双导师"等新型制度，实现业务传承、职业规划、思想政治引领的协同共进。

4）向下筑基，着力解决员工现实难题

中国中铁各成员单位坚持把解决思想问题和解决实际问题结合起来，为开展思想政治引领工作筑基。一是设置津贴补贴，保障"萌新"收入。二是提供平台舞台，助力成长成才。三是组织牵线搭桥，解决婚恋难题。

资料来源 李然，王兆雨，郑光儒，等. 国有企业加强新入职员工思想政治引领研究 ——以中国中铁为例[EB/OL]. [2025-02-25]. https://www.sohu.com/a/855163260_122056344.

问题：新员工的思想政治培训的重大意义是什么？

分析提示：使新员工能端正思想、明确方向，培养他们勇于担当、甘于奉献，不忘初心、牢记使命。

8.3.3 毕业生的开发

每年都有大批的毕业生怀着梦想和激情走出校园进入企业，完成他们人生的一次重要转折。当企业接纳这些毕业生为他们提供一份有挑战性的工作时，同时要考虑如何把他们培养成为企业所需要的人才，也要考虑为他们提供机会和帮助满足他们个人成长的需要，因此企业在对毕业生进行常规的入职培训后，要做好毕业生持续的培训和开发计划，特别需要关注以下几个方面：

1）选好的主管传帮带

善于学习和思考是多数毕业生的特点，刚走出校门开始探索性工作初期，离他们最近的主管往往是他们学习的目标，而在新员工与其主管之间，又往往存在一种"皮格马利翁效应"，即主管的期望越高，主管对自己的新员工越信任越支持，那么该新员工干得就越好，因此"不要将一位新员工安排到一个陈腐的、要求不高的或不愿提供支持的主管人员那里"。相反，在一位新员工开始探索性工作的第一年中，应当为他找到一位受过特殊训练的、具有较高工作绩效并且能够通过建立较高工作标准而对自己的新员工提供必要扶持的主管人员，而且好的主管人员除了会传授工作方法和技能外，会教导新员工良好的工作行为习惯，公司的文化精髓也能很好地传承给新员工。

2）为毕业生提供阶段性的工作轮换

刚走出校门的毕业生，会带着理想和希望进入企业，由于缺乏经历和经验，许多理想和希望可能与现实有一定的差距。毕业生进入企业后，如果企业能为他们提供职业生涯方面的辅导，并提供不同专业领域或工作岗位的轮换机会，让他们尝试各种具有挑战性的工作，他们就可以更好地评价自己的能力和爱好，甚至可以重新进行职业目标定位。这样，企业也得到了对企业业务具有更宽视野和更高能力的未来管理者。

3）建立以职业为导向的工作绩效评价

刚走入企业的毕业生特别渴望自己的工作得到组织的认可，也希望通过工作进一步了解自己的能力，更全面地认识自己，这就需要一套科学和完整的以职业为导向的工作绩效评价体系，通过绩效考核标准让这些新员工理解企业对他们的期待，明确自己的工作目标。当然，还需要一个公平、公正的主管依据这些标准对他们做出客观的评价。这样，既有利于提高企业的绩效，也可以让他们从工作的成绩中得到奖励和晋升，从工作的失误中进行学习和反思。

4）鼓励毕业生进行职业规划

对于初入职场的毕业生来讲，未来的职业之路让他们既期待也充满迷茫。如何把这种期待和迷茫转化为动力，让他们在实现自己的职业理想的同时为企业做出贡献是对毕业生开发的核心。企业可以提供一些职业规划方面的辅导和支持，让新员工学习有关职业规划的基本知识，了解企业的人力资源政策和个人的发展空间，从而形成较为现实的职业目标。同时，企业要为新员工提供各种培训和学习机会，满足他们成长的需要。

8.3.4 梯队式开发

企业要长治久安、稳步发展，需要建立一支人才阶梯队伍，当组织内由于快速发展、业务的变动以及前任提升、退休、辞职等出现职位空缺时，必须保证有两到三名的合适人选可以出任或接替这个位置，并能够做得很好，避免企业发展中的人才断层。梯队式开发实质是企业人才储备的一种手段，是通过确定企业关键岗位的后继人才，并对这些后继人才进行开发的整个过程。实践也证明有着优秀财务业绩且长时间在竞争环境中独领风骚的企业，都有连续的领导人储备以及完备的人才开发计划，确保在企业内有一批训练有素、经验丰富、善于自我激励的优秀人才接任未来的重要岗位。近年来，企业接班人培养已经成为企业发展的战略问题而备受关注。

企业若想建立一支合格的人才梯队，对未来几年内企业的人才需求要有非常清晰的认识，根据企业的发展规划，做好人才需求的评估和预测；要建立一个良好的人力资源管理体系和方案，人员的招募、甄选、安置、培训、奖励和挽留等人力资源管理手段要相互衔接和配合；要建立自己的人才库，吸纳企业所需要的人才，其中包括领导人、潜在的接班人、骨干员工等；还要有一整套培养训练计划，特别是明确的培养路线和培训方法，并与企业的管理人员开发和骨干员工开发相结合进行，充分挖掘现有人员的潜力，把他们塑造成一流的人才。

梯队式人才开发的基本工作流程是：

1）根据组织的需要确定关键岗位

人才梯队建设是针对关键岗位的，关键岗位指对企业生产经营业务的稳定运行、经营效益的增长有着重要作用的岗位。因此，首先要从企业的战略规划出发根据企业生产经营需要，明确关键岗位的确定方法和标准，然后对本企业所有岗位状况进行盘点，确定企业的关键岗位及其关键能力，最终形成企业关键岗位层级图和岗位胜任能力描述，从而明确对后备人员的评价标准。

2）人才盘点和发展力评估

关键岗位确定后，要对企业的人才进行盘点，根据盘点的结果，提出企业后备人员的候选人，并对其评估。评估合格者将正式成为后备人才，纳入人才培养计划。评估内容包括两个方面，一方面是其在现任岗位期间绩效总体表现，另一方面是基于拟任岗位胜任素质模型的胜任能力评估，最终形成企业关键岗位后备人选名单。人力资源部负责建立关键岗位后备人员的发展档案，记录关键岗位人员的基本信息、考核情况、培训和其他数据资料。

3）人才发展计划与实施

根据关键人才发展力评估报告，并结合组织现有资源，制订梯队人才发展计划。计划的主要内容应包括梯队人才发展力总体评估情况和分析，梯队人员的任用、考核、晋升、岗位轮换、培训等具有针对性的实施方案。人力资源部负责具体梯队发展计划的实施，通过培训课程、轮岗计划、继续教育、参与新项目建设等方法展开对梯队人员的培养和训练，并进行跟踪和效果反馈，增进内部管理沟通，根据实际情况进行调整和改进。

4）考核和晋升

在梯队培养计划中，人力资源部需要建立后备人才评估档案，收集后备人才所在部门的工作考核成绩、培训考核成绩以及组织项目建设等多方面的表现和成就，结合360度访谈与反馈，对后备人才进行全面总结和综合评估，最终形成后备人才发展力评估报告。评估工作原则上每年进行一次，根据评估结果确定晋升名单。

后备人才综合考评成绩为"优秀"的，在晋升职务、培训机会等方面给予优先考虑；考评成绩为"满意"的，可以给予适当的培训和轮岗机会，帮助其提升任职能力；考评成绩为"欠佳"者，取消后备人才资格，退出后备人才培养计划。

企业梯队式人才开发是一个长期的滚动式的过程，只有持续不断地补充人才梯队，才能保证企业人力资源发展的连续性。

◆◆◆➤ **案例分析8-3**

IBM的长板凳计划

长板凳计划的由来

长板凳计划一词，起源于美国棒球比赛：在举行棒球比赛时，棒球场边上往往放着一条长板凳，上面坐着很多替补球员。每当比赛要换人时，在长板凳上位置排在第一的人就上场，而长板凳上位置排在第二的人则坐到第一个人的位置上去，排在后面的人依次向前挪一个位置，刚刚换下来的人则坐到原来最后一个人的位置上去。

IBM借用这个概念，在人才梯队建设时引用了长板凳计划。

什么是长板凳计划

长板凳计划又称接班人计划，是指企业通过确定和持续追踪关键岗位的高潜能人才（具有关键管理岗位胜任潜力的内部人才），并对这些高潜能人才进行开发和培养，为公司的持续发展提供人力资本方面的有效保障的计划。

在IBM的长板凳计划中，现任管理者必须确定自己的岗位在未来1~2年由谁来接任，在未来3~5年又由谁来接任。IBM能够保证每个重要的管理岗位都有2个以上的替补人员。

IBM的长板凳计划是一个完善的系统，包括一个标准、两个序列、3种方式和评委审定。

一个标准即领导力模型，包括4个方面11项优秀素质。其具体内容是：必胜的决心——行业洞察力、创新的思考和达到目标的坚持；快速执行的能力——团队领导、直言不讳、团队精神和决断力；持续的动能——培养组织能力、领导力和工作奉献度；核心策划——发现公司的明日之星并有意识地培养他。

两个序列即管理和专业两个序列。IBM的接班人分为两个体系，相应的培训系统也一分为二。新进员工都要参加其中的入职培训，认识公司、了解规章制度并启动个人职业规划。从大学进来的新生要学习专业、财务和销售等方面的知识与技能。IBM中国公司新员工入职培训每年在北京集中进行。一年以后，不论业务代表和行政职员都要参加专业学院的再教育，学习专业素质和技能。公司有意识地将员工归类，分为专业型人才和有管理潜质的人才。通过专业学院培训的优秀员工，一旦被确定为"明日之星"，便会被安排参加新主管训练课程，学做主管（如参与业绩考核、鼓舞士气等），并开始经历更多的磨炼。此后的培训将分工明确，专业型人才和管理型人才也将分别走上专业领导和高级主管的不同方向。两个序列受到同等尊重，且可以依据自己是否喜欢或适合，在两个序列中选择。

3种方式即案例培训、实践磨炼和发掘"明日之星"。案例培训方式从电子学习到课堂教学、角色模拟演练、案例讲座、工作讲座、面对面沟通等，高级主管必须亲力亲为。实践磨炼包括日常化的"良师益友"计划（老员工帮带新员工，传承多年工作经验）、"特别助理"计划、"外派到客户"学习、岗位转换等。发掘"明日之星"，按照"新人→专业人员→领导人→新时代的开创者"的人才梯队模式，不断发掘"明日之星"。

　　评委审定是长板凳计划的最后一关。评审委员会委员由技术、市场、销售等方面的高层经理共同组成。"明日之星"只有在答辩完成、成绩通过后才有资格做正式的高级专业人员或高级管理人。答辩考核的业绩包括个人业绩和帮助下属成长的业绩两个方面，评审不设通过比例，只要半数同意即可通过。为了保证长板凳计划的可持续推进，参加答辩的高层经理也要接受3分钟的答辩。

　　资料来源　编者根据MBA智库百科相关资料整理。

　　问题：IBM的长板凳计划给我们哪些启示？

　　分析提示：企业接班人的选拔和培养是企业高层领导的重要职责，也是企业持续发展的保障。

▶ 价值引领

青年干部当以"心"筑梦

　　习近平总书记指出："实现中华民族伟大复兴，坚持和发展中国特色社会主义，关键在党，关键在人，归根到底在培养造就一代又一代可靠接班人。这是党和国家事业发展的百年大计。"青年干部作为党和国家事业的生力军与接班人，当恪守初心、树立信心、锤炼耐心，当好新时代的筑梦人。

　　志存高远、践思学行，在始终如一中恪守为民初心。一代人有一代人的"长征"，一代人有一代人的担当。青年干部要把学习当作终身"必修课"，发扬"挤"和"钻"的精神，在成长成才过程中，不断用党的创新理论校正坐标原点，时时检视、正视自己。要树立和践行正确政绩观，正确理解价值目标和检验标尺，牢记"我是谁、为了谁、依靠谁"，并把为民造福作为心之所向和行之所往，经常走出机关，主动"沉"到群众中，当好群众身边"愿管闲事"的贴心人、暖人心。要发扬斗争精神，增强斗争本领，敢于斗争，自觉用担当的铁肩扛起应有的责任和使命。

　　担责于身、履责于行，在披荆斩棘中树立奋进信心。青年干部身处不同工作岗位，尤其是在基层，看似一些"鸡毛蒜皮"的小事，实则件件都是群众"牵肠挂肚"的"心头事"。青年干部要做到"眼里有活"，摒弃"屈才"思想和"眼高手低"，主动从小处着手，在点滴小事中练就过硬实力。要时刻保持本领恐慌的危机意识，涵养"三人行，必有我师焉"的谦虚态度，做到能扛事、不怕事，发扬"挑山工"精神，一步一个脚印，做好"身边事"。要学会"自讨苦吃"，主动走出舒适区，投身到乡村振兴的"主战场"、矛盾集中的"第一线"，接一接"烫手的山芋"，啃一啃"最硬的骨头"，做成"真事情"，练就"真本事"。

　　厚积薄发、久久为功，在承压前行中锤炼蹲苗耐心。青年干部富有朝气、充满活力，但阅历单一、经历少，在面对日复一日的寻常中，容易心浮气躁、好高骛远，甚至有不愿捡"芝麻"，只想抱"西瓜"的心态，既影响自身能力素质的提升，也影响工作的开展。要耐得住寂寞，自觉发扬"说尽千言万语、想尽千方百计、踏遍千山万水、吃尽千辛万苦"的"四千"精神，既要不求近功、不安小就，又要绵绵用力、久久为功，练就"关键时候站得出来，必要时刻顶得上去"的能力。要涵养担责于身、履责于行的责任感，扛起时代担当，不搞"花架子""假把式"，用情用心用力做好工作。

资料来源　徐璐. 青年干部当以"心"筑梦［EB/OL］.（2023-12-24）［2025-01-15］. http：//dangjian.people.com.cn/n1/2024/0530/c117092-40246875.html.

基础训练

8.1　单项选择题

1）（　　）是指由受训者组成团队或工作小组，为团队或工作小组布置一个实际工作中面临的问题，让他们合作制订一个解决方案或计划，并由他们负责组织实施的培训方法。

A.工作轮换　　　　B.行动学习法　　　C.替补训练　　　　D.敏感性训练

2）（　　）是通过团队活动、观察、讨论、自我坦白等程序，使受训者面对自己的心理障碍，并重新构建健全的心理状态的一种训练方法。

A.工作轮换　　　　B.行动学习法　　　C.替补训练　　　　D.敏感性训练

3）（　　）主要适用于对高级管理人员、企业家的开发创新能力、领导能力、现代管理知识、经营决策能力等的培养和训练。

A.工作轮换　　　　B.行动学习法　　　C.替补训练　　　　D.敏感性训练

4）（　　）不是骨干员工的特点。

A.具有较高的知识或技能　　　　　　　B.对企业的发展至关重要

C.有较强的不可替代性　　　　　　　　D.具有较低的流动性

5）在以获取知识为目标的新员工培训中，对于企业的规章制度的讲解、产品知识介绍等均可以采用（　　）。

A.讲授法　　　　B.自学法　　　　　C.情景模拟　　　　D.拓展训练

6）最早在手工艺领域中使用较为广泛，后来作为一种在职培训方法，一般在操作技能要求较高的岗位上使用的培训方式是（　　）。

A.拓展训练　　　　B.师带徒　　　　C.情景模拟　　　　D.讲授法

7）骨干员工的技能要体现（　　）。

A.企业的价值　　　　　　　　　　　　B.企业的核心竞争力

C.稀缺性　　　　　　　　　　　　　　D.企业发展战略

8）（　　）是指企业员工共同的价值观体系，是企业长期形成的共同理想、价值观念和行为准则。

A.企业文化　　　　B.员工守则　　　C.企业规章　　　　D.企业愿景

9）（　　）实质是企业人才储备的一种手段，是通过确定企业关键岗位的后继人才，并对这些后继人才进行开发的整个过程。

A.师带徒　　　　B.梯队式开发　　　C.主管传帮带　　　D.职业生涯规划

10）新员工培训的内容一般不包括（　　　）。

A.企业概况介绍　　　　　　　B.企业的主要政策、制度及工作程序介绍

C.结合业务进行的专项训练　　D.职业素养

8.2　简答题

1）管理人员开发的类型和方法有哪些？

2）如何进行骨干员工的开发？

3）新员工培训主要内容有哪些？

4）如何进行毕业生开发？

5）员工梯队开发的工作流程是什么？

综合应用

8.1　案例分析

京东管培生培训计划

作为一家国际化的电商企业，京东一直致力于打造最具竞争力的人才团队。作为企业未来发展的中坚力量，管培生是京东人才队伍的重要组成部分，将成为京东未来的领军人才。因此，为了培养出具备专业素养和领导能力的优秀人才，京东制订了一套完善的管培生培训计划。

1）培训目标

（1）帮助管培生全面了解企业运作机制和核心价值观。

（2）培养管培生的深厚专业背景和卓越领导力。

（3）培养管培生的全球化视野和跨文化沟通能力。

（4）帮助管培生建立良好的人际关系和具备团队合作能力。

（5）培养管培生的对行业发展趋势预测能力和创新意识。

2）培训内容

（1）企业内部知识储备：通过企业文化培训、部门轮岗、项目实习等方式，让管培生全面了解京东的业务运作和管理模式，增加企业运作层面知识储备。

（2）专业职能培训：提供各种专业领域的课程，包括市场营销、供应链管理、数据分析、财务管理等，让管培生掌握自己专业领域的知识和技能。

（3）领导力培训：通过项目管理、团队建设、决策分析等培训方式，提高管培生的领导能力和决策技巧。

（4）国际化视野培训：通过组织国际商务交流、国外实习等培训方式，开拓管培生的国际化视野，让他们了解全球商务环境和跨文化交流技巧。

（5）沟通技能培训：提供演讲、沟通技巧、问题解决等课程，提升管培生的沟通能力和解决问题的能力。

3）培训形式

（1）内部培训课程：由内部专业人士负责授课，包括企业文化培训、专业领域课程等。

（2）外部培训课程：邀请外部专家进行授课，涉及国际商务、领导力培训等方面的

课程。

（3）实习培训：安排管培生到各个部门实习，让他们通过实际操作了解部门业务运作和管理。

资料来源　编者根据百度文库资料整理。

问题：请运用所学知识评价该案例中对管培生培养的特点是什么。

分析提示：（1）管培生作为企业的骨干员工，其培养计划是一项长期的系统工程，需要企业科学系统的规划；（2）从新员工到企业的管理层，是一个培养的过程，也是一个筛选的过程。

8.2　实践训练

训练1：组织学生分组，5～6人一个小组，以小组为单位就近调查一家企业，了解该企业核心员工目前人员开发的现状。

训练2：甜甜面包公司近年来规模迅速扩大，员工开发、成长、提升的机会很多。林亚卿经过一系列工作变化，已经从最初的专卖店经理助理升至公司业务经理，管理多家专卖店的经理人员。迄今为止，林先生依靠自己的经验已经具备了一定的技术和业务管理技能，但没有受过任何正式训练。作为一名有能力的管理人员，他受到手下人的高度尊敬。公司经过认真规划，预计在二三年内使企业规模扩大两倍。很多人开始怀疑林先生是否有能力承担日趋繁重的任务，因为这些业务将更多地涉及整体规划、财务统筹、各职能部门间的关系协调，而林先生的成功主要在于他销售方面的业绩。如果你是公司领导，想继续留用林先生，请用所学知识为林先生做一份开发计划，要求：开发计划需包含目标、内容、形式以及费用等。

第9章 企业内部培训师技能开发

▶ 学习目标

知识目标

学习完本章之后，你应该能够：了解企业内部培训师的基本素质要求；明确企业内部培训师的基本能力要求；熟知企业内部培训师的演示技能；掌握企业内部培训师的临场技巧。

能力目标

学习完本章之后，你应该能够：运用一定的方法和技巧开展内部培训师的培训和开发工作。

素养目标

学习完本章之后，你应该能够：了解一位合格的内部培训师不仅需要具备一定的专业能力和素养，还需要充分理解和掌握社会主义核心价值观的内涵，同时要充分了解党的基本政策和方针以及中华优秀传统文化等。

▶ 内容架构

第9章 企业内部培训师技能开发

9.1 企业内部培训师的基本素质和能力要求
- 9.1.1 企业内部培训师的职责
- 9.1.2 企业内部培训师的基本素质要求
- 9.1.3 企业内部培训师的基本能力要求

9.2 企业内部培训师的演示技能
- 9.2.1 信任与自信
- 9.2.2 语言和肢体语言
- 9.2.3 培训师形象
- 9.2.4 培训内容
- 9.2.5 培训场地与设备

9.3 企业内部培训师的临场技巧
- 9.3.1 让学员积极参与的技巧
- 9.3.2 提升学员自信的技巧
- 9.3.3 倾听和回答问题的技巧
- 9.3.4 确保学员理解的技巧
- 9.3.5 时间管理的技巧
- 9.3.6 紧急情况处理的技巧

➤ 引例

宝洁的内部培训师制度

宝洁作为全球知名的日用消费品行业的龙头企业，它的培训体系被称为世界上最完备的培训体系之一。被誉为"CEO的摇篮"的宝洁，不仅靠自己培养了高管，还输出了不少高管。很多大名鼎鼎的CEO均出自宝洁，如eBay的梅格·惠特曼、苹果的蒂姆·库克、微软的萨提亚·纳德拉等。"宝洁校友"在商界的盛名甚至让猎头公司直接把分公司开进了宝洁所在的写字楼。

1）管理岗位内部选拔

"内部提升制"被宝洁人骄傲地视为其核心竞争力。在宝洁，基本上所有的管理岗位（包括CEO）都是从内部提升的，这也是宝洁文化得以纯净的主要原因。宝洁很少使用外部培训师，宝洁的培训课程几乎都是由"纯血统"的内部培训师负责的。培训师"血统纯正"是宝洁内部培训师队伍的一大特点。宝洁虽然严守内部培训师制的传统，但并不等于闭关自守。如果外部有好的课程，宝洁会派内部培训师去参加，并将其转化为宝洁内部的课程。比如，宝洁内部培训师会参加摩托罗拉大学、惠普商学院等企业大学举办的培训课程，曾成功引进六西格玛课程，并将其改造成比较适合销售和服务行业用的内部课程。

2）每一个管理者都是培训师

在宝洁当内部培训师没有讲课报酬，但是报名选拔内部培训师的场面异常火爆，主要有以下原因：（1）宝洁的绩效考核中有50%的分数来自培训等组织贡献评估，当培训师无疑是重要的加分因素；（2）即使是想跳槽的员工，掌握一门宝洁课程对他个人发展也是非常有利的；（3）每门课的认证培训师会得到公司发的水晶球培训师认证牌，可以将其放在自己的办公桌上，这是一件非常光荣的事情；（4）每年评选出的十大优秀培训师，就是未来高管的替补队员。

3）以课程为核心的培训师认证

宝洁内部培训师的认证以"课程"为单位，而不是以"人"为单位，每一门课程同时有几名认证培训师，并且有一名首席培训师。在宝洁，某个人不是笼统地被称为宝洁的内部培训师，而是具体为某门课程的培训师。如果这个人要讲授新的课程，必须经过新的认证程序，通过后才能讲授，这样就保证了课程的质量。

4）课程不断更新

宝洁非常重视课程所传授知识的实用性和时效性，没有一门课程的PPT课件是一成不变的。在宝洁，有条不成文的规矩，就是每一次授课的课件内容要有10%的更新。跟市场上的许多专职培训师相比，宝洁的培训师口才台风不一定是最好的，但是宝洁的培训师一定是非常注重课程研发的。因为，宝洁并不需要培养一群口齿伶俐的演说家，需要的是一群善于管理知识、善于研发课程、善于向受训者传播最实用有效的知识的培训师。

资料来源　刘永中. 宝洁：每一个管理者都是培训师［J］. 培训前沿周报，2012（7）.

这一引例表明：企业内部培训师是企业内部培训体系中最重要的组成部分，是企业内部培训的基本力量和源泉，企业必须建立完整的内部培训师管理制度和各具特色的管理模式。

9.1　企业内部培训师的基本素质和能力要求

微课 9-1

企业内部培训师的能力要求

随着企业内部培训的升温，对主导与实践培训的企业内部培训师就有了基本能力和素质的要求。企业内部培训师应该对企业的培训及培训的结果负起责任，通过培训内部培训师，能够提高受训员工的工作能力和工作效率。这就要求企业内部培训师不仅要明确自己的职责，还要具备良好的素质和能力，才能做好企业内部培训的工作。

9.1.1　企业内部培训师的职责

1）企业培训师的职业定义

企业培训师是指能够结合经济、技术发展和就业要求，研究开发针对新职业的培训项目，以及根据企业生产和经营需要，掌握并运用现代培训理念和手段，策划和开发培训项目，制订和实施培训计划，并从事培训咨询和教学活动的人员。

2）企业内部培训师职责

从企业培训师的职业定义中，我们可以清楚地看出企业培训师的职责。企业内部培训师的职责包括两个最基本的内容：一个是教师；另一个是导师。企业内部培训师面对的培训对象是企业员工，而企业员工与学校中的学生有着根本的区别。企业员工对知识和技能的把握靠的是理解与创造性思维，所以培训师应以"解惑"为重点，而学校中的学生对知识和技能的把握靠的是被动的灌输与记忆，所以教师应以"传道"为重点。针对企业员工这一培训对象的特点，对企业内部培训师职责的要求要比教师更高，企业内部培训师不仅要像教师一样能够"授人以鱼"，即把企业员工需要掌握的理论知识和工作技能等准确全面地传授给企业员工，还要像导师一样能够"授人以渔"，即引导和启发员工创造性思维，开拓员工的工作思路，从而使员工掌握工作能力和技巧等，提高分析问题和解决问题的能力。

➡ 知识链接 9-1

何谓 TTT 培训？

TTT 是国际职业训练协会（International Professional Training Association，IPTA）的培训师认证课程——国际职业培训师标准教程 Training the Trainer to Train 的英文缩写，又称职业培训师培训，指的是以视觉化的工具为基础，在培训中以视觉化框架贯穿全场，为学员提供视觉化工具，引导学员进行自我学习。TTT 的课程是企业目前所需的最实用的培训之一。

9.1.2　企业内部培训师的基本素质要求

企业内部培训师肩负着为企业培养人才的重任，内部培训师素质的高低在很大程度上决定了企业的人力资源素质，而企业人力资源素质的高低又决定了企业的生存与发展，所以提高企业内部培训师的素质是十分必要的。

1）职业道德素质

职业道德是社会公德的一部分，具备良好的社会公德是基本的做人原则，是一个公民作为社会人最基本的道德标准，所以一个合格的企业内部培训师必须具备良好的职业道德素质。合格的内部培训师不仅在传授基本的知识和技能等，更重要的应该用正确的思想去影响和引导受训学员，培养学员积极的人生观和价值观，正确引导学员去思考做人和对待人生的态度，使学员树立正确的学习心态。企业内部培训师的职业道德素质包括热爱教育事业、道德品质高尚、对企业忠诚、言行一致、诲人不倦等。

2）心理素质

培训工作是一个极具挑战性的事业，每个企业内部培训师都要面对各种各样的培训对象，企业内部培训师在授课时能否表现得自信，会不会因为紧张等问题而影响课程的讲授，这都与培训师心理素质的好坏相关。

对企业内部培训师的心理素质要求主要表现在以下几个方面：

（1）有信心实现企业内部培训的目标。

（2）遇事能够镇静，对外界环境的变化能够冷静分析和应对。

（3）为人随和，善于与人沟通，能取得领导、同事和学员的信任。

（4）对培训中遇到的困难和挫折有心理承受能力。

（5）对被培训学员有足够的耐心，能很好地指导他们完成培训内容。

（6）能够听取各种意见和建议，不足的地方能主动改进。

9.1.3　企业内部培训师的基本能力要求

企业内部培训师不仅要有深厚的专业理论基础和丰富的工作实践经验，还必须具有一定的培训能力，才能把自己的知识和工作经验更好地传授给被培训学员，因此内部培训师必须具备以下几种能力：

1）语言表达和沟通能力

语言表达和沟通能力是企业内部培训师必备的基本能力。企业培训师必须能够用准确、简练的语言来表达所要培训的内容。语言表达准确才能使学员明白培训的内容，语言表达简练才能提高培训效率，在短时间内向学员传授更多信息。

现在的培训已经不是传统的知识灌输，培训形式也不是简单的培训师教什么学员就学什么，而是针对工作的需要，提高学员的岗位知识和技能等的培训。培训的形式灵活、多样，在培训过程中强调学员的积极参与。企业内部培训师要与学员积极沟通，只有具备良好的沟通能力才能调动学员的积极性和主动性。企业内部培训师在沟通中需要做好以下几个方面：首先，企业内部培训师要善于倾听学员的发言，从中了解学员的各种信息；其次，企业内部培训师要掌握提问技巧，能够巧妙地引出学员关心的问题，并通过提问引发学员积极思考，增强学习兴趣；最后，企业内部培训师能够用准确、简练的语言表达自己要传递的信息，使学员容易理解。所以，作为企业内部培训师，拥有较好的语言表达和沟通能力是非常重要的。这需要企业内部培训师在日常的学习和培训课程的准备中加强自己语言表达与沟通能力的练习。

2）亲和能力

企业内部培训师如果不能和被培训学员建立起融洽亲和的关系，学员就不能完全投入到培训师的课堂氛围中，就没有办法跟着培训师的思路去接受其讲授的培训内容。企业培训中培训的主体不是培训师，而是被培训的学员。所以，企业内部培训师必须具有一定的亲和力，能和学员建立起良好的关系。

企业内部培训师要具备亲和力需要做好以下几个方面：首先，企业内部培训师要学会微笑。微笑对于培训师的培训课程至关重要，培训师要学会用微笑来感染被培训的学员，使学员在培训师的微笑中找到自信和良好的学习状态。其次，企业内部培训师要学会幽默。幽默是一种艺术和能力的体现，唯有对生活充满乐观、真诚善待他人、尊重他人的人，才能够游刃有余地运用幽默的艺术。幽默的恰当使用会使培训师的培训课程生动而有趣，更能吸引学员的注意力，培训的效果会更好。最后，企业内部培训师要学会赞美。恰当的赞美会使培训进展得更顺利。培训师赞美学员对他们改进学习态度具有非常好的效果。

3）学习能力

企业内部培训师要想给学员讲好培训课程，从而达到企业的培训目标，必须具备很强的学习能力。企业内部培训师要认识到在知识经济的时代中，学习知识的能力比得到知识本身更加重要。企业内部培训师应该从以下几个方面提高自己的学习能力：第一，企业内部培训师要善于从工作实践中学习和总结，不断提高自己的知识和培训水平；第二，企业内部培训师应该接受专门的培训，不断提高自己的理论知识和授课水平；第三，企业内部培训师应该向被培训的学员学习，学习他们的工作经验，不断充实自己的培训内容；第四，企业内部培训师应该培养自己的自学能力，根据企业培训的目的和需要，不断地更新自己的培训内容。

4）激励学员的能力

企业内部培训师在企业培训中不能强迫学员做不愿意做的事，只能够根据学员的发展需要激励他们认可企业的培训安排和培训课程。优秀的企业内部培训师能激发被培训学员的内在学习动力，而不是利用培训课堂以外的压力使学员努力学习。企业内部培训师的理念应该是使被培训学员发挥出自己的潜能，从而学员才能在培训课程过程中使自己的知识水平和技能水平得到最大的提高。不是每一个人生来就具有激励他人的能力，但是作为企业内部培训师，为了达到企业培训的目的，使被培训的学员在培训中受益，必须具备激励学员的能力。

5）分析问题和解决问题的能力

企业内部培训师应该收集与被培训学员有关的各种资料，判断学员的各种需求，从而根据企业培训的目的制订出合适的培训方案，所以优秀的企业内部培训师应该具备分析问题和解决问题的能力。这个能力使企业内部培训师能够更好地利用被培训学员的各种信息，分析被培训学员在培训中存在的问题，并提出切实可行的解决办法。

6）培训课程编写能力

企业内部培训师的培训课程应当是系统而详细的。企业内部培训师要根据培训目的和计划，针对培训对象编写合适的培训课程教案，就像学校教师的授课教案一样，每个课时的培训课程都围绕着一个主题展开。企业内部培训师在做每一次培训课程前，都要编写好自己的培训课程教案，所以企业内部培训师要具备培训课程的编写能力。就拿人力资源开发和管理培训课程来说，如果企业内部培训师写的培训课程教案就像大学教材一样厚的话，他是不可能在一天或几天的培训课程中系统而详细地将教案讲解完的，所以作为企业内部培训师应当将培训课程的重点集中在学员的主要培训需求上，这样才能达到企业的培训目标。培训中最忌讳的就是按照企业内部培训师主观的想法拼凑培训课程的内容，这样会使培训课程既没有明确的主题也没有课程应具备的系统性和完整性。

7）培训课程教学能力

一名优秀的企业内部培训师要有很强的培训课程教学能力，这一能力直接关系到培训课程质量的高低以及培训目标是否能达到。企业内部培训师必须掌握科学的培训规律，不仅要把握好培训内容，更重要的是要把握好培训的方式，这需要培训师不断增强自己的培训课程教学能力。第一，企业内部培训师要根据企业培训的需求制定明确的培训目标。被培训的学员都是为了解决工作中的实际问题而参加培训的，所以培训师必须帮助学员解决工作中遇到的各种问题，从而提高学员的实际工作技能。第二，企业内部培训师要学会合理地安排培训内容，使培训内容与学员的实际工作内容联系起来。培训师不能自以为是地向学员灌输自己认为应该培训的东西，而应尽可能地使学员学习他们想学的知识。第三，企业内部培训师要采取灵活、多样的培训方式。由于被培训的学员大多都具有丰富的工作经验，培训课程中应采取能够充分利用学员工作经验的小组讨论、案例分析、情景模拟和角色扮演等方式，培训师要使学员能够从实际经验中学习。第四，企业内部培训师要创造出一种使学员感到自己被尊重和支持的学习氛围。例如，学员在培训中可以畅所欲言而不必担心会受到批评。第五，企业内部培训师要有较强的培训课堂控制能力，使培训过程中的学习气氛活跃，使每一名学员都能积极地参与到培训中来。

8）指导和应变能力

企业培训是一个帮助员工提高工作能力的过程。企业内部培训师在培训课程的教学过程中要指导学员努力学习，尽快地提高自己的工作能力。由于被培训学员的知识结构、知识水平、工作经历和个人习惯等都存在着不同程度的差异，如果企业内部培训师在培训的过程中不加以指导容易使学员的学习偏离培训的目标，所以企业内部培训师在培训过程中是一个指导者，也就是说，企业内部培训师不仅要向被培训学员讲授相关知识，而且要根据学员的学习兴趣及工作需要指导学员学习新的理论知识和工作技巧，提高知识水平和工作能力。这就要求企业内部培训师要在讲授培训课程前对学员的情况进行深入调查和分析。有时候，企业内部培训师即使在培训课程前对学员情况做了详细的调查和分析，并且制订了培训计划，但是由于在培训过程中会存在着许多不确定因素，这些不确定因素会使制订好的培训计划无法实施，所以如果企业内部培训师依然按照不变的培训计划和方式进行培训，就会达不到培训目的和效果。这就要求企业内部培训师不仅要具备较强的指导能力，还要有一定的应变能力。如在角色扮演或情景模拟等方式的培训过程中，培训环境和被培训学员会给培训过程与结果带来很多的不确定性和不稳定性因素，企业内部培训师要能够对培训进程进行控制和调整，根据学员的实际情况进行指导。同样，案例教学、讨论教学等培训方式都需要企业内部培训师根据培训目标和计划，在培训课堂上发挥自己的指导和应变能力，指导学生更好地完成培训课程。

9）咨询和诊断能力

企业内部培训师要想使被培训学员提高解决工作中实际问题的知识水平和技巧，自己就必须娴熟地掌握该知识和技巧，更应该在企业的实际问题诊断上体现出"为人师者"的水平。往往在培训后学员都会根据自己在工作中遇到的难题对培训中所教的内容提出相应问题，希望能得到企业内部培训师的准确解答，这时要求企业内部培训师能够找到问题的症结所在并能提出解决问题的方法。另外很多培训课程开始前，企业内部培训师只有先诊断出企业或学员的问题所在，才能提出相应的有针对性的建议，给学员提供可靠的咨询。

9.2　企业内部培训师的演示技能

企业内部培训师在拥有了基本职业素质和培训能力的基础上，还要具有各种在培训过程中会用到的演示技能，才能把培训课程讲授好，完成自己的培训任务，更好地达到企业的培训目标。

9.2.1　信任与自信

企业内部培训师在为学员做培训的过程中对自己充满自信是非常重要的。因为作为一名企业内部培训师，只有对自己的培训课程和培训方法等充满信心，才能让学员对培训过程充满信任。企业内部培训师在培训课程之前要训练自己的授课信心，可以通过镜子、录音机、麦克风或者摄像机进行演练，随着培训经验的丰富，自信心会逐渐地建立起来，并逐渐成为一名自信的优秀的企业内部培训师。

9.2.2　语言和肢体语言

一名优秀的企业内部培训师，必须是运用语言的高手。某种程度上说，语言是思维的外衣。语言功底扎实是企业内部培训师应具备的基本条件。语言是企业内部培训师传达知识信息和传递情感的有效工具，是企业内部培训师和学员沟通的有效手段，是企业内部培训师知识和技能等有效的表达方式。因此，想成为优秀的企业内部培训师，就要具有流畅的语言表达能力，从而把需要培训的知识和技能等深入浅出地传授给学员，让学员听得懂，这样学员才能把培训中学到的知识和技能等正确地应用到他们的实际工作中。这就需要企业内部培训师在准备一门培训课程的时候，在正式授课前进行充分的准备，根据培训计划安排好培训内容，并且组织好自己的培训语言。

同时，企业内部培训师在讲授培训课程的时候，需要抑扬顿挫的语调和变化的语速，这对培训的效果而言相当重要。如何控制培训课程语调的抑扬顿挫和语速的变化，企业内部培训师主要应考虑培训内容和学员的实际情况。一般来说，如果企业内部培训师在讲解培训课程中的重点内容和比较抽象的内容时，应该放慢语速，增强音量；如果企业内部培训师在讲解培训课程中浅显易懂的内容或非重点的内容时，应该加快语速，放低音量；如果企业内部培训师在讲解急切、兴奋、壮烈等基调的培训内容时，应该采用快节奏的语速；如果企业内部培训师在讲解宁静、沉郁、沉思等基调的培训内容时，应该采用慢节奏的语速等。这样培训语速的节奏快慢交替，能充分地渲染出与培训内容相吻合的培训课堂气氛，能使学员产生情感上的共鸣，增强培训效果。

板书是企业内部培训师的书面语言，课件是企业内部培训师制作和使用的多媒体技术语言，将它们在培训过程中合理运用，能够从视觉上刺激学员，增加学员信息接收的渠道。这种信息渠道的转换，会带来学员心理和行动的变化，使学员由听变看，或由听变写，或边听边看边写等。企业内部培训师可通过板书、课件等指导学生，使整个培训课程的进程保持适当的节奏。保持适当的节奏关键是把握板书、课件与语言的有机结合。在实际培训时，有的企业内部培训师是先把整个内容讲完再板书、放课件，或者先抄好板书、放好课件而后讲内容，这样都会不同程度地影响讲课的流程和效果。最理想的应是板书、课件与教学语言密切结合，边讲边写或边放，使板书、课件与教学语言的配合严密精巧。这样可起到有效的引导作用，可以吸引学员的注意力，激发学员的学习兴趣，使企业内部培训师的思路和学员思路合拍。要适当注意板书出现的频率、书写速度以及课件变换频率，过快或过慢，都会直接影响整个教学的节奏。

肢体语言在培训过程中的运用，应该是企业内部培训师较难掌握的培训技能，主要包括以下几种：第一，手势。手势在培训过程中的运用主要包括培训内容需要做的手势和邀请学员参与以及答谢学员参与的手势等。手势可以传达礼貌、信心等信息。第二，表情。表情在培训过程中所传达的信息主要包括肯定、赞赏和感谢等。表情训练主要包括微笑、肯定和赞赏等训练。第三，步伐。步伐在培训过程中，表达思考、接近等信息。三尺讲台，无限天地，企业内部培训师在培训过程中，千万不要单纯地坐着，也不可以像木桩一样地站着。企业内部培训师在培训过程中，走到学员当中，可以起到与学员接近、加强沟通的作用。

9.2.3　培训师形象

作为一名企业内部培训师，保持好自己的培训师形象是提高企业内部培训师权威性和亲和力的有力武器，从而可以增强培训效果。企业内部培训师的形象主要包括两个方面：第一，仪表形象，包括眼、耳、手、鼻、口清洁，脸、发、衣、帽、鞋干净。第二，仪态形象，包括站、坐、走与蹲求美，笑、点、视与距求真。企业内部培训师的形象能够反映本人的修养和企业的形象。例如，区别培训的场合和时间，企业内部培训师穿着合适的服装是企业内部培训师的着装礼节。企业内部培训师的服装应该颜色协调、端庄大方。企业内部培训师的着装虽然不能说明他的为人，但是干净利落的着装风格能反映一个人的修养。同时企业内部培训师要根据教室冷暖状况选择合适的着装，避免过冷或过热影响身体舒适状况，从而影响培训效果。

总之，企业内部培训师的形象良好，会给培训学员留下好的印象，使学员对企业内部培训师有好感并给予信赖。企业内部培训师的形象不佳，会给学员留下不良的印象，从而影响培训的效果。所以，企业内部培训师保持好自身的形象是做好培训工作的基础。

9.2.4　培训内容

企业内部培训师的产品就是培训课程，而培训课程的核心是培训内容。这就需要企业内部培训师收集有关培训内容的各种信息，从而能够根据培训计划充实培训的内容。例如，如果企业内部培训师培训营销课程，那么需要企业内部培训师亲自到市场中去，走访经销商和企业销售人员，向第一线的市场营销人员了解他们目前遇到的问题，了解他们采用了哪些好的解决方法和哪些解决方法没有效果。企业内部培训师也可以扮成消费者，考查销售人员的销售技巧是否应用得好，考查某个行业的产品增加了哪些新功能，消费者对这些新功能是否像厂家所希望的那样喜爱。企业内部培训师亲自走访市场，才能收集到有关培训内容的第一手信息，并为自己的培训添上有针对性的内容。如果企业内部培训师培训广告推广课程，那么需要企业内部培训师坐在电视机前，看几天广告了解一下哪个广告的需求抓得准，哪个广告投放的时间不合适等。如果企业内部培训师培训企业管理内容，那么需要企业内部培训师到大的书店或图书馆一趟，买或借一些最新出版的管理书籍，好好研读一下有借鉴价值的企业管理理念和案例，为自己的培训内容添加新的案例和理论知识。

▶ 小思考 9-1

企业内部培训师在培训前的准备

张某是某企业的一名内部培训师。最近，张某接到通知要为企业各部门的经理做一次培训。培训的主题是有关领导如何激励下属员工的问题。张某在接到这个培训任务时多少有一点紧张。被培训的学员都是中层管理干部，他们的实际管理经验都很丰富，而张某成为一名企业内部培训师的时间不长，虽然培训知识掌握不少，但培训经验不是非常丰富。离培训课程开课的时间还有一个月，张某清楚地知道在这一个月的时间里，他要为这次培训课程做好充足的准备。那么，作为一名企业内部培训师，在培训前要做哪些准备呢？

答：可以对中层管理干部做一些访谈，了解他们现在遇到的问题和困惑，有针对性地准备培训的内容。

9.2.5　培训场地与设备

培训场地与设备在企业内部培训师做培训的过程中起着十分重要的作用。企业内部培训师在培训前一定要注意一下有关培训场地与设备的问题，主要关注以下几个方面：

1）培训场地的大小要符合所做培训的要求

培训场地不宜太大或太小。一般来说，培训场地的大小是根据受培训学员的人数确定的。培训场地的大小以每名学员约四平方米计算较为合适。

2）培训中的活动项目可以在分培训场地进行

如果授课的培训场地不适合做培训中的各种活动项目，例如游戏、角色扮演、情景模拟等，在条件允许的情况下，这些活动项目可以在分培训场地进行。

3）培训场地周围环境要尽量安静

培训场地的周围环境很容易影响学员的学习效果。如果培训场地的周围环境很嘈杂，学员的注意力就会被分散，这样企业内部培训师所做培训的效果就不会很好，所以要尽量保证培训场地的周围环境安静。

4）培训场地的光线应该适度

培训场地应该有适度的照明。太亮的培训场地光线会使人的眼睛有刺痛感，影响培训效果，而太暗的培训场地光线容易让培训学员入睡，也会影响学员的听课效果。

5）培训场地的音响设备音量大小要适度

培训场地的音响设备音量大小要适度，不要震耳欲聋，也不要让学员听起来太费劲。

6）培训场地的电脑、幻灯机、音响、黑板等所要用到的培训设备要准备好

在培训过程中会用到许多的培训设备，如电脑、幻灯机、音响、黑板等，在培训开始前，一定要把这些培训设备准备好，才能保证培训的顺利进行。

9.3　企业内部培训师的临场技巧

一名优秀的企业内部培训师除了要具备扎实的专业知识和能力外，应深谙各种培训的临场技巧，比如让学员积极参与的技巧，在培训过程中提升学员自信的技巧，倾听和回答问题的技巧，培训内容确保学员理解的技巧，培训时间管理的技巧，培训过程中发生紧急情况处理的技巧等。

9.3.1　让学员积极参与的技巧

企业内部培训师为企业员工做的职业培训教育与学校中全日制教育是两种性质不同的教育。职业培训教育的对象是走入社会的成年人，其培训目标主要不是系统理论知识的传授，而是提高学员的应用知识水平、岗位技能和改善学员的工作态度等。所以，企业内部培训师为企业员工所做的职业培训一定要让学员参与进来，而不是企业内部培训师一个人在讲台上讲授相关理论知识和技能等。这就需要企业内部培训师掌握让学员积极地参与到培训中的技巧。让学员在培训中参与的技巧有许多种，如案例分析、讨论、角色扮演、演示、游戏等，各种技巧有不同的优缺点，企业内部培训师可以根据企业培训的实际情况进行选择，采用适合所做培训的技巧。

9.3.2　提升学员自信的技巧

企业内部培训师在培训过程中要不断提升被培训学员的自信，因为只有学员在培训中充满自信，才能更好地理解和掌握培训的知识与技能等。培训师提升学员自信最主要的方法是对学员进行激励。例如，当某一位学员回答完培训师提出的问题时，培训师应该鼓励其余学员给他热烈的掌声表示肯定，因为正面的激励是提高学员自信最有效的方法。

9.3.3　倾听和回答问题的技巧

一场培训中如果没有学员提问和培训师回答问题的时间会使学员的疑问得不到解答，以至于不同的观点不能被阐述，从而造成学员长久的疑惑，所以在培训过程中必须

有培训师和学员交流的时间，从而保证培训过程的客观性、科学性和完整性。其实，培训过程中的学员提问和培训师回答问题远比培训师单纯授课有意思。这是因为：第一，培训师精彩地回答问题可以拉近培训师和学员的距离。第二，培训师回答问题的能力能够体现培训师的素质。第三，培训师和学员间不同观点的碰撞能够调动培训课堂的气氛。

培训师在倾听和回答学员问题的时候需要注意以下几个方面：第一，培训师的注意力要高度集中，要仔细听清学员提问时话语所表达的含义，这样培训师才能准确而完整地回答问题。第二，要仔细观察学员的各种肢体语言，获得一些回答提问的必要信息。第三，培训师要复述学员所提出的问题，这样会使培训师对学员所提的问题理解更加充分。第四，培训师不要在学员提问时反驳他的意见，既不急于打断学员的提问，也不轻易对问题下结论。第五，培训师不要让自己的个人偏好影响所回答问题的客观性和准确性。

9.3.4　确保学员理解的技巧

企业内部培训师在培训过程中要确保学员理解培训的内容。由于在企业培训中学员的学历和年龄等都有所不同，导致了学员的理解能力参差不齐，所以培训师在培训的过程中需要有一定的技巧保证培训内容能被学员理解。

首先，由于学员的理解能力参差不齐，如何能使学员吸收培训内容的精髓，这就要靠企业培训师的语言表达和沟通能力。这时培训师要充分运用各种语言表达和沟通的技巧，使学员能听懂和理解培训的内容，并使学员产生反响。语言表达和沟通能力强不仅指能说话，而且要会说话，学员如果是新员工，培训师就不能用对老员工的语言来培训；反之，学员如果是老员工，培训师就不能用对新员工的语言来培训。当然，语言表达和沟通能力除了天赋以外，对用词的准确性、语言修辞的掌握和表达都有很高的要求，这些都是需要培训师后天努力学习的，所以培训师的理解力和学习力是有效的语言表达与沟通的前提和基础，而好的语言表达和沟通能力又是培训师的理解力与学习力的最终体现和延续，它们互为因果，相辅相成，缺一不可。

其次，培训师对培训课程的开发和授课侧重点的选择要遵循学员需求。根据学员需求调查，授课过程中进行学员特点分析，针对不同的学员选择不同的提问类型和内容：对于对培训内容有所了解的学员，选择有深度的问题提问，并及时给予表扬、肯定；对于对培训内容知之甚少的学员，选择简单问题，提升学员的学习兴趣，从而做到因材施教。

最后，为了确保学员对培训内容的理解，培训师要学会定位自己在培训过程中的角色。一个优秀的企业内部培训师不应该是以自我为中心，去单向地传播信息，而应该是作为一个引导者，善于控制课堂的节奏和气氛，为学员抛砖引玉，引起学员的共同兴趣，并使之产生共鸣和进行热烈的讨论，最后帮助学员剥茧抽丝，在偶然中找出必然，这样每个学员就会各有所需地接受培训内容。

9.3.5　时间管理的技巧

作为一名企业内部培训师在做培训课程的时候一定要管理好培训的时间。各个培训的时间段应该做哪些培训内容，培训师应该非常清楚。所以，这就要求企业内部培训师制定详细而合理的培训课程时间表。时间表指导着企业内部培训师培训工作的完成。对时间的安排可以进行讨论，而且可为每一部分的培训内容设定合适的时限。时间表还可以不时地提醒培训师培训进行到了哪个阶段，指导培训师更好地完成培训任务。

9.3.6　紧急情况处理的技巧

突发的紧急情况是避免不了的，就算企业培训的时间也许不是很长，有时只有短短的几小时，但是在培训中是可能会发生一些紧急的事件，对这些紧急的事件企业内部培训师要做好心理准备，才能更好地处理它们，保证培训的顺利完成。下面就列举几种常见的紧急情况及其处理的技巧。

1）由于交通问题，培训师不能准时赶到培训场地

企业的内部培训师在培训中应该准时地到达培训场地，但是有可能在培训的某一天由于交通堵塞等问题使培训师不能准时地到达培训场地。这时，培训师应该及时地与培训的组织者取得联系，说明不能准时到达的原因和能赶到培训场地的时间等，让培训的组织者负责安排培训场地的相关事宜和安抚培训学员等待的焦急情绪。作为培训师，遇到这种情况要尽可能快地赶到培训场地，到达后，为自己的迟到行为做一下简单的解释和诚恳的道歉，争取得到培训学员的谅解。

2）企业在培训期间发生重大事件

企业在培训期间发生重大事件，例如发生紧急质量事故、市场事故、大规模人事变动等，这些在培训期间发生的重大事件会使培训学员没心思再安静地学习了。企业内部培训师在这种情况下，要使学员清楚企业在培训期间发生的重大事件的情况，并安抚学员的情绪，尽可能地使学员专心地完成培训。

3）个别培训学员出现健康问题

由于企业中参加培训的学员各个年龄层段都有，每个学员的身体和心理健康情况都有所不同，例如，有些年龄比较大的学员可能有心脏病等较严重的疾病，在培训中尤其是长时间的培训课程中，这些学员有可能会突然病倒，企业内部培训师在这时要冷静对待，组织好其他学员为病倒的学员进行急救，并且要尽快地拨打120急救电话。

4）培训学员对培训内容或培训方式等提出集体抗议

如果培训学员对企业内部培训师的培训内容或培训方式等提出集体抗议，那么这种情况对培训效果肯定会有非常不好的影响，即使培训课程完成了，也不可能达到培训的目的。所以，如果出现这种情况，企业内部培训师应该广泛地了解培训学员提出集体抗议的真正原因，并且针对事件产生的原因马上采取有效的措施给予改进，从而平复学员的抗议。

5）学员中发生了干扰培训课程的事

学员中发生了干扰培训课程的事，如手机铃声响了、外面来人找某个学员有急事等，作为一名企业内部培训师，应该具有一定的智慧和幽默来应对这类情况。例如，有一名培训师就遇到这样一件事情：当时这名培训师正在介绍"爱情营销"的理论和诞生过程，一个学员的手机铃声"老鼠爱大米"不合时宜地响了起来，很多学员都向这名学员投去了不太友好的目光。于是这名培训师乘机进行了这样的解释："其实爱情不仅是

人类的事情，很多动物也有爱情，并且非常懂得推销自己，比如孔雀开屏、白鹤亮翅等，至于'老鼠爱大米'这样的爱情我们一般称之为'掠夺式爱情'，在现代社会虽然流行但是难得幸福，真的非常不希望这样的事情发生在我们身上，请各位再检查一下自己的手机，确保爱得静悄悄，谢谢大家。"结果这名培训师的诙谐和幽默获得了学员会心的微笑与热烈的掌声，之后，培训课程的秩序更加好。

6）天气突然变化、突然出现巨响等情况

如果培训过程中出现天气突然变化、突然巨响等情况，这时候企业内部培训师应该镇定，利用幽默风趣的方法化解。例如，在授课过程中突然电闪雷鸣，此时企业内部培训师可以幽默地讲："看来今天我讲得太好了，你们听得太认真了，老天爷听得不太清楚，在提意见呢。"

▶ 价值引领 ▰▰▰

弘扬教育家精神，争当新时代好老师

强国必先强教，强教必先强师。广大教育工作者应当大力弘扬教育家精神，牢记为党育人、为国育才使命，不断增强自身综合素质与水平，争当新时代好老师。

好老师是时代新人的"培育者"。以"心有大我、至诚报国"立志，坚定理想信念，体现了新时代广大教师的家国情怀和人民情怀。培养担当民族复兴大任的时代新人，是教育的职责使命所在。广大教师应不忘立德树人初心，牢记为党育人、为国育才使命，始终心怀"国之大者"，以坚定的理想信念引领时代新人的未来。

资料来源　唐兴. 弘扬教育家精神，争当新时代好老师［EB/OL］.（2024-09-10）［2025-01-16］. http://edu.people.com.cn/n1/2024/0910/c1006-40317017.html.

▶ 基础训练 ▰▰▰

9.1　单项选择题

1）企业内部培训师的职责包括两个最基本的内容，一个是教师，另一个是（　　　）。

A.管理者　　　　　　B.助手　　　　　　C.导师　　　　　　D.咨询师

2）TTT培训是指（　　）。

A.职业培训师培训　B.教练培训　　　　C.管理者培训　　　D.导师培训

3）（　　）不是企业内部培训师必备的基本能力。

A.科研能力　　　　　　　　　　　　　B.亲和能力

C.激励学员的能力　　　　　　　　　　D.语言表达和沟通能力

4）企业内部培训师要具备亲和力，需要做好很多方面，但不包括（　　）。

A.要学会微笑　　　B.要学会幽默　　　C.要学会赞美　　　D.要学会委婉

5）企业内部培训师要想给学员讲好培训课程，从而达到企业的培训目标，必须具备很强的（　　　）。

A.学习能力　　　　　　　　　　　　　B.亲和能力

C.激励学员的能力　　　　　　　　　　D.语言表达和沟通能力

6）内训师候选人的推荐可以有很多方式，以下（　　）方式不属于内部候选人推

荐方式。

    A.自荐   B.员工推荐   C.单位指定   D.考试选拔

    7）基本能力培训后的（　　　）是检验候选内训师的重要和必要的环节，否则前期的基本训练成果无法展现。

    A.实战演练   B.情景模拟   C.案例分析   D.小组讨论

    8）企业内部培训师为企业员工所做的职业培训一定要让学员参与进来，而不是企业内部培训师一个人在讲台上讲授相关理论知识和技能等。这就需要企业内部培训师掌握（　　　）。

    A.倾听和回答问题的技巧   B.确保学员理解的技巧

    C.让学员积极地参与到培训中的技巧   D.时间管理的技巧

    9）由于交通问题，培训师不能准时赶到培训场地，以下处理不正确的是（　　　）。

    A.培训师应该及时地与培训的组织者取得联系，说明不能准时到达的原因和能赶到培训场地的时间等

    B.让培训的组织者负责安排培训场地的相关事宜和安抚培训学员等待的焦虑情绪

    C.作为培训师，遇到这种情况要尽可能快地赶到培训场地，到达后，为自己的迟到行为做一下简单的解释和诚恳的道歉，争取得到培训学员的谅解

    D.尽快安排其他培训师接替培训

    10）培训师要学会定位自己在培训过程中的角色。一个优秀的企业内部培训师不应该是以自我为中心，去单向地传播信息，而应该是作为一个（　　　），善于控制课堂的节奏和气氛，为学员抛砖引玉，引起学员的共同兴趣，并使之产生共鸣和进行热烈的讨论。

    A.教育者   B.引导者   C.指导者   D.管理者

9.2　简答题

    1）企业内部培训师应该具备哪些基本素质和能力？

    2）企业内部培训师的演示技能有哪些？

    3）企业内部培训师的临场技巧有哪些？

▶ 综合应用

9.1　案例分析

长安汽车——内部培训师队伍从创建走向成熟

    长安汽车为快速建立起一支精英型内部培训师队伍，通过多年的深入分析、研究与实践探索，开发出了一套操作性较强的内部培训师培养体系。

    1）内部培训师速成"五步法"

    第一步，培养对象筛选

    规定内部培训师的基本条件，凡符合要求的员工，可以通过单位推荐或是个人自荐的方式进行申报。人力资源部根据年度总体培养计划，结合报名者的专业背景、工作岗位等，从众多的报名者中，选出符合要求的内部培训师培养对象。

第二步，示范课观摩

邀请外部的优秀培训师授课，并让公司具备培训师潜在素质的人员观摩学习，从讲师的角度去观察、了解授课的基本套路。

第三步，TTT培训

被选拔出的培养对象，将参加两天的TTT培训，学习通用培训技巧、课程设计方法等。

第四步，课程开发

设计一系列"课程开发模板和工具"，帮助内部培训师更为规范地进行课程开发。

第五步，试讲评审

试讲评审分为学员评审和专家评审。其中，学员评审团成员由各部门的基层人员担任，专家评审团成员由中层管理人员及外部专业培训师担任。

2）内部培训师分级管理法

在对师资的管理方面，采用"分级管理法"，即将内部培训师由高到低分为四个层级，分别是资深培训师、一级培训师、二级培训师和三级培训师，每个级别规定了相应的胜任标准。

3）"四维度"评价考核机制

对培训师的总体考评，一年进行一次，采用"四维度"评价考核机制，从学员的满意度、对工作绩效的贡献率、培训师的工作量以及培训部门的评价等四个方面进行考核。

4）明确绩效激励措施

内部培训师都是兼职教师，必须制定相应的激励措施。激励措施主要包括物质激励、精神激励以及职业生涯发展三个方面，充分调动内部培训师的积极性。

资料来源　《培训》杂志．才经：卓越企业人才发展最佳案例（上卷）[M]．南京：江苏人民出版社，2016．

问题：案例带给我们哪些启示？

分析提示：企业内部培训师的培养和队伍建设需要从选拔与培训、培训师管理、考评与激励等几个方面着手开展。

9.2　实践训练

训练1：让每名学生找一家企业，调查一下该企业的内部培训师的培训情况，然后写出不少于800字的调查报告。

训练2：一名企业培训师给某分公司的地区经理做企业内部培训，这些地区经理文化层次不高，年龄也较大，对接受新知识有些抵触情绪。以往他们只负责技术方面的维护工作，现在公司给他们增加了开拓新客户的新职责。他们参加培训只是为了应付公司的绩效考评，本身并没有明确的学习知识的欲望，所以他们并不十分愿意参加这次培训。

这名培训师在培训前为这次培训做了充足的准备。培训课程的第一次上课是在上午八点半开始，可是到了八点三十五分，培训学员只来了几个人。这名培训师正在犹豫是否准备上课时，有学员说道："老师，何必那么准时上课？迟些再上课吧，反正我们也不在乎你讲什么。"正式上课之后，这名培训师才真正明白什么是问题学员。他让学员们先分组，以利于培训中的讨论，学员们却一个个把眼睛转向别处，一动不动；为了活跃一下气氛，他想让学员们配合做一个小游戏，互相之间拉近一下距离，但是学员们认为这些游戏都是小孩玩的，不适合自己做。尽管培训前他宣布了培训纪律，但培训时手机铃声时常响起，更不可思议的是，有些人竟然一边听课，一边把脚架到书桌上去，然后点燃了香烟。如此混乱的场面，见所未见。如果你是这名培训师，该如何应对这种情况？

第 10 章　员工职业发展规划

学习目标

知识目标

学习完本章之后，你应该能够：了解员工职业生涯规划的含义、分类及原则；初步掌握几种典型的职业倾向测评方法；明确制定职业生涯规划的步骤；熟知职业生涯成功的标准和评价体系。

能力目标

学习完本章之后，你应该能够：掌握制定员工职业生涯发展规划的方法，以及员工开发的方法。

素养目标

学习完本章之后，你应该能够：开展社会主义核心价值观教育，引导员工树立正确的就业观和择业观。

内容架构

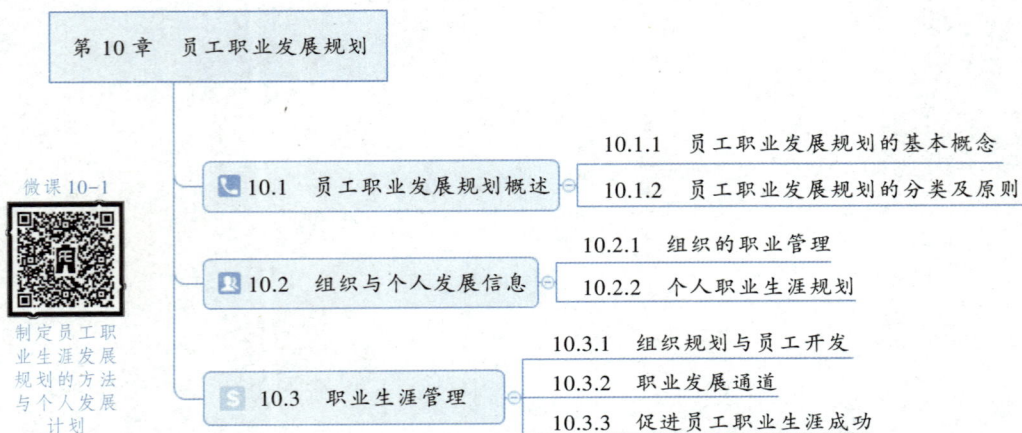

微课 10-1

制定员工职业生涯发展规划的方法与个人发展计划

第 10 章　员工职业发展规划	
10.1　员工职业发展规划概述	10.1.1　员工职业发展规划的基本概念
	10.1.2　员工职业发展规划的分类及原则
10.2　组织与个人发展信息	10.2.1　组织的职业管理
	10.2.2　个人职业生涯规划
10.3　职业生涯管理	10.3.1　组织规划与员工开发
	10.3.2　职业发展通道
	10.3.3　促进员工职业生涯成功

引例

惠普员工的职业生涯管理

美国惠普是世界知名的高科技大型企业，其独特而有效的"惠普之道"管理模式被人广泛称道。该公司聚集了大量素质优秀且训练良好的技术人才，他们是惠普最宝贵的财富，也是惠普发展与竞争力优势的主要根源。惠普能吸引来、保留住和激励这些高级人才，不仅靠丰厚的物质待遇，更重要靠向这些员工提供良好的提高、成长和发展机会，尤其是帮每个员工制定令其满意的、有针对性的职业发展规划。

该公司的科罗拉多泉城分部开发出的职业发展自我管理课程，要 3 个月才能学完。这门课程主要包含两个环节：先是让参加者用各种信度业绩考评的测试工具及其他手段进行个人特点的自我评估；然后将评估中的发现结合其工作环境，编制一份自己的发展途径图。

把自我评估当作职业发展规划的第一步，当然不是什么新方法。自我评估的书籍已在书店泛滥成灾多年了，不过这些书本身缺乏一种成功的要素，那就是在一种群体（小组或班组）环境中所具有的感情支持，在这种环境里大家可以共享激动和劲头，并使之长久维持不衰。

这门课程借鉴使用了哈佛 MBA 班第二学年的职业发展课里的 6 种工具，来取得个人特点资料。这些工具是：

（1）一份书面的自我访谈记录。给每位参加者发一份提纲，其中有 11 个涉及他们自己情况的问题，要他们提供有关自己经历过的生活转折以及未来的设想，并让他们在小组中互相讨论。这篇自传摘要体裁的文件将成为随后的自我分析所依据的主要材料。

（2）一套"斯特朗-坎贝尔个人兴趣调查问卷"。这份包含 325 个项目的问卷填答完毕后，就能据此确定每位参加者对职业、专业领域、交往的人物类型等的喜恶倾向，为每人与各种不同职业中成功人物的兴趣进行比较提供依据。

（3）一份"奥尔波特-弗农-林赛价值观问卷"。此问卷中列有多种相互矛盾的价值观，每人需对之做出 45 种选择，从而测定这些参加者对多种不同的关于理论、经济、美学、社会、政治及宗教价值观接受和同意的相对强度。

（4）一篇 24 小时活动日记。参加者要把一个工作日及一个非工作日全天的活动如实而无遗漏地记下来，用来对照其他来源所获同类信息，看它们是否一致或相反。

（5）对另两位"重要人物"（指跟他们的关系对自己有较重要意义的人）的访谈记录。每位参加者要对自己的配偶、朋友、亲戚、同事或其他重要人物中的两个人，就自己的情况提出一些问题，看看这些旁观者对自己的看法。这两次访谈过程需要录音。

（6）生活方式描述。每位参加者都要用文字、照片、录像或其他手段，把自己的生活方式描绘一番。

这门课程的关键之处在于所用的方法是归纳式的而非演绎式的。一开始就让每位参加者总结出有关自己的新资料，而不是先从某些一般规律去推导每人的具体情况。这个过程是从具体到一般，而不是从一般到具体。参加者观察和分析了自己总结出的资料，才能从中认识到一些一般性规律。他们先得把 6 种活动所得资料一份一份地分批研究，分别得出初步结论，再把 6 种活动所得资料合为一体，进行综合分析研究。

每位参加者做好了自我评估后，部门经理要逐一采访参加此课程的下级，听取他们汇报自己选定的职业发展目标，并记录下来，还要写出目前在其部门供职的这些人的情况与职位。这些信息便可供高层领导用来制定总体人力资源规划，确定所要求的技能，并拟定一个时间进度表。当公司未来需要的预测结果与每位参加者所制定的职业发展目标对照后相符时，部门经理就可据此帮助其部下绘制出自己在本公司内发展升迁的路径图，标明每一升迁前应接受的培训或应增加的经历。每位参加者的职业发展目标还得和绩效目标与要求结合起来，供将来绩效考评时用。部门经理要监测其部下在职业发展方面的进展，作为考核活动的一部分，并需要负责为他们提供尽可能的帮助与支持。

资料来源　佚名．HP公司员工的职业生涯管理［EB/OL］．（2015-09-10）［2024-12-11］. https：//wenku.baidu.com/view/bb6092f027d3240c8447efae.html.

这一引例表明：员工的职业生涯管理是和员工培训与开发工作密切相关的，也是非常重要的工作，企业必须根据企业发展的需要以及员工的需求设计合理的培训项目，并帮助员工制定合理的职业生涯规划。

10.1 员工职业发展规划概述

10.1.1 员工职业发展规划的基本概念

1）与员工职业发展规划相关的基本概念

（1）职业。关于职业的概念，专家有不同的叙述，比较典型的有以下几种：

美国社会学家赛尔兹认为，职业是一个人为了不断取得个人收入而从事的具有市场价值的特殊活动。

日本社会学家尾高邦雄认为，职业是某种一定的社会分工或社会角色的持续的实现，因此职业包括工作、工作的场所和地位。

日本劳动问题专家保谷六郎认为，职业是有劳动能力的人为了生活需要而发挥个人能力、为社会做贡献的连续活动。

美国学者泰勒在其著作《职业社会学》中指出，职业的社会学概念，可以解释为一套成为特殊的与工作经验有关的人群关系。

本教材选用以下这个概念：所谓的职业，就是人们从事的相对稳定的、有收入的、专门类别的工作，是对人们的生活方式、经济状况、文化水平、行为模式、思想情操的综合性反映，也是一个人的权利、义务、职责，从而也是一个人社会地位的一般特征。

综上，我们可以从四个方面理解职业的内涵：①职业是社会分工体系中劳动者所获得的一种劳动角色；②职业是一种社会性的活动；③职业具有连续性和稳定性；④职业具有经济性。

（2）职业生涯。职业生涯指一个人一生中职业工作经历的总和，其限定于个人直接从事职业工作的这段生命时光，起始于任职前的职业学习和培训。职业生涯是个人的行为经历，而非群体或组织的行为经历，是个人的工作任职经历或历程，是一个从任职前的职业学习和培训到完全脱离职业的时间概念，因此职业生涯不仅表示职业工作时间的长短，还包括职业发展、变更的经历和过程，包括从事任何职业、职业发展的阶段、由一种职业到另一种职业转换等具体内容。

职业生涯可分为内职业生涯与外职业生涯。内职业生涯指在职业生涯发展过程中通过提升自身素质与职业技能而获取的个人综合能力、社会地位及荣誉的总和，是别人无法替代和窃取的人生财富。外职业生涯指在职业生涯发展过程中所经历的职业角色（职位）及获取的物质财富的总和，是依赖于内职业生涯的发展而增长的。

（3）职业生涯发展。职业生涯发展简称职业发展，指个体经过努力，遵循一定的道路或途径，不断地制定和实施新的职业目标，逐步实现其职业生涯目标的过程。职业生涯发展是员工在自己职业理想的追求中，所发展和经历的一系列不同阶段而构成的整体过程，员工和组织在每个阶段都有不同的开发任务、开发关系和开发活动内容。它实质上是在个人和组织共同作用下，员工个人追求理想和抱负，在职业生涯中不断进步，提升个人地位和价值，获得事业发展与成功的相关活动内容。

（4）职业选择。职业选择是劳动者依照自己的职业期望和兴趣，凭借自身能力挑选职业，是自身能力素质与职业需求特征相符合的过程。在人的整个职业生涯中，职业选择是极其重要的环节，选择职业就是选择自己的将来。

2）员工职业发展规划

员工职业发展规划指一个人为实现期望、寻求理想的职业发展途径，有意识地思考和列出自己期望所从事职业的目标，并在此基础上，进一步设计、不断丰富和发展自我的职业知识、能力和技术结构的一系列活动与步骤，以努力开发自身潜质的行为和过程。

根据定义，职业发展规划首先要对个人特点进行分析，再对所在组织环境和社会环境进行分析，然后根据分析结果确立一个人的事业奋斗目标，选择实现这一事业目标的职业，制订相应的工作、教育和培训的行动计划，并对每一步骤的时间、顺序和方向做出合理的安排。

员工职业发展规划包括的内容有：认识和提出自己的职业发展目标，规划自己与职业有关的活动；自我洞察和判断，认识自身的兴趣、能力和性格，寻找适合自己的职业种类；认清来自各方面的职业限制性因素，发现目前状况与职业发展或职业理想之间的差距；设计个人发展方案，探求其可行性和成功概率，做出相应选择；根据职业发展的要求，拟订自身的教育培养计划和工作计划，不断完善自我。

⇒ 小思考10-1

巴菲特的职业规划

世界头号投资大师巴菲特，小时候是一个内向而敏感的孩子。无论是读书成绩还是在生活中，巴菲特的表现与一般孩子毫无区别，甚至还不如。许多人都嘲笑巴菲特行动、思维缓慢，但巴菲特将这一弱点转化为自己最大的优点——耐心；他还发现自己对数字有天生的敏感，并对其充满了兴趣。

在27岁之前，巴菲特尝试过无数的工作，做销售、充当法律顾问、管理一家小厂，但最终他结合自己的优点——耐心、对数字敏感，将自己的职业发展转向成为一名投资人。在明确的职业生涯规划引导下，巴菲特拒绝许多外来的诱惑，也承受住许多压力，坚定不移地按照自己的职业发展道路前进，最终取得一番惊人成就。巴菲特成功的经验是什么？

　　答：巴菲特能根据自己的性格、能力等确定目标并坚持自己选择的职业发展道路，所以他后来成功了。

10.1.2　员工职业发展规划的分类及原则

1）职业生涯规划的分类

职业生涯规划按照时间的长短来分类，可分为人生规划、长期规划、中期规划与短期规划四种类型：

人生规划是整个人一生的职业生涯的规划，时间长至40年左右，设定整个人生的发展目标。如刚进入社会的大学生规划成为一个有数亿元资产的公司董事长等。

长期规划是5～10年的规划，主要设定较长远的目标。如刚入社会的大学生规划30岁时成为一家中型公司的部门经理，30多岁已有一定经验的中型公司的部门经理规划40岁时成为一家大型公司副总经理等。

中期规划一般是2～5年内的目标与任务。如规划在2～5年内到不同业务部门做经理，规划从大型公司部门经理到小公司做总经理等。

短期规划是2年以内的规划，主要是确定近期目标，规划近期完成的任务。如对专业知识的学习，2年内掌握哪些内容等。

2）职业生涯规划的原则

（1）树立正确的就业和择业观。一个人不是孤立存在的，要有一定的社会责任感，所以在就业和择业时不仅要考虑个人发展的需要，也要考虑企业发展和社会发展的实际需要，通过自身的努力为社会贡献一份力量。另外，每种职业都体现了社会分工的细化，各种职业没有高低贵贱，只是分工不同。

（2）实事求是地进行自我认识和评价。自我认识和评价是对自己做出全面的分析，主要包括对个人的需求、能力、兴趣、性格等的分析，以确定什么样的职业比较适合自己和自己具备哪些能力。实事求是的自我认识和评价是成功制定职业生涯规划的基础。

（3）与工作适应性相结合。一个人在工作中有自身的需要，如需要成就感和安全感等，还必须具备相关的技能以胜任自己的工作，同时，环境对个人提出要求，并且满足个人以强化热情。个人与环境相匹配，不仅使个人满意，也使公司满意，进而出现在职、晋升、调动等多种可能。

（4）切实可行。根据自身的知识以及工作技能，并充分考虑环境因素制定切实可行的职业目标。

（5）与企业目标协调一致。员工是借助于企业而实现自己的职业目标的，其职业规划必须在为企业目标而奋斗的过程中实现。离开企业目标，便没有个人的职业发展。所以，员工在制定自己的规划时，应该积极主动地与企业沟通，获得企业的指导和帮助。

10.2　组织与个人发展信息

10.2.1　组织的职业管理

微课 10-2

职业锚与职
业生涯规划

在广大员工希望得到不断成长、发展的强烈要求推动下，企业人力资源管理部门为了了解员工个人的特点，了解他们成长和发展的方向及兴趣，不断地增强他们的满意感，并使他们能与企业组织的发展和需要统一协调起来，而制订与组织需求和发展相结合的有关员工个人成长、发展计划，我们把它称为员工职业生涯管理。

组织的职业开发活动称为职业管理，即从组织角度对员工从事的职业所进行的一系列计划、组织、领导和控制等管理活动，以实现组织目标和个人发展的有机结合。对这一概念，需要明确以下几点：第一，职业管理的主体是组织；第二，职业管理的客体是组织内的员工及其所从事的职业；第三，职业管理是一个动态的过程；第四，职业管理是将组织目标与员工个人职业抱负和发展融为一体的管理活动，谋求组织和个人的共同发展，也是促使其得以实现的重要方式、手段和路径。

职业管理是组织进行的一种持续的正规化的努力，它的重点是根据员工与组织双方的需要开发和丰富组织的人力资源。组织是一个实体，对激发和确保职业发展的实施负主要责任。组织的责任是开发并在组织内部向员工通告职业选择权。组织应该慎重地对有关员工实现其职业目标的道路提出建议。一般来说，当新的工作岗位设立、旧的岗位取消时，人力资源部工作人员一直有最新的工作信息。通过在工作中与员工和其管理者的紧密联系，人力资源部工作人员应该看到准确的信息已经被传达下去，不同的职业道路引导之间的相互关系已经被员工理解。因此，组织的主要责任不是准备个人职业计划，而是应该改善条件并创造一种便于员工个人职业计划开发的环境。

从组织的观点来看，职业发展能够降低员工流动带来的成本。如果企业帮助员工制订职业计划，这些计划与组织紧密相连，那么员工离开组织的可能性就小。组织热心于员工的职业发展同样能鼓舞员工的士气，提高生产效率，并帮助组织变得更有效率。

从组织的观点来看，职业发展有三个主要作用：

（1）及时地满足组织近期和未来对人力资源的需要。

（2）更好地让员工了解组织内潜在的职业道路。

（3）通过把选择、安排、开发以及管理个人的职业活动与组织计划结合起来，从而更充分地利用现有的人力资源。

10.2.2　个人职业生涯规划

1）个人职业生涯规划的内涵

企业组织中的绝大多数员工，其中包括受过良好教育的员工，都有从自己现在和未来的工作中得到成长、发展与获得满意成就的强烈愿望和要求。为了实现这种愿望和要求，他们不断地追求理想的职业，根据个人的特点、企业发展的需要和社会发展的需要，制定自己的职业规划，我们把它称为个人职业生涯规划。

个人职业生涯规划是个人对自己一生职业发展道路的设想和规划，它包括选择什么职业、在什么地区和什么单位从事这种职业，以及在这个职业队伍中担负什么职务等内容。一般来说，个人希望从职业生涯的经历中不断得到成长和发展。个人通过职业生涯规划，可以使自己一生的职业有个方向，从而努力地朝着这个方向，充分地发挥自己的潜能，使自己走向成功。

个人职业开发活动称为员工职业计划，即确定职业目标并采取行动实现职业目标的过程。组织内的成员都有从现在和未来的工作中得到成长、发展与获得满意成就的强烈愿望和要求。为了实现这种愿望和要求，需要有一个实现目标的途径，制订自己的成长、发展和满意的计划，这个计划就是个人的职业计划。

制订职业计划的主要责任在于员工个人，只有员工个人才知道自己在职业生涯中真正想得到什么，而这些愿望当然也会因人而异。

开发职业计划需要员工自觉的努力，这是一项艰苦的工作。虽然员工可能深信，开发一个完好的职业计划将是自己最大的兴趣，但是抽出时间专门开发这样一个计划常常又是另外一回事。组织可以通过委派训练有素的专家去帮助、鼓励和指导员工，在这类计划上，每个季度花几个小时的工作时间，就能很好地完成。

2）制定职业生涯规划的步骤

（1）自我评估。自我评估是对自己做出全面的分析，主要包括对个人的需求、能力、兴趣、性格等的分析，以确定什么样的职业比较适合自己和自己具备哪些能力。

（2）组织与社会环境分析。组织与社会环境分析是对自己所处环境的分析，以确定自己是否适应组织和社会环境的变化以及怎样来调整自己以适应组织和社会的需要。短期的规划比较注重组织环境的分析，长期的规划要更多地注重社会环境的分析。

（3）职业生涯机会的评估。职业生涯机会的评估包括对长期的机会和短期的机会的评估。通过对社会环境的分析，结合本人的具体情况，评估有哪些长期的发展机会；通过对组织环境的分析，评估组织内有哪些短期的发展机会。通过职业生涯机会的评估可以确定职业和职业发展目标。

（4）职业生涯目标的确定。职业生涯目标的确定包括人生目标、长期目标、中期目标与短期目标的确定，它们分别与人生规划、长期规划、中期规划和短期规划相对应。一般来说，我们首先要根据个人的专业、性格、气质和价值观以及社会的发展趋势确定自己的人生目标和长期目标，然后把人生目标和长期目标进行分化，根据个人的经历和所处的组织与社会环境制定相应的中期目标和短期目标。

（5）制订行动方案。在确定以上各种类型的职业生涯目标后，就要制订相应的行动方案来实现它们，把目标转化成具体的方案和措施。这一过程中比较重要的行动方案有职业生涯发展路线的选择、职业的选择和相应的教育与培训计划的制订。

（6）评估与反馈。在人生的发展阶段，由于社会环境的巨大变化和一些不确定因素的存在，会使我们原来制定的职业生涯目标和规划与现在的有所偏差，这时需要对原来的职业生涯目标与规划进行评估和做出适当的调整，以更好地符合自身和社会发展的需要。职业生涯规划的评估与反馈过程是个人对自己不断认识的过程，也是个人对社会的不断认识的过程，是使职业生涯规划更加有效的有力手段。

◆◆◆■➤ **案例分析10-1**

凯西的职业生涯规划

凯西，26岁，是一家大型通信公司的运营经理，手下有15位负责网络运营的部属，年薪为5.4万美元。这的确是一份好工作，权责大、潜力无穷，还有一份对26岁的年轻人来说非常优越的待遇，她是如何胜任的呢？从学校取得文科学位后，凯西进入一家知名的包裹快递公司，担任初级的管理职位。当薪资与权责的成长明显受限时，她开始探索其他可能性。很快，凯西了解到，如果想要得到自己真正想要的工作，就必须进一步提高专业能力。凯西开始在当地商贸学校进修会计及经济学的夜间课程。因为雇主不提供学费补助，于是她自付学费。后来，她以优异的成绩申请到在职进修企管硕士的课程。因为包裹快递公司的工作时间改变，使她无法继续上夜间的课程，所以凯西决定辞掉当时年薪1.8万美元的工作，并借助学贷款全心全意展开她的企管硕士进修计划。凯西决定主修营销。在选修的一门课中，她和两位同学为当地一家电话公司进行密集的市场研究，以便制订出长途电话预付卡的营销方案。在25岁获得企管硕士学位后，凯西却很难找到工作，因为相比其他人，她实在太年轻了。但她坚持不懈，凭着学历与实务经验（来自为电话公司进行的市场研究）两者兼具的优势，终于找到了新雇主——一家大型区域通信公司。

资料来源　佚名．职业生涯规划案例分析［EB/OL］．（2014-10-26）［2023-12-16］．https：//wenda.so.com/q/1477227800727644.

问题：（1）凯西是如何对职业进行探索的？

（2）她是如何实施自己的整个职业生涯规划的？

（3）你认为凯西之所以能够取得现在这个令很多人羡慕的职位和薪资最重要的因素是什么？

分析提示：凯西的成功之处在于她清楚认识到了自己的职业发展目标并制定了可行的职业发展路径。

10.3　职业生涯管理

职业生涯管理指组织管理部门根据组织发展和组织人力资源规划的需要，根据员工自身的特点以及岗位特征进行评价，并帮助员工具体设计个人合理的职业生涯发展规划，为员工提供适当的教育、培训、轮岗和提升等发展机会，协助员工实现职业生涯发展目标的管理过程。

职业生涯管理是一项系统工程，应该与企业各项总体业务目标结合在一起，应该同其他人力资源管理活动结合在一起，如职业生涯管理与业绩考核、招聘、提升、转岗等人力资源管理活动联系密切。

10.3.1　组织规划与员工开发

组织利用培训和开发为员工职业发展提供支持。由于产业结构的变化直接引起就业结构的变化，使得传统的就业岗位越来越少，而技术性、信息性、智力性的就业岗位逐渐增多，因此对员工的专业知识和技术更新提出了发展要求。

1）职业生涯管理内容

一个企业组织如果不了解员工的职业兴趣和他们自我成长与发展的方向和要求，也就无法合理地指导员工进行职业兴趣的开发和自我成长与发展，也就无法培养企业人才，而通过职业生涯管理可以达到组织人力资源需求与个人职业生涯需求之间的平衡，从而创造一个高效率的工作环境和引人、育人、留人的企业气氛。一般来说，完整的职业生涯管理能够体现两个方面的要求：一是员工个人职业发展的要求；二是组织发展的要求。职业生涯管理是一个复杂的过程，按照管理方式，职业生涯管理包括以下工作内容：

（1）个人对其能力、兴趣及职业目标进行评价。各种各样的自我评价材料可以通过商业渠道获得，也可以采用组织制订的表格和培训方案获得，还可以采用一些心理测试的形式获得。个人的自我评价可以不必受到当前的资源与能力的限制，职业生涯管理一般要求个人获得进一步的培训以及技巧，但是这种评价应立足现实。员工个人评价的好坏受到员工的知识水平和所了解信息的限制，可能会出现自我估计不足的情况，这时需要组织为员工提供必要的帮助，可以提供关于如何进行自我评价的材料，为员工制定一些有针对性的评价方法，协助员工做好自我评价工作，但是绝对不能替代员工。

知识链接 10-1

自我评价方法——橱窗分析法

橱窗分析法是进行自我剖析的重要方法之一。心理学家把对自我的了解比喻成一个橱窗。为了便于理解，可以把橱窗放在一个直角坐标中加以分析。坐标的横轴正向表示别人知道，负向表示别人不知道；纵轴正向表示自己知道，负向表示自己不知道（如图10-1所示）。

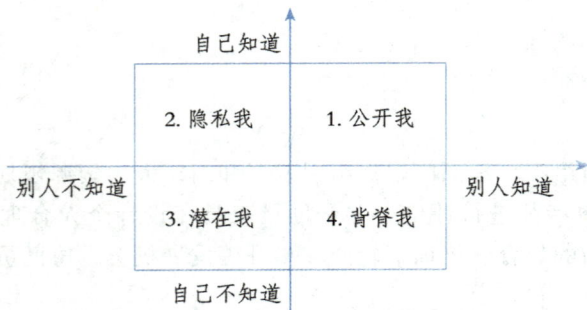

图10-1 橱窗分析法坐标图

图 10-1 明显地把自我分成了四部分，即四个橱窗。

橱窗 1 为"公开我"，这是自己知道、别人也知道，属于个人展现在外、无所隐藏的部分。

橱窗 2 为"隐私我"，这是自己知道、别人不知道，属于个人内在的隐私和秘密的部分。

　　橱窗3为"潜在我"，这是自己不知道、别人也不知道的部分，是有待进一步开发的部分。

　　橱窗4为"背脊我"，这是自己不知道、别人知道的部分，就像自己的背部一样，自己看不到，别人却看得很清楚。

　　在进行自我剖析时，重点是了解橱窗3"潜在我"和橱窗4"背脊我"这两部分。

　　"潜在我"是影响一个人未来发展的重要因素，因为每个人都有很大的潜能。许多研究都表明，人类平常只发挥了极小部分的大脑功能，如果一个人能够发挥一般的大脑功能，将轻易地学会40种语言，背诵整套百科全书。著名心理学家奥托指出，一个人所发挥出来的能力，只占他全部能力的4%。控制论的奠基人N.维纳指出，可以有把握地说，每个人即使他是做出了辉煌成就的人，在他的一生中利用自己的大脑潜能还不到百亿分之一。由此可见，认识与了解潜在的我，是自我剖析的重要内容之一。

　　"背脊我"是准确对自己进行评价的重要方面。如果你诚恳地、真心实意地对待他人的意见和看法，就不难了解"背脊我"。当然，这需要开阔的胸怀、正确的态度和有则改之、无则加勉的精神，否则就很难听到别人的真实评价。记住，认识自己的3个途径：第一，在和别人的比较中认识自我；第二，从别人的评价中认识自我；第三，从自己的实践中认识自我。

　　(2) 组织对个人的能力和潜能进行评价。组织能否正确评价每个员工的能力和潜能是组织职业生涯管理成败的关键。组织对个人的能力和潜能进行评价可以采用几种信息来源的信息。传统上，经常采用的信息来源的信息是通过绩效评价方法获得的，还可以采用的信息来源的信息是通过职业测验和职业鉴定的方法获得的，以及采用其他信息来源获得的信息。职业测验指运用适宜的、有效的测量工具（各种心理测验、体能测验等）对寻求指导的个体的职业素质进行评价的过程。职业鉴定指对测量数据进行综合分析，并做出职业适应性判断的过程。其他的信息来源包括学历以及以前的工作经历等记录。一般来说，评价要尽量利用尽可能多的信息来源做出判断。组织对员工个人的评价应该由人力资源部门的人员与员工的直接管理者共同实施，员工的直接管理者担任辅助者。

　　(3) 职业信息的传递。为了确立现实的职业目标，员工必须知道可以获得的职业选择和发展机会，并获得组织内有关职业选择、职业变动和空缺工作岗位等方面的信息。同时，组织为了使员工的个人职业发展目标定得实际并有助于实现，需要及时为员工提供有关组织发展和员工个人的信息，包括职位升迁机会与条件限制、工作绩效评估结果、训练机会等信息，增进员工对组织的了解，帮助员工了解自己的职业发展通道。组织可以通过企业内部报刊、局域网、公告或口头传达等方式传递相关的职业信息，也可以与员工共同制订人力资源计划预测。

　　(4) 职业咨询和指导。职业咨询指整合职业计划过程中各个步骤的活动。职业咨询可以由员工的直接管理者也可以由人力资源专家或二者一起来实施。一般情况下，二者结合效果会更好。员工的直接管理者和人力资源专家应该关心每个员工职业的需求和目标的可行性，并给予他们各方面的咨询，使每个员工的职业计划目标切实可行，并得以实现。对咨询人员来说，要搞好咨询或指导，能切实地了解并正确地从各方面的信息资料分析中对员工的能力和潜能做出正确的评价是必要的，并在此基础上对他们的职业发展目标实现的道路或途径提出建议或指导。擅长人际关系的管理者当职业顾问是成功的。另外，对成功的咨询人员来说，培养对员工及其职业的关心态度非常重要，还要擅长倾听员工的忧虑及其面临的问题。

（5）员工职业发展设计。员工职业发展设计是对员工可能的各种职业发展途径所做的安排，是职业生涯管理最核心的内容。例如，为了锻炼员工各方面的工作能力，制订员工职位的轮换计划和培训计划；为了直接实现员工职业的发展，制订员工的提升计划等。通过员工职业发展设计可以帮助员工实现对个人创造力和职业扩展的期望，促进形成个人必需的能力，这符合组织和员工的共同利益。

员工职业生涯规划是由员工、企业共同设计的一个整体，企业的职责主要是明确职业发展矩阵，提供发展空间并给予培训支持；员工所在部门经理和直接主管主要辅助员工制订发展计划和培训计划。尊重员工、尊重员工选择的发展方向、协助员工发展是企业进行员工职业生涯规划时应该恪守的信条。只有企业员工的卓越发展，才有企业目标的实现。员工职业生涯规划的最终目的就是要通过帮助员工确定个人职业发展目标，提供员工在工作中提高职业素质的机会，实现企业的持续发展，达到企业目标，使员工个人发展目标与企业发展目标协调一致，建立企业与员工双赢的关系，进而结成利益乃至命运共同体。

2）制定员工职业生涯发展规划的方法

（1）建立员工职业发展的信息与预测系统。在建立人力资源信息系统的同时，应该建立有关职业发展的信息与预测系统。职业发展的信息与预测系统的内容包括职业的性质、职业在社会中的地位和发展方向、从事该职业必备的资格条件、职业的收入水平、职业生涯发展要求的知识结构与素质、职业晋升通道等。

（2）提供职业咨询。组织提供适当的指导和咨询，职业咨询的内容包括：帮助员工分析自身的特性、长处和短处；帮助员工学习职业生涯发展的知识，使其能够更积极地管理职业生涯；提供组织内外部的可选择的职业；帮助员工克服职业发展中的各种问题。

（3）制定职业生涯通路。职业生涯通路是对前后相继的工作岗位和经验所做的客观描述，表现为在一种职业中个人发展的一般路线或理想路线。它建立在将职业角色放在一个不断变化和发展状态的基础上，为员工的能力拓展提供各种机会。

（4）向员工开放工作岗位。将组织内每个工作岗位的信息向员工开放，要求员工或求职者根据自己的条件和职业期望选择适当的岗位，使工作建立在自愿的基础上。

（5）制订教育、培训计划。组织将针对员工职业发展的要求和员工能力与素质的缺陷，进行有计划的教育和培训。

（6）强调职业自我管理。职业自我管理能力是一种跟上组织以及所在行业变化的速度并对未来做好准备的能力。这个概念强调个人不断学习的需要。因为今天还存在的工作可能明天就发生变化了，或者完全消失了。组织强调员工职业自我管理，可以得到具备高超技能及高度灵活性的员工，并为组织保留这些员工。

（7）职业道路引导。职业道路引导是一种表明在组织内从一种职位发展到另外一种职位的具体途径，可定义为一系列包括正式的与非正式的教育、培训以及工作经验的开发活动，这些开发活动有助于员工获得从事更高一级职位所需要的知识和技能等。几乎所有组织的职业道路引导都是以非正式形式存在的，但是如果给职业道路引导以正式的定义和记录，将是非常有用的。

职业道路引导的基本步骤：

第一步：确定或再次确认目标职位所需要的能力及最终行为。

第二步：保证员工背景资料的准确性与完整性，并进行再检查。

第三步：进行需求分析，共同考查员工个人及其目标职位。

第四步：将员工的职业期望、发展需要及目标职位要求与组织的职业管理协调起来。

第五步：采用时间-活动定位，开发员工培训工作及教育需要。

第六步：制订职业道路蓝图活动的计划。

3）个人发展计划与培训项目的制订

设计好了员工的职业生涯体系，还需要以相应个人与企业的培训计划作为辅助。确保员工能得到长期的保护与培养，给每个员工提供不断成长、挖掘个人潜力并建立职业成功的机会，让员工能争取发挥全部潜力，这也是企业人力资源管理部门的另一个重要任务。

（1）个人发展计划。企业虽然给每个员工一个发展的空间，但对职业发展负主要责任的仍然是员工自己。员工可以根据自身的素质特征，结合个人的价值取向和兴趣爱好，并考虑职业市场的现状和发展趋势，设计符合个人实际的、合理的职业发展目标及实施计划。个人发展计划主要由每个员工与其上级一起根据个人的发展需要而制订。企业可以建立职业发展辅导的导师制度，上层的直接主管或资深员工可以成为员工的职业发展导师。职业发展导师在新员工进入企业试用期结束后，与新员工沟通交流，必要的时候还可以使用测评工具对新员工进行个人特长、技能评估和职业倾向调查，帮助新员工根据自己的情况，如职业兴趣、资质、技能、个人背景等明确职业发展意向、设立未来职业目标、制定发展计划表。个人发展计划是针对每个个体而言的，员工在制订个人发展计划时可以结合企业以及部门的计划目标。员工职业生涯规划表示例，见表10-1。

（2）培训项目。员工勤奋工作除了可以获得薪金、享有福利以外，更可以得到企业适时提供的大量培训和发展机会。设置培训项目的宗旨：为了提升企业全员的素质，适应企业不断向前发展的要求；为企业人力资源战略规划与发展提供有力的支持；充实员工的专业知识和岗位技能，提高工作质量和绩效；构建符合企业策略和发展方向的培训体系，形成"学习型组织"，提升企业整体的绩效及竞争力。整体培训项目的统筹规划、组织协调、具体实施和控制等工作由人力资源管理部门主要负责。其他各部门经理及相关人员负责协助人力资源管理部门进行培训的实施、控制，并同时负责组织部门内部的培训。培训项目一般主要包括：

表10-1   员工职业生涯规划表

填表日期：   年 月 日   填表人：

姓名：	年龄：	部门：	岗位名称：

教育状况	最高学历：	毕业时间： 年 月	毕业学校：
	已涉足的主要领域：		

参加过的培训	1.	5.
	2.	6.
	3.	7.
	4.	8.

目前具备的技能/能力	技能/能力的类型	证书/简要介绍此技能/能力

其他单位工作经历简介

单位	部门	职务	对此工作满意的地方	对此工作不满意的地方
1				
2				
3				

你认为自己最重要的三种需要是：

□弹性的工作时间   □成为管理者   □报酬   □独立   □稳定   □休闲
□和家人在一起的时间   □挑战   □成为专家   □创造

请详细介绍一下自己的专长

结合自己的需要和专长，你对目前的工作是否感兴趣，请详细介绍一下原因

请详细介绍自己希望选择哪条晋升通道（或组合）

请详细介绍自己的短期、中期和长期职业规划设想

①新员工培训。新员工培训指对新入职的员工进行的培训，主要内容包括企业文化、组织结构、基本产品知识、相关人事制度以及职业发展教育等方面。

②部门培训。部门培训包括部门内部培训和部门交叉培训。前者指各部门根据实际工作需要，利用内部培训资源对部门内员工开展的有关业务知识和岗位技能培训以及经验的交流与分享等；后者指利用企业内部培训资源，在相关业务部门之间开展与工作内容相关的知识、技能等的交流培训。部门培训人员可以由企业内部在某些特定领域方面有专长、具备一定讲解能力的员工来担当。

③外部培训。为开拓思维，触发灵感，进一步提高管理水平和业务能力，还可以进行外部培训。外部培训包括通用类和专业类两种。前者指利用外部培训资源组织开展的全员适用的通用类知识、技能和态度等培训；后者指利用外部培训资源开展的与业务、技术等相关的知识和技能等培训的专业交流会。

4）员工开发

员工开发的类型包括社会型人力资源开发、企业型人力资源开发和自我型人力资源开发。员工开发的方法有正规教育项目、评价法、工作实践及开发性人际关系的建立等几种。

（1）正规教育项目是企业专门为员工设计的脱产和在职培训计划，如由咨询公司和专家提供的短期课程、在职 MBA 计划以及住校学习的大学课程计划及其实践过程。

（2）评价法是收集关于员工的行为、沟通方式及技能等方面信息，然后向其提供反馈过程，使其明确自己的气质、性格类型及能力结构特点。评价法通常用来衡量员工的管理潜能及评价现任管理人员的强项和弱项，还可以用来确认经理人员的晋升潜能。

（3）工作实践的主要对象是高级经理和其他管理人员，要求他们指出在职业生涯中哪些关键事件使得自己的管理风格与众不同，从中总结出经验教训。常见的开发途径有扩大现有工作内容、工作轮换、工作调动、晋升、降级以及临时安排其他工作等。

（4）开发性人际关系的建立是通过与组织中更富有经验的员工之间的互动来开发自身技能，以及增加对企业和客户的认识，主要有导师指导和教练辅导两种方式。导师是一个经验丰富、卓有成效的高级员工，他通过为受助者提供职业支持和心理支持，帮助一个缺乏工作经验的人进行技能开发。教练就是同员工一起工作的同事或经理。教练可以鼓励员工，帮助其开发技能，并能提供激励和反馈。教练可以扮演两种角色：一种角色是为员工提供一对一的训练并进行反馈；另一种角色是帮助员工学习，包括协助他们找到专家并指导他们如何从他人那里获得信息反馈，以及向员工提供资源。员工能力开发需求表示例，见表10-2。

表10-2

员工能力开发需求表

填表日期：　　　　　　　　　　　年　　月　　日

| 姓名： | 所在部门： | | | | | 岗位名称： |

所承担的工作	自我评价			上级评价			上级评价的事实依据
	完全胜任	胜任	不能胜任	完全胜任	胜任	不能胜任	
1							
2							
3							

我对工作的希望和想法	目前实施的结果如何
1. 2. 3.	1. 2. 3.

达到目标所需的知识和技能
1. 2. 3.

需要掌握但目前尚欠缺的知识和技能	所需培训的课程名称
1. 2. 3.	1. 2. 3.

通过培训已掌握的知识和技能	已培训的课程名称
1. 2. 3.	1. 2. 3.

对培训实施效果的意见

需要公司提供的非培训方面的支持	上级意见及依据

⬛⬛⬛▶ 知识链接 10-2

个人职业兴趣与职业的关系

霍兰德认为，个人职业兴趣特性与职业之间应有一种内在的对应关系。根据兴趣的不同，人格可分为研究型（I）、艺术型（A）、社会型（S）、企业型（E）、常规型（C）、现实型（R）六个维度，每个人的性格都是这六个维度的不同程度组合。个人职业兴趣特性与职业之间的关系，见表10-3。

表10-3　　　　　　　　　　　个人职业兴趣特性与职业之间的关系

职业兴趣类型	共同特性	典型职业
社会型（S）	喜欢与人交往，不断结交新的朋友，善言谈，愿意教导别人。关心社会问题，渴望发挥自己的社会作用。寻求广泛的人际关系，比较看重社会义务和社会道德	喜欢与人打交道的工作，能够不断结交新的朋友，适宜从事提供信息、启迪、帮助、培训、开发或治疗等事务性工作，并具备相应能力。如教育工作者（教师、教育行政人员），社会工作者（咨询人员、公关人员）
企业型（E）	追求权力、权威和物质财富，具有领导才能。喜欢竞争，敢冒风险，有野心、抱负。为人务实，习惯以利益得失、权利、地位、金钱等来衡量做事的价值，做事有较强的目的性	具备经营、管理、劝服、监督和领导才能，喜欢从事实现机构、政治、社会及经济目标的工作，并具备相应的能力。如项目经理、销售人员、营销管理人员、政府官员、企业领导、法官、律师
常规型（C）	尊重权威和规章制度，喜欢按计划办事，细心、有条理，习惯接受他人的指挥和领导，自己不谋求领导职务。喜欢关注实际和细节情况，通常较为谨慎和保守，缺乏创造性，不喜欢冒险和竞争，富有自我牺牲精神	注意细节、精确度，有系统、有条理，适宜从事具有记录、归档、据特定要求或程序组织数据和文字信息的职业，并具备相应能力。如秘书、办公室人员、记事员、会计、行政助理、图书馆管理员、出纳员、打字员、投资分析员
现实型（R）	愿意使用工具从事操作性工作，动手能力强，做事手脚灵活，动作协调。偏好于具体任务，不善言辞，做事保守，较为谦虚。缺乏社交能力，通常喜欢独立做事	喜欢使用工具、机器，需要基本操作技能的工作。对要求具备机械方面才能、体力或从事与物件、机器、工具、运动器材、植物、动物相关的职业有兴趣，并具备相应能力。如技术性职业（计算机硬件人员、制图员、机械装配工），技能性职业（木匠、厨师、技工、修理工、农民、一般劳动人员）
研究型（I）	思想家而非实干家，抽象思维能力强，求知欲强，肯动脑，善思考，不愿动手。喜欢独立的和富有创造性的工作。知识渊博，有学识才能，不善于领导他人。考虑问题理性，做事喜欢精确，喜欢逻辑分析和推理，不断探讨未知的领域	喜欢智力的、抽象的、分析的、独立的定向任务，适宜从事要求具备智力或分析才能，并将其用于观察、估测、衡量、形成理论、最终解决问题的工作，并具备相应的能力。如科学研究人员、教师、工程师、电脑编程人员、医生、系统分析员

续表

职业兴趣类型	共同特性	典型职业
艺术型（A）	有创造力，乐于创造新颖、与众不同的成果，渴望表现自己的个性，实现自身的价值。做事理想化，追求完美，不切实际。具有一定的艺术才能和个性。善于表达、怀旧、心态较为复杂	喜欢的工作要求具备艺术修养、创造力、表达能力和直觉，并将其用于语言、行为、声音、颜色和形式的审美、思索和感受，具备相应的能力。如艺术方面（演员、导演、艺术设计师、雕刻家、建筑师、摄影家、广告制作人），音乐方面（歌唱家、作曲家、乐队指挥），文学方面（小说家、诗人、剧作家）。不善于事务性工作

资料来源 编者根据百度百科"霍兰德职业兴趣测试"等相关资料整理。

案例分析 10-2

BN公司年轻员工职业生涯规划管理

BN物流运输公司是在雄安新区建设发展的大环境下，为雄安新区建设提供运输服务，经市委、市政府批准成立的国有企业。公司员工人数近50人，全日制本科学历占比90%以上，专业技术人员占总员工人数的45%，90后员工占比70%。公司立足企业发展，运用人力资源工具规划年轻员工职业生涯，取得了一定的成效。

1）打造与一流企业文化相匹配的职业规划团队和制度体系

为了打造与一流企业文化相匹配的人才环境，公司人力资源部负责组织制定完整的职业规划，包括职业定位、目标设定和通道设计等，并建立了系统的职业规划制度和职位体系，根据各岗位性质的不同，设置行政序列和专业序列职级。

2）健全不因年龄、职位限制的薪酬体系

建立奖罚分明的配套考核体系，对于业绩突出的个人给予奖励，晋升其职级和职位，使优秀员工持续、稳定发挥主观能动性，朝着自己的职业生涯目标发展。

3）优化培训系统，加强员工教育

加强员工教育，树立全方位的开发理念，开展各项以员工个人职业能力发展和职业进步为核心的、有计划的、综合的学习活动，将企业各种培训和开发活动同员工的职业生涯紧密结合。比如，企业定期邀请专业咨询公司、外聘培训讲师对员工进行答疑解惑，鼓励员工学习职业规划课，在企业网站、公众号树立职业规划比较成功的员工典型，让公司高层分享自己职场进阶的经验，激励员工针对自身不断调整目标，补齐短板，成长突破。

资料来源 陈汝婷. 国有企业年轻员工职业生涯规划管理研究——以河北省BN物流运输公司为例［J］. 办公室业务. 2022（12）.

问题：BN物流运输公司的员工职业生涯管理工作有何特点？

分析提示：将员工职业规划与职位体系、绩效考核、员工培训系统等有机结合。

10.3.2 职业发展通道

员工寻求发展的目标首先定位于组织内部存在的条件和机会，即成长通道。这里所谓的成长通道是员工进入企业后，在其已有的专业知识和技能特点的基础上，配合组织发展目标进行有计划的学习、培训和锻炼，使员工不仅在专业知识和技能方面，而且在职位和职级晋升方面可能获得进步与提高的一种组织机制。如果通道顺畅，员工就能随着组织的发展而不断获得成长和进步；如果通道阻塞，员工就可能把寻求发展的目光投向企业外部，这也就意味着辞职跳槽。解决此问题的关键在于如何使组织与员工的成长同步，帮助员工设计合适的职业生涯发展通道。

目前比较典型的职业发展通道模型有三种：纵向发展、横向发展和双重阶梯通道。

1）纵向发展通道

在职业发展体系里，纵向发展通道指传统的晋升道路，即行政级别的晋升。这在传统的晋升通道里，如出现职位空缺，内部招聘是企业的首选。企业所有的招聘信息都会在办公信息平台上优先向内部员工发布，对这些职位有兴趣的员工可以与部门经理沟通获得许可后向人力资源管理部提出申请，按照内部招聘流程经过笔试、面试等合格后步入新的工作岗位。企业在一定程度上执行竞争上岗制度，只有那些工作勤奋、表现出色、能力出众的员工才能优先获得晋升和发展的机会。

2）横向发展通道

在企业结构日趋扁平化的今天，传统行政级别的晋升毕竟涉及的人数较少，因此企业为了更大程度地调动员工的工作积极性，就要鼓励员工针对自己特长提出横向发展要求，发展自己的多重技能。因为员工的满足感不仅来自传统的行政级别晋升，还包括技术水平的提高、专业水平的提高、管理技能的提高等其他多个方面。横向发展包括扩大现有工作内容和工作轮换。扩大现有工作内容指在员工的现有工作中增加更多的挑战或更多的责任，比如安排执行特别的项目、在一个团队内部变换角色、探索为客户提供服务的新途径等。工作轮换指在企业里的几种不同职能领域中为员工做出一系列的工作安排，或者在某个单一的职能领域或部门中为员工提供在各种不同工作岗位之间流动的机会。

3）双重阶梯通道

非管理人员比重较大的企业一般采用双重阶梯的晋升路线，由于专业技术员工的特点是比较关注自己的技术技能，希望自己在技术领域能够发挥自身潜能并获得成功，因此为这类员工建立了双重阶梯的职业生涯路径，向他们提供与管理人员平等的职业发展机会。这样的设计不仅可以使专业技术员工感到被企业重视，提高其忠诚度，也可以使他们做到与岗位相互匹配，并且提高自身的创新能力和适应变化的能力。

双重阶梯的职业生涯路径模式设计了两条平等的晋升阶梯。在双重阶梯的职业生涯路径模式下，能够晋升到企业中高层职级的员工大大增多，避免了所有人都拥挤在管理通道上挤独木桥的情况，使各类型岗位上的员工都有了更多的发展机会。双重阶梯的发展标志是职级的上升，而不是行政级别的变更。职级的增长伴随着薪酬的提高，也伴随着责任的加大，工作任务的丰富化。企业鼓励有技术专长的员工持续努力地提高技术水平，在技术阶梯上发展，而有管理专长的技术岗位的员工，也可以选择通用阶梯，成为中高层管理人员。

　　人才梯队建设层面，需要实行多层级晋升通道，给予员工更多的晋升发展机会、更大的晋升发展空间，力争做到让每个员工都能在企业内部有适合自己的晋升通道，同时在这一通道内稳步晋升。例如，苏州某汽车电子有限公司职业发展晋升机制方面，除了设置多层级的晋升通道之外，还制定了员工职业生涯发展规划，让每个员工对于未来自己的晋升方向都有明确的认识，能够按照职业生涯发展规划稳步前进，确保职业发展的稳定性，增强员工的凝聚力以及向心力。公司建立员工发展的四个序列，分别为技术序列、营销序列、管理序列、技能序列。员工可以实现序列内的纵向晋升，同时公司会给员工提供序列间横向发展的机会，充分满足员工职业发展的全面需要，每个通道设计了六个层级。

◀◆◆▶▆▶ **案例分析10-3**

英信公司的双重职业发展通道

　　英信公司为员工提供管理和技术双重职业发展通道。员工可以根据自身特点，结合业务发展为自己设计切实可行的职业发展通道，并通过自身的不断努力，逐步实现职业发展规划（如图10-2所示）。

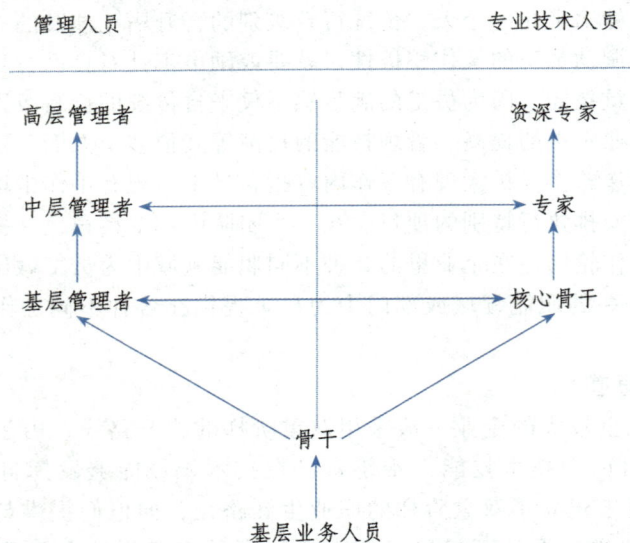

图10-2　英信公司的双重职业发展通道

　　英信公司任职资格体系建立了各级管理及专业技术职位的任职资格标准、任职资格认证流程以及任职资格的结果应用机制。通过任职资格标准的牵引、任职资格认证的推动以及培训平台的支持，不断帮助员工提升任职能力，使得员工逐步胜任更高级别的职级，从而实现员工职业发展的理想。

　　资料来源　编者根据相关资料整理。

问题：请评价英信公司的双重职业发展通道。

分析提示：该公司的双重职业发展通道可以使员工在充分考虑个人的兴趣、能力以及目标的基础上设计切合实际的职业生涯道路，同时公司有严格的任职资格体系，为员工的职业能力训练提供了保障和支持。

⫸⫸⫸ 小思考10-2

A公司大连分公司90后员工职业生涯管理如何改进

A公司的母公司注册于爱尔兰，是一家全球领先的专业性服务公司，帮助企业、政府和其他各界组织构建数字化核心能力、优化运营、加速营收增长、提升社会服务水平。

目前，A公司大连分公司针对90后员工的职业生涯管理仅有一个雏形，即根据公司和员工的实际情况，围绕员工素质测评、职业目标设定、职业发展培训等三个方面进行管理。

公司对90后员工的素质测评方式过于简单，通常是在每年年末进行一次员工谈话，简单问及员工近一年来的工作表现及困扰，由管理者进行简单记录，对话结束后没有后续更进一步的工作。

每年年末，公司会组织员工设计下一年度的员工职业发展规划，确定个人的职业发展目标。员工一般不会考虑自己的实际情况，也不会根据当前的职业情况，只是在公司的系统中简单介绍下一年的工作计划及目标。

公司的培训主要针对业务和语言方面，几乎没有设置针对90后员工的职业生涯管理方面，并且每年的培训次数也屈指可数。在培训方式上，公司主要采用聘请其他培训学校的老师进行集中授课的方式，其中绝大多数培训课程为线上授课。

资料来源 陶茜茜.A公司大连分公司90后员工职业生涯管理优化研究［D］.大连：东北财经大学，2023.

问题：该公司的90后员工职业生涯管理工作应如何改进？

答：应根据公司发展规划以及90后员工特点，结合公司实际情况，按照职业生涯管理的工作流程和工作内容有计划、有组织地开展各项工作。

10.3.3 促进员工职业生涯成功

1）什么是职业生涯成功

职业生涯成功是个人职业生涯追求目标的实现。职业生涯成功的含义因人而异，具有很强的相对性，对于同样的人在不同的人生阶段也有着不同的含义。每个人都可以，也应该对自己的职业生涯成功进行明确的界定，包括成功意味着什么，成功时发生的事和一定要拥有的东西，成功的时间，成功的范围，成功与健康、被承认的方式、想拥有的权势和社会的地位等。对有些人来讲，成功可能是一个抽象的、不能量化的概念，例如觉得愉快，在和谐的气氛中工作，有工作完成后的成就感和满足感。在职业生涯中，有的人追求职级晋升，有的人追求工作内容的丰富化。对于年轻员工来说，职业生涯的成功应使其在其工作上拥有满足感与成就感，而不是一味地追求快速晋升；在工作设计上，应设法扩大其工作内容，

微课10-3

促进员工
职业生涯
成功

使工作更具挑战性。

2）职业生涯成功的意义和方向

职业生涯成功能使人产生自我实现感，从而促进个人素质的提高和潜能的发挥。职业生涯成功与否，个人、家庭、企业、社会判定的标准都存在一定的差异。从现实来看，职业生涯成功的标准与方向具有明显的多样性。目前大家共识的有五种不同的职业生涯成功方向：

进取型——使其达到企业和系统的最高地位。

安全型——追求认可、工作安全、尊敬和成为"圈内人"。

自由型——在工作过程中得到最大的控制而不是被控制。

攀登型——得到刺激、挑战、冒险和"擦边"的机会。

平衡型——在工作、家庭关系和自我发展之间取得有意义的平衡，以使工作不至于变得太耗精力或太乏味。

3）职业生涯成功的标准和评价体系

（1）职业生涯成功的标准。职业生涯成功的标准也具有多样性。国外一些学者在对多种企业的经理和人事专家进行调查后，根据他们的自我意识，系统地阐述了四种职业生涯成功的标准：

一些人将成功定义为一种螺旋形的东西，不断上升和自我完善（攀登型）。

一些扎实的人需要长期的稳定和相应不变的工作认可（安全型）。

还有一些是暂时的——他们视成功为经历的多样性（自由型）。

直线型的人视成功为升入企业或职业较高阶层（进取型）。

学者们假设这些职业生涯观念来自个人的思维习惯、动机和决策类型，并成为指导人们进行长期职业生涯选择的根据。

职业生涯成功与家庭生活之间也有着非常密切的关系。个人与家庭发展遵循着并行发展的逻辑关系，职业生涯的每阶段都与家庭因素息息相关，或协调或冲突。职业生涯与家庭的责任之间的平衡，对于年轻雇员特别是女性雇员尤为重要。每个人在生命周期中都扮演着多种社会角色，"但我们作为子女、父母的角色是不可逆的。我们能放弃一项职业，却不能放弃这些角色。相反，我们要设法完成这些角色"。因此，家庭成员的意见对雇员的工作成效有重大影响。

要对职业生涯成功进行全面的评价，必须综合考虑个人、家庭、企业、社会等各方面的因素。有人认为职业生涯成功意味着个人才能的发挥以及为人类社会做出贡献，并认为职业生涯成功的评价标准可分为"自我认为"、"社会承认"和"历史判定"三个方面。对于企业管理人员来说，按照其人际关系范围，其职业生涯成功的评价标准可分为自我评价、家庭评价、企业评价和社会评价四个方面。如果一个人能在这四个方面都得到肯定的评价，则其职业生涯必定成功无疑。

（2）职业生涯成功的评价体系。职业生涯是否成功可以从员工本人、家庭成员、企业成员以及社会等方面进行评价，形成职业生涯成功的评价体系（见表10-4）。

表10-4 　　　　　　　　　　　　职业生涯成功的评价体系

评价方式	评价者	评价内容	评价标准
自我评价	员工本人	是否充分施展自己的才能 对自己在企业发展、社会进步中所做的贡献是否满意 对自己的职称、职务、工资待遇等方面的变化是否满意 对处理职业生涯发展与其他人生活动的关系的结果是否满意	根据个人的价值观念及个人的知识、水平、能力
家庭评价	父母、配偶、子女等家庭成员	是否能够理解和肯定 是否能够给予支持和帮助	根据家庭文化
企业评价	上级、平级、下级（企业成员）	是否有下级、平级同事的赞赏 是否有上级的肯定和表彰 是否有职称、职务的晋升或相同职务责权利范围的扩大 是否有工资待遇的提高	根据企业文化及其总体经营结果
社会评价	社会舆论、社会组织	是否有社会舆论的支持和好评 是否有社会组织的承认和奖励	根据社会文明程度、社会历史进程

　　由于职业生涯成功方向和标准的多样性，企业应根据员工的具体情况为其制定个性化的职业生涯开发与管理战略，这是对员工人格价值的尊重；同时，企业应根据自身的特点制定员工职业生涯开发与管理工作的战略目标和措施。通过两者之间的平衡，找到企业发展和个人发展之间的最佳结合点，促进企业和员工的共同发展。

价值引领

拓宽产业工人职业提升通道

　　产业工人是实施创新驱动发展战略、加快建设制造强国的骨干力量。目前，产业工人职业发展主要有两条路径：一是技能提升，通过解决技术难题、改进生产工艺、开展研发创新，从学徒工成长为技术骨干；二是管理晋升，产业工人具备一定工作经验和技能水平后，转向班组长等基层管理岗位，再随着管理能力的提升逐步走上中高层管理岗位。

　　如果缺乏职业规划，产业工人长期停留于低技能、重复性工作，将难以应对产业转型升级、智能化发展带来的就业冲击。健全产业工人的职业发展体系，既有助于增强产业工人的就业韧性，也有助于提升其就业安全感和社会地位。

　　理想的职业发展体系，除了薪酬和福利的合理设计，还要为产业工人提供在组织层级中向上攀登的机会、获得更高水平技能的受教育机会。

　　"向上"的安排为产业工人提供了清晰的晋升路径，产业工人有了明确的奋斗目标和方向，有助于激发其进取心和职业荣誉感；"横向"的安排打破了单一的职业发展路径，为产业工人开拓了更广阔的发展空间。

对于企业而言，为产业工人构建良好的职业发展体系，对内能够提升员工的积极性和忠诚度，为多层次人才队伍建设提供保障，对外能够树立良好的雇主形象，吸引更多优秀人才，形成用人的良性循环。

资料来源　曾诗阳. 拓宽产业工人职业提升通道［N］. 经济日报，2024-12-02.

▶ 基础训练

10.1　单项选择题

1）职业就是人们从事的相对稳定的、（　　）、专门类别的工作，是对人们的生活方式、经济状况、文化水平、行为模式、思想情操的综合性反映，也是一个人的权利、义务、职责，从而也是一个人社会地位的一般特征。

A.有价值的　　　　　　B.有责任的　　　　　　C.有收入的　　　　　　D.有贡献的

2）职业生涯指一个人一生中职业工作经历的总和，其限定于个人直接从事职业工作的这段生命时光，起始于（　　）的职业学习和培训。

A.大学时　　　　　　B.任职前　　　　　　C.任职中　　　　　　D.任职后

3）职业选择是劳动者依照自己的职业期望和（　　），凭借自身能力挑选职业，是自身能力素质与职业需求特征相符合的过程。

A.知识　　　　　　B.专业　　　　　　C.经验　　　　　　D.兴趣

4）自我认识和评价是对自己做出全面的分析，主要包括对个人的需求、（　　）、兴趣、性格等的分析，以确定什么样的职业比较适合自己和自己具备哪些能力。

A.知识　　　　　　B.专业　　　　　　C.能力　　　　　　D.经验

5）组织的职业开发活动称为职业管理，即（　　）对员工从事的职业所进行的一系列计划、组织、领导和控制等管理活动。

A.从组织角度　　　B.从国家角度　　　C.从社会角度　　　D.从员工角度

6）制订职业计划的主要责任在于（　　）。

A.企业　　　　　　B.员工个人　　　　　　C.部门领导　　　　　　D.监护人

7）职业生涯目标的确定包括（　　）、长期目标、中期目标与短期目标的确定。

A.社会目标　　　　B.企业目标　　　　C.人生目标　　　　D.家庭目标

8）（　　）是对员工可能的各种职业发展途径所做的安排，是职业生涯管理最核心的内容。

A.对个人的能力和潜能进行评价　　　　　　B.职业信息的传递

C.职业咨询和指导　　　　　　D.员工职业发展设计

9）设计好了员工的职业生涯体系，还需要以相应个人与企业的（　　）作为辅助，确保员工能得到长期的保护与培养。

A.培训计划　　　　　　B.发展计划

C.职业生涯管理计划　　　　　　D.开发计划

10）目前比较典型的职业发展通道模型有三种：纵向发展、横向发展和（　　）。

A.斜向发展　　　B.多向发展　　　C.双重阶梯通道　　　D.多重阶梯通道

10.2　简答题

1）什么是员工职业发展规划？员工职业发展规划的分类及原则是什么？

2）试述制定职业生涯规划的步骤。

3）简述职业生涯管理内容。

4）试述员工职业生涯发展规划的方法。

5）说明三种职业发展通道的内涵。

6）什么是职业生涯成功？说明职业生涯成功的标准和评价体系。

▶ 综合应用

10.1　案例分析

深圳某公司员工职业生涯规划管理

1）员工职业生涯规划职责划分

员工职业生涯规划涉及员工本人、主管人员和公司人力资源部门，一个完整的职业生涯规划应由三者共同努力完成，其相应责任分别如下：

员工本人负责：（1）进行自我评估；（2）设定个人职业生涯发展目标，通常包括理想的职位、工作安排和技能获取等目标；（3）制订相应的行动计划，并在实践中不断修正；（4）具体执行行动计划。

主管人员责任：（1）充当员工职业生涯规划的顾问，担任或为其指定职业发展辅导人。职业发展辅导人为其职业目标的确立和行动计划的制订提供指导与建议，帮助其制定现实可行的规划目标。（2）对员工的绩效和能力进行评价，并反馈给员工本人，帮助其制订进一步的行动计划。

人力资源部门责任：（1）制定相关管理制度，在公司内部建立系统的员工职业生涯规划制度；（2）对员工和主管人员进行培训，帮助其掌握进行员工职业生涯规划的必要技能；（3）向员工准确传达公司不同职业的相互关系，帮助员工确定合理的职业发展路径；（4）及时向员工传达公司的职位空缺信息。

2）员工制定个人职业生涯规划

公司人力资源部和员工职业发展辅导人应协助员工进行个人职业生涯规划。员工职业生涯规划按以下四个步骤操作：

（1）进行自我评价。

帮助员工确定兴趣、价值观、资质以及行为取向，指导员工思考当前其正处于职业生涯的哪一个位置，制定出未来的发展规划，评估个人的职业发展规划与当前所处的环境以及可能获得的资源是否匹配。

公司推行自我评价主要采取如下两种方式：一是心理测验，帮助员工确定自己的职业和工作兴趣；二是自我评估练习，帮助员工确认自己喜欢在哪一种类型的环境下从事工作。

（2）进行现实审查。

帮助员工了解自身规划与公司潜在的晋升机会、横向流动等规划是否相符合，以及公司对其技能、知识所做出的评价等信息。

现实审查中信息传递的方式：员工的主管人员将信息提供作为绩效评价过程的一个组成部分，与员工进行沟通。主管人员与员工举行专门的绩效评价与职业开发讨论，对员工的职业兴趣、优势以及可能参与的开发活动等方面的信息进行交流。所有的交流信息均应记载在员工职业发展档案中。

（3）确定职业发展目标。

帮助员工确定短期与长期职业发展目标。这些目标与员工的期望职位、应用技能水平、工作设定、技能获得等方面紧密联系。

目标设定的方式：员工与上级主管针对目标进行讨论，并记录于员工的职业发展档案。

（4）制定行动规划。

帮助员工决定如何才能达成自己的短期与长期的职业生涯目标。

行动计划的方式：主要取决于员工开发的需求以及开发的目标，可采用安排员工参加培训课程和研讨会、获得更多的评价、获得新的工作经验等方式。

3）职业发展通道

公司鼓励员工专精所长，为不同类型人员提供平等晋升机会，给予员工充分的职业发展空间。

根据公司各岗位工作性质的不同，设立两个职系，即管理、行政辅助职系和技术职系，使从事不同岗位工作的员工均有可持续发展的职业发展通道。

管理、行政辅助职系：适用于公司行政中心、财务中心、营销中心的全体员工，两个制造中心的总监、总监助理、部门经理，印刷制造中心QA组全体员工，纸品制造中心品质部的全体员工。

技术职系：适用于公司技术中心除技术总监之外的全体员工。

公司通过晋升、通道转换和岗位轮换等方式，为各类员工提供多种发展通道。

每一职系对应一种员工职业发展通道，随着员工技能与绩效的提升，员工可以在各自的通道内获得平等的晋升机会。

考虑公司发展需要、员工个人实际情况及职业兴趣，员工在不同通道之间有转换机会，即技术岗位的员工有机会转换到管理、行政岗位，管理、行政岗位的员工有机会转换到技术岗位，但转换必须符合各职系相应职务的任职条件，并按公司相关制度执行。

4）员工开发措施

为了帮助员工为未来工作做好准备，公司采取各种方法对员工进行开发。

（1）培训：包括专门为员工设计的外部培训计划和内部培训计划，公司针对不同人员采取不同的培训计划。

（2）绩效管理：用于搜集员工的行为、沟通方式以及技能等方面的信息，并且提供反馈；确认员工的潜能以及衡量员工的优点与缺点；挖掘有潜力向更高级职位晋升的员工。

（3）工作实践：员工在工作中遇到各种关系、问题、需要、任务等，为了能够在当前工作中取得成功，员工必须学习新的技能，以新的方式运用其技能和知识，获取新的工作经验。公司运用工作实践对员工开发的途径有扩大现有的工作内容、工作轮换、工作调动、晋升等。

（4）开发性人际关系的建立：为了使员工通过与更富有经验的员工的互动来开发自身的技能，公司鼓励建立开发性人际关系，主要包括以下方式：

①导师指导：由公司中富有经验的、生产率较高的资深员工担任导师。导师负有指导开发经验不足的员工的责任。指导关系是由指导者和被指导者以一种非正式的形式形成的，具有共同的兴趣或价值观。

②职业发展辅导人制度：为了帮助新员工明确职业发展方向，并在职业发展过程中不断改进、提高，促进公司和个人的发展，同时保证公司对员工职业生涯指导政策得到贯彻和落实，公司实行职业发展辅导人制度。

资料来源　编者根据百度文库相关资料整理。

问题：该公司的员工职业生涯规划管理有何特点？

分析提示：该公司的员工职业生涯规划管理的特点主要表现为它的实用性、制度性、规范性和可操作性等。

10.2 实践训练

训练1：上机运用几大主流网上职业测试软件进行自我职业测试，推荐使用以下软件：

（1）根据你的个性匹配出最适合的职位，采用霍兰德职业兴趣测评软件，网址：http：//dwz.cn/GaCsu。

（2）世界上最多人使用的性格测量工具，即 MBTI 测试，网址：http：//dwz.cn/HcERe。

（3）了解自己的职业生涯发展障碍，找到自己的职业生涯突破点，来自《你的生命有什么可能》，采用三叶草测评，网址：http：//dwz.cn/HcFEK。

要求：尝试运用所学知识根据测试结果为自己制定一份职业生涯规划书。

训练2：当前 Y 是 X 公司的员工。早在大学四年级，Y 就到一家软件公司实习了，实习薪水为 2 000 多元。临近毕业时，X 公司的老总给他打了电话，想请他帮助建设企业网络，企业正在投资 6 000 万元建设厂房和办公大楼，Y 欣然应允。

随后，Y 就帮忙负责设计网络、招标、采购设备。X 公司的老总非常器重他，他也觉得非常充实、愉快。随后，Y 就没有再去原来的那家软件公司实习，而是留在了 X 公司实习。尽管工资不高，但是工作比较充实，主要负责弱电工程（网络、电话、监控、CATV）的具体实施。

Y 立志将来要成为一名 CIO（chief information officer，首席信息官），要为这家公司的信息化建设做出点成绩来。后来，Y 满腔热情地报名参加了"助理企业信息管理师"的考试，并拿到了证书。毕业后，他很自然地就留在了这家公司。

经过两年的锻炼，Y 渐渐成了 IT 部门的骨干，相当于 IT 部门的主管。尽管部门的人不是很多，但是工作仍然比较充实。Y 的日常工作主要负责弱电系统和网络维护、电脑维修、软件安装以及有关信息化项目的鉴定验收资料，偶尔还给老总做个 PPT 讲稿等，但是公司至今没有实施过任何信息系统。

公司的一个副总也曾对 Y 说，他很器重 Y，Y 也很受其他领导器重。

又过了两年，Y慢慢觉得心里有些不平衡了：现在公司的信息化建设一直没有进展，缺乏锻炼机会；想深入行业，涉足管理，让IT部门日后成为信息化主导，又觉得没有能力，特别是，信息化战略规划一般是由专业咨询公司才能做的，IT部门怎么能做得好呢？

当前，Y还遇到了一个跳槽的机会，有家软件公司要挖他，想让他做一些软件开发的工作，薪水比现在要高。

Y很困惑，到底是去还是留？如果留下，是不是一辈子就干"修理工"的活了呢？如果跳槽就背离了自己朝"企业信息化"发展的初衷。

一般来说，IT部门在企业中的地位，往往决定了该部门人员的职业发展前景。一些企业信息化做得好的企业，IT部门的地位就相对较高，IT人员发展前景就比较好；相反，信息化起步比较晚的企业，IT人员的职业发展前景相对黯淡。

IT人员如何规划自己的职业发展方向呢？面对当前的困惑以及外界的诱惑，Y是去，还是留？

资料来源　佚名. 去还是留？规划好您的职业生涯［EB/OL］.（2015-08-16）［2024-12-12］. http://www.chinacpx.com/zixun/4211.html.

请根据员工职业生涯规划的工作步骤和工作方法为Y提供咨询并出具一份咨询报告。

主要参考资料

［1］蒙迪．人力资源管理［M］．谢晓非，等译．10版．北京：人民邮电出版社，2011．

［2］蒋翠珍，万金．员工培训与开发：理论、方法、应用［M］．厦门：厦门大学出版社，2020．

［2］中国就业培训技术指导中心．企业人力资源管理师（二级）［M］．4版．北京：中国劳动社会保障出版社，2020．

［3］中国就业培训技术指导中心．企业人力资源管理师（三级）［M］．4版．北京：中国劳动社会保障出版社，2020．

［4］瓮春春，龙鹏．员工培训技能实操全案［M］．北京：中国法治出版社，2021．

［5］谢阳．怎样做好HR：新版人力资源法律实务操作指引［M］．3版．北京：法律出版社，2021．

［6］贾俊花．实用人力资源管理［M］．2版．北京：清华大学出版社，北京交通大学出版社，2021．

［7］乔继玉，李思达．人力资源培训与开发操作指南［M］．北京：人民邮电出版社，2021．

［8］殷凤春，等．人力资源管理实践案例分析［M］．北京：电子工业出版社，2021．

［9］赵曙明．人力资源管理总论［M］．南京：南京大学出版社，2021．

［10］郑敬斌．提升思想政治工作科学化、规范化、制度化水平论析［J］．思想理论教育，2021（10）．

［11］崔夷修．员工培训管理［M］．北京：北京大学出版社，2021．

［12］黄珮蓉．X公司培训需求分析的问题及对策研究［D］．南京：南京理工大学，2022．

［13］王清正．M银行员工培训风险管理研究［D］．绵阳：西南科技大学，2022．

［14］杨国强．国有企业基层管理岗位培训课程开发的实践［J］．中国培训，2022（11）．

［15］庞子瑞．德国企业培训师制度的实践及启示［J］．教育与职业，2022（6）．

［16］郭达，邢少乐．韩国学徒制的发展现状、运行机制及启示［J］．职业技术教育，2022，（15）．

［17］熊有平．基于OKR思维的销售业代培训项目设计研究［J］．老字号品牌营销，2024（18）．

［18］姜小侠．煤矿企业职工培训效果评估研究［J］．企业改革与管理，2024（11）．

［19］李欣欣．人工智能在企业人力资源管理中的应用探讨［J］．商业2.0，2025（1）．

［20］刘丹丹．人工智能在人力资源数据分析中的应用［J］．中国市场，2025（6）．

［21］王鑫，方大丰．湖南出台职业技能培训补贴新规［N］．工人日报，2024-12-09．

［22］吴铎思．新疆建立终身职业培训制度［N］．工人日报，2024-08-26．

［23］华经情报网．2024年中国企业培训行业发展现状、竞争格局及趋势预测［EB/OL］．（2024-09-02）［2025-01-12］．https：//baijiahao.baidu.com/s?id=1809052147967474976&wfr=spider&for=pc．

［24］培训人生态圈．Deepseek预测：2025年企业培训的十大发展趋势与应对策略［EB/OL］．（2025-02-26）［2025-03-01］．https：//www.keycourse.com/webArticle/webArticleDetail/12118．